KiWi
1067

Das Buch

Am 2. Dezember 1956 landen 83 Freiheitskämpferinnen und Freiheitskämpfer mit der »Granma« am Strand von Las Coloradas auf Kuba. Gut zwei Jahre später stürzt die inzwischen noch Tausende zählende kubanische Befreiungsarmee, die von der Sierra Maestra aus operiert, die Diktatur Batistas in Havanna.

Einer der Guerilleros, die vom ersten Tag an mit dabei waren, ist der junge argentinische Arzt Che Guevara. Er hat über die drei Jahre des Kampfes, über Siege und Niederlagen Bericht geführt. Sein Kubanisches Tagebuch, das den Verlauf des Befreiungskrieges erzählt, ist nicht nur eine packende Darstellung der militärischen Operationen der Guerilla. Che Guevara beschreibt auch mit viel Humor persönliche Erlebnisse, angefangen bei der ersten Begegnung mit Fidel Castro in Mexiko, seine Mitkämpfer und den Alltag in der Befreiungsarmee.

Der Autor

Ernesto »Che« Guevara wurde 1928 im argentinischen Rosario geboren. Nach seinem Studium und ausgedehnten Reisen durch Lateinamerika schließt er sich 1956 einer Gruppe Exilkubaner um Fidel Castro an und wird zu einem der wichtigsten Akteure der Revolution auf Kuba. Nach seinem Ausscheiden aus der Regierung engagierte er sich an der Seite sozialistischer Rebellen im Kongo und in Bolivien, wo er 1967 erschossen wird. Er gilt auf Kuba bis heute als Volksheld und weltweit als eine der großen Ikonen der antiimperialistischen Kämpfe des 20. Jahrhunderts.

Der Übersetzer

Horst-Eckart Gross, Autor und Übersetzer, übertrug zahlreiche Bücher ins Deutsche, darunter mehrere Werke Che Guevaras.

ERNESTO CHE GUEVARA

KUBANISCHES TAGEBUCH

Aus dem Spanischen von Horst-Eckart Gross

Kiepenheuer & Witsch

INHALT

Das kubanische Tagebuch des Che Guevara – Teil II

Anhang

»Seit langer Zeit wollten wir die Geschichte unserer Revolution schreiben … Aber es gibt so viel zu tun, die Jahre gehen vorbei, und die Erinnerungen an den Aufstand verlieren sich in der Vergangenheit. Diese Ereignisse sind noch nicht richtig beschrieben worden, Ereignisse, die bereits zur Geschichte Amerikas gehören.«

Che Guevara

EDITORISCHE NOTIZ

Die vorliegende Ausgabe des Kubanischen Tagebuches, verfasst von Comandante Ernesto Che Guevara, umfasst den Zeitraum von der Landung der Jacht Granma am 2. Dezember 1956 bis zum Sieg der Revolution am 1. Januar 1959. Während dieser Zeit wurde der glorreiche Kampf in der Sierra Maestra geführt.

Die vorliegende Ausgabe besteht aus zwei Teilen: Der erste Teil enthält die Episoden aus der ursprünglichen Buchveröffentlichung unter dem Titel »Paisajes de la guerra revolucionaria« aus dem Jahre 1963 im Verlag Unión. Die Episoden waren vorab einzeln in der Zeitschrift Verde Olivo erschienen und wurden dann, vom Autor durchgesehen und autorisiert, als Buch veröffentlicht. Der zweite Teil besteht aus Beiträgen, die danach als Artikel in der erwähnten Zeitschrift veröffentlicht wurden. Daher folgen die einzelnen Beiträge auch nicht der Chronologie des Geschehens.

Zu einem späteren Zeitpunkt hat Che Guevara ein Exemplar der Ausgabe aus dem Jahr 1963 handschriftlich überarbeitet und ergänzt »für den Fall einer erneuten Veröffentlichung«. Diese Korrekturen wurden in die vorliegende Ausgabe eingearbeitet.

Verehrte Leser: Wir laden Sie ein, einen mitreißenden Bericht zu genießen, verfasst von einem der wichtigsten Protagonisten des revolutionären Kampfes in der Sierra Maestra, der gleichzeitig einer ihrer sensibelsten, objektivsten und wahrheitsgetreuesten Chronisten war.

Centro de Estudios Che Guevara
Ocean Press

Aleida Guevara

VORWORT ZUR ÜBERARBEITETEN NEUAUSGABE

Bei der Durchsicht der persönlichen Hinterlassenschaften Ches fand meine Mutter vor einiger Zeit bei der Suche nach einem Dokument zwischen den Papieren meines Vaters eine handschriftliche Notiz: »Das Buch mit den Episoden, überarbeitet und ergänzt für den Fall einer neuen Auflage.«

Alles begann am 8. Mai 1963 mit der Auslieferung eines von Che verfassten Buches mit Episoden aus dem revolutionären Krieg. Dieses Buch wurde von ihm annotiert, korrigiert und erweitert für den Fall einer Neuausgabe. Seine Schilderungen beruhen auf seinen Tagebuchaufzeichnungen, ähnlich wie die »Notas de viaje«, sein erstes Buch, diesmal aber mit einem verfeinerten Stil und besser ausgearbeitet, aber ebenso frisch und dynamisch. Sein Buch ist von großer zeithistorischer Bedeutung als Zeugnis eines Beteiligten sowie von unschätzbarem historischem Wert.

Jahre später wurde das Buch erneut aufgelegt und mit anderen Aufsätzen über jene Zeit ergänzt, die Che verfasst und damals in Zeitschriften und Zeitungen veröffentlicht hatte. Einige spätere Ausgaben berücksichtigten seine Überarbeitung, ohne jedoch ausdrücklich darauf hinzuweisen, um es damit dem Leser zu ermöglichen, sich ein genaues Bild zu machen.

Das Centro de Estudios Che Guevara hat im Rahmen seiner Aktivitäten zur Pflege des Andenkens an Che Guevara und angesichts der Unzulänglichkeiten früherer Ausgaben sich das Ziel gesteckt, den Text neu herauszugeben, diesmal aber mit allen Veränderungen, um so dem ausdrücklichen Wunsch Ches zu entsprechen.

Die hiermit vorgelegte Ausgabe ist präziser und umfassender

als frühere Ausgaben, denn zusätzlich zu den Anmerkungen wurden faksimilierte Seiten mit den handschriftlichen Anmerkungen aufgenommen.

Erneut legt das Centro de Estudios Che Guevara einen Text vor, der als ein Klassiker unter Ches Werken gilt. Dieser Text gestattet einen Einblick in ganz besondere Etappen seines Lebens. Mit seiner klaren und direkten Ausdrucksweise, einer ganz besonderen stilistischen Eigenheit seines Prosawerkes, berichtet er über besondere Momente des Guerillakampfes, der von kubanischen Frauen und Männern durchgeführt wurde im Rahmen des Kampfes für eine bessere Zukunft.

Wenn es Che mithilfe dieser einzigartigen Kriegserzählung gelingen sollte, mit dem Leser einen Dialog zu eröffnen, und insbesondere mit jungen Lesern, die die früheren Ausgaben nicht kennen, dann werden am Ende der Lektüre diese Leser sicherlich mehr über unser Volk wissen. Sie werden dann auch eine der wichtigsten Facetten unseres revolutionären Kampfes verstehen, und insbesondere werden sie mehr wissen über Personen, die gekämpft haben, aber auch über ihre Ängste, ihre Beschränkungen und damit auch über ihre Größe.

Bei der Lektüre jeder Episode können wir das Handeln der Protagonisten nachvollziehen, ihre Sorgen fühlen und uns mit ihnen über die Erfolge freuen. Aus erster Hand werden wir darüber informiert, wie sich der Kampf entwickelte und auf welche Weise erzieherisch vorgegangen wurde, wenn die Notwendigkeit einer kritischen und selbstkritischen Analyse gesehen wurde. Dies ist zweifellos eine Lektion für alle, die den revolutionären Kampf zu ihrer Sache machen und begangene Fehler nicht wiederholen wollen.

Als ich das Buch zum ersten Mal las, blieb mir der Bericht »Das ermordete Hündchen« tief im Bewusstsein verankert. Nie konnte ich ihn vergessen, ich höre das Bellen des Hundes und kann das Schuldgefühl nachvollziehen. Unbestreitbar müssen in einem Gefecht Entscheidungen innerhalb von Sekunden getroffen werden, und oft hängt von der Schnelligkeit der Entscheidungen das Leben von vielen Compañeros ab. Ein Mensch kann noch so überzeugt davon sein, richtig gehandelt zu haben, und dennoch kann der Schmerz über bestimmte Entscheidungen dadurch nicht einfach ignoriert werden. Das alles vollzieht sich in den Menschen, die kämpfen. Ja, denn es sind Menschen wie du und ich, jeder mit einzigartigen Gefühlen und Empfindungen, die uns zu Individuen machen.

Ich hoffe, dass Sie diese Lektüre genießen und viele Lehren daraus ziehen werden. Der Text wurde verfasst von einem Chronisten der letzten Etappe des Befreiungskampfes meines Volkes. Beteiligen Sie sich an Hinterhalten und an Entscheidungsfindungen, kämpfen Sie mit auf der Grundlage der Erinnerungen eines der kampferprobtesten und beliebtesten Anführer des Befreiungskampfes. Aber lassen Sie am Ende der Lektüre nicht die Waffen des Wissens und des Verstehens fallen, die heute nützlicher denn je sind bei dem Kampf für eine viel bessere Welt.

¡Hasta la Victoria siempre!
Immer vorwärts bis zum Sieg!

Aleida Guevara March
2005

DAS KUBANISCHE TAGEBUCH
DES **CHE GUEVARA** – TEIL I

VORWORT

Seit Langem haben wir darüber nachgedacht, wie man eine Geschichte unserer Revolution schreiben könnte, die alle ihre vielfältigen Erscheinungsformen und Details umfasst. Oftmals haben die Führer der Revolution – privat oder öffentlich – ihren Wunsch geäußert, eine derartige Geschichte niederzuschreiben. Aber es gibt so viel zu tun, die Jahre gehen vorbei, und die Erinnerungen an die Aufstandsbewegung verlieren sich in der Vergangenheit, ohne dass die Ereignisse, die schon der Geschichte ganz Amerikas angehören, klar und zuverlässig festgehalten werden. Deshalb beginnen wir mit der Veröffentlichung einer Reihe persönlicher Erinnerungen über die Angriffe, Gefechte, Scharmützel und Schlachten, an denen wir teilgenommen haben. Unsere Absicht besteht nicht allein darin, diese fragmentarische Geschichte zu verfassen, die auf der Wiedergabe eigener Erlebnisse und einiger schriftlicher Aufzeichnungen beruht; ganz im Gegenteil möchten wir erreichen, dass dieses Thema von allen, die die Ereignisse miterlebt haben, aufgegriffen wird.

Da wir während der gesamten Kriegshandlungen ausschließlich in einem genau umgrenzten Sektor des kubanischen Territoriums gekämpft haben, war es uns selbst unmöglich, an anderen Orten stattfindende Kämpfe und Aktionen mitzuerleben. Um allen an dem revolutionären Kampf Beteiligten die Aufgabe zu erleichtern, darüber zu berichten, und um diesen Bericht gleichzeitig in eine übersichtliche Form zu bringen, können wir, so meine ich, mit dem ersten Gefecht beginnen, das heißt mit dem einzigen, an dem Fidel teilgenommen hatte und bei dem uns doch das Kriegsglück nicht günstig war: mit dem Überraschungsangriff von Alegría de Pío.

Es gibt heute noch viele Überlebende dieses Gefechts, und jeder einzelne von ihnen ist aufgerufen, auch seine Erinnerungen niederzuschreiben, damit sie in die Geschichte eingehen und sich so ein besseres und vollständigeres Bild ergibt. Wir bitten einzig darum, dass der Erzähler streng bei der Wahrheit bleibt; dass er niemals irgendetwas Unrichtiges sagt, nur um eine persönliche Stellungnahme zu verdeutlichen oder in ein günstiges Licht zu rücken – oder um den Anschein zu erwecken, er wäre an einem bestimmten Ort dabei gewesen. Wir bitten, dass jeder, nachdem er ein paar Seiten in der ihm angemessenen, seiner Ausbildung und seinen Fähigkeiten entsprechenden Form geschrieben hat, sich einer möglichst strengen Selbstkritik unterzieht, um jedes Wort zu streichen, das sich nicht auf eine ganz zuverlässig gesicherte Tatsache bezieht oder dessen Wahrheitsgehalt der Autor nicht voll vertraut. Im Übrigen beginnen auch wir in diesem Sinne mit unseren Erinnerungen.

ALEGRÍA DE PÍO

Alegría de Pío ist ein Ort in der Provinz Oriente, im Gemeindebezirk Niquero, nahe bei Cabo Cruz, wo wir am 5. Dezember 1956 von den Truppen der Diktatur überraschend angegriffen wurden.

Nach einem zwar nicht langen, aber beschwerlichen Fußmarsch hatten uns die Kräfte verlassen. Am 2. Dezember waren wir an der als Strand von Las Coloradas bekannten Stelle an Land gegangen, wir hatten dabei fast unsere ganze Ausrüstung verloren und waren während endloser Stunden in neuen Stiefeln durch Salzwassersümpfe gelaufen – dadurch hatte fast die gesamte Truppe Schwären an den Füßen. Doch das Schuhwerk oder die Pilzkrankheiten waren nicht unser einziger Feind. Wir hatten Kuba nach sieben Tagen Überfahrt durch den Golf von Mexiko und das Karibische Meer erreicht, ohne Nahrung, das Schiff in schlechtem Zustand, aus fehlender Gewöhnung an Seereisen fast alle seekrank, nachdem wir am 25. November, einem Tag mit Nordwind, an dem das Auslaufen von Schiffen verboten war, den Hafen von Tuxpan verlassen hatten. Das alles hatte in dieser Truppe von Neulingen, die niemals im Kampf gewesen waren, seine Spuren hinterlassen.

Von unserer Kriegsausrüstung war nichts mehr geblieben als die Gewehre, die Patronengurte und ein bisschen nasse Munition. Unser Vorrat an Medikamenten war verschwunden, unsere Tornister waren zum großen Teil in den Sümpfen geblieben. Einen Tag zuvor waren wir nachts auf kleinen Pfaden durch die Zuckerrohrfelder der Zuckerfabrik von Niquero marschiert, die damals Julio Lobo gehörte. Infolge unserer Unerfahrenheit stillten wir unseren Hunger und unseren

Durst damit, dass wir Zuckerrohr am Wegesrand aßen und die Reste dort liegen ließen; aber abgesehen davon hatten die Soldaten keine indirekten Nachforschungen nötig, denn wie wir Jahre später erfuhren, war unser Wegführer der Hauptschuldige an dem Verrat und hatte sie zu uns gebracht. Den Führer hatten wir in der Nacht zuvor laufen lassen, womit wir einen Fehler begingen, den wir noch einige Male während des Kampfes wiederholen sollten, bis wir gelernt hatten, dass Leute aus der Zivilbevölkerung, deren Vorleben uns unbekannt war, in Gefahrenzonen immer überwacht werden müssen. Niemals hätten wir unserem verräterischen Führer die Möglichkeit geben dürfen, sich zu entfernen.

Im Morgengrauen des 5. waren es nur wenige, die noch einen Schritt weiterkonnten; die erschöpften Männer legten kleine Entfernungen zurück und baten dann um längere Pausen. Deshalb wurde am Rande einer Zuckerrohrpflanzung in einem lichten Wäldchen, ziemlich nahe an einem dichten Hochwald, eine Rast angeordnet. Die meisten von uns schliefen an jenem Morgen.

Mittags wurden erste ungewöhnliche Anzeichen festgestellt: Flugzeuge des Typs »Biber« und andere Arten von Armee-eigenen und privaten Kleinflugzeugen begannen in der Nähe zu kreisen. Während die Flugzeuge vorbeiflogen, schnitten einige aus unserer Gruppe in aller Ruhe Zuckerrohr, ohne daran zu denken, wie gut sie infolge der niedrigen Höhe und der geringen Geschwindigkeit, mit der sich die feindlichen Maschinen bewegten, zu erkennen waren. Meine damalige Aufgabe als Arzt der Truppe war, die Fußverletzungen zu behandeln. Ich glaube, ich erinnere mich an die letzte Behandlung, die ich an jenem Tag vornahm. Der Compañero hieß Humberto Lamotte, und das war sein letzter Tag. In meinem Gedächtnis bleibt sein erschöpftes und verängstigtes Gesicht, in der Hand trug er die Schuhe, die er sich nicht anziehen konnte, während er von der Feldapotheke auf seinen Posten zurückging.

Compañero Montané und ich hatten uns gegen einen Baumstamm gelehnt und sprachen von unseren Kindern; wir aßen die magere Ration – eine halbe Knackwurst und zwei Zwiebäcke –, als ein Schuss ertönte; eine nur sekundenlange Pause, und ein Orkan von Kugeln – oder zumindest schien es unserem verängstigten Geist während dieser Feuertaufe so – schwirrte auf unsere Gruppe von zweiundachtzig Mann nieder. Mein Gewehr gehörte nicht zu den besten; absichtlich hatte ich darum gebeten, denn meine körperliche Verfassung war erbärmlich nach einem langen Asthmaanfall, unter dem ich während der ganzen Überfahrt gelitten hatte, und ich wollte nicht, dass eine gute Waffe in meinen Händen zu nichts nütze sein würde. Ich weiß nicht, in welchem Augenblick und wie die Dinge sich abspielten; die Erinnerungen sind schon verblasst. Ich weiß nur, dass inmitten der Schießerei Almeida – damals Hauptmann – zu mir kam und nach den ausgegebenen Befehlen fragte, aber es war niemand mehr da, welche zu erteilen. Soweit ich später erfuhr, versuchte Fidel vergebens, die Leute im nahen Zuckerrohrfeld zu gruppieren, wohin man gelangen musste, wenn man nur den Fußpfad überquerte. Die Überraschung war zu groß gewesen, der Kugelregen zu dicht. Almeida übernahm wieder seine Gruppe; in diesem Augenblick ließ ein Compañero eine Munitionskiste fast zu meinen Füßen stehen; ich zeigte darauf, und der Mann antwortete mir mit einem Gesichtsausdruck, an den ich mich wegen der Angst, die er widerspiegelte, ganz genau erinnere, irgend so etwas wie »Jetzt ist keine Zeit für Munitionskisten«, und sofort lief er auf dem Weg zur Zuckerrohrpflanzung weiter (dann fiel er, von einem Häscher Batistas ermordet). Vielleicht war dies das erste Mal, dass ich praktisch vor das Dilemma gestellt wurde, mich meinen medizinischen Aufgaben oder meiner Pflicht als Soldat der Revolution zu widmen. Vor mir hatte ich einen Tornister voller Medikamente und eine Kiste Munition, beide zusammen waren zu schwer, um sie gleichzeitig zu tragen; ich nahm die Munitionskiste und ließ den Tornister zurück, um die Lichtung zu überqueren, die mich vom Zuckerrohrfeld trennte. Ich erinnere mich genau an Faustino Pérez, der auf dem Fußpfad kniete und mit seiner Maschinenpistole schoss. Neben mir lief ein Compañero namens Arbentosa zur Zuckerrohrpflanzung. Eine Salve, die sich wie alle anderen anhörte, erreichte uns beide. Ich spürte einen harten Schlag gegen die Brust und eine Wunde am Hals; ich hielt mich selbst für tödlich getroffen. Arbentosa, dem das Blut aus Nase, Mund und einer ungeheuren, von einer fünfundvierziger Kugel geschlagenen Wunde strömte, schrie so etwas wie: »Sie haben mich umgelegt«, und begann wie wahnsinnig zu schießen, wo doch in diesem Augenblick niemand zu sehen war. Ich lag auf der Erde und sagte zu Faustino: »Mich haben sie erwischt« (allerdings gebrauchte ich einen kräftigeren Ausdruck), Faustino warf mir, ohne das Schießen zu unterbrechen, einen Blick zu und sagte, es sei weiter nichts, doch in seinen Augen las ich das Urteil, das meine Verwundung bedeutete.

Ausgestreckt blieb ich liegen; ich gab einen Schuss in Richtung des Waldes ab und folgte damit ebenfalls dem dunklen Impuls, der einen Verwundeten so handeln lässt. Plötzlich dachte ich in dieser Minute, in der alles verloren schien, an die beste Art zu sterben. Ich erinnerte mich an eine alte Erzählung Jack Londons, in der sich der Held, an einen Baumstamm gelehnt, vornimmt, sein Leben mit Würde zu beschließen, da er sich in den Eisgebieten Alaskas zum Tode durch Erfrieren verurteilt sieht. Das ist das einzige Bild, an das ich mich erinnere. Jemand schrie auf den Knien, dass man sich ergeben müsste, und man hörte hinten eine Stimme, von der ich später erfuhr, dass es die von Camilo Cienfuegos war, laut schreien: »Hier ergibt sich niemand …« und darauf einen heftigen Fluch ausstoßen. Ponce schwankte heran und atmete keuchend, während er auf einen Einschuss zeigte; die

Kugel hatte ihm anscheinend die Lunge durchschlagen. Er sagte mir, dass er verwundet sei, und ich erwiderte ihm gänzlich gleichgültig, dass ich es auch sei. Ponce schleppte sich weiter bis zur Zuckerrohrpflanzung, wie auch andere Compañeros, die unverletzt geblieben waren. Für einen Augenblick war ich allein, dort ausgestreckt und auf den Tod wartend. Almeida kam zu mir und ermutigte mich zum Weiterlaufen; trotz der Schmerzen raffte ich mich auf, und wir gelangten ins Zuckerrohr. Dort sah ich den hervorragenden Compañero Raúl Suárez, dessen Daumen eine Kugel zerfetzt hatte, und Faustino Pérez, der ihm an einem Baumstamm den Finger verband; dann kam es zu einem allgemeinen Durcheinander, als uns die tief fliegenden Flugzeuge umkreisten, die ein paar Garben aus Maschinengewehren abgaben und noch schlimmere Verwirrung anrichteten, wobei es zu Szenen kam, die manchmal dantesk und manchmal grotesk wirkten, so etwa das Bemühen eines beleibten Kämpfers, sich hinter einem Zuckerrohrstängel zu verstecken, und das Auftreten eines anderen, der inmitten des fürchterlichen Kugelhagels nach Ruhe verlangte, ohne dass man recht wusste, wozu.

Wir bildeten eine Gruppe, die Almeida führte und zu der außer dem heutigen Comandante Ramiro Valdés, der damals Leutnant war, auch die Compañeros Chao und Benítez gehörten. Mit Almeida an der Spitze überquerten wir den letzten Feldweg im Gebiet der Zuckerrohrpflanzung, um dann den rettenden Wald zu erreichen. In diesem Moment hörte man aus dem Zuckerrohr die ersten Schreie: »Feuer!«, und es erhoben sich Rauch- und Feuersäulen; jedoch kann ich mich für die Richtigkeit dieser Angabe nicht verbürgen, denn ich dachte mehr an die Bitterkeit der Niederlage und an meinen nahen Tod als an die Ereignisse des Kampfes. Wir liefen, bis die Nacht uns daran hinderte, weiter voranzukommen, und wir beschlossen, alle zusammen zu schlafen, auf einem Haufen, von den Moskitos belagert, von Durst und Hunger gepeinigt. Das war unsere Feuertaufe, am 5. Dezember 1956, in der Nähe von Niquero. So begann der Kampf, in dessen weiterem Verlauf die spätere Rebellenarmee geschmiedet werden sollte.

DAS GEFECHT AM LA PLATA

Der Angriff auf eine kleine Kaserne, die an der Mündung des La-Plata-Flusses in der Sierra Maestra lag, brachte unseren ersten Sieg und fand eine gewisse Resonanz, die über die felszerklüftete Gegend hinausreichte, in der sich jener Kampf abspielte. Es war ein Warnsignal für alle, der Beweis, dass die Rebellenarmee existierte und zu kämpfen bereit war, und für uns bedeutete er die erneute Bestätigung, dass unser Sieg möglich war.

Am 14. Januar 1957, etwas mehr als einen Monat nach dem Überraschungsangriff von Alegría de Pío, machten wir an dem Fluss Magdalena halt, der vom La Plata durch einen Bergrücken getrennt ist; dieser erstreckt sich von der Sierra Maestra bis zum Meer und trennt die beiden kleinen Flusstäler. Dort führten wir auf Fidels Befehl einige Schießübungen durch, um die Männer etwas zu trainieren; einige schossen zum ersten Mal in ihrem Leben. Dort badeten wir uns auch, nachdem wir viele Tage lang die Hygiene vernachlässigt hatten, und wer konnte, wechselte seine Wäsche. Damals hatten wir dreiundzwanzig einsatzfähige Waffen: neun Gewehre mit Zielfernrohr, fünf halb automatische, vier Hinterlader, zwei Thompson-Maschinengewehre, zwei Maschinenpistolen und ein Gewehr Kaliber 16. Am Nachmittag jenes Tages stiegen wir den letzten Bergkamm hinauf, bevor wir die Umgebung des La Plata erreichten. Wir folgten einem schmalen Waldpfad, der sehr wenig benutzt wurde und den Melquiades Elías, ein Bauer aus dieser Gegend, mit der Machete speziell für uns gekennzeichnet hatte. Seinen Namen erfuhren wir von unserem Führer Eutimio, der in jener Zeit für uns unentbehrlich war und sich als typischer Vertreter der aufständischen Bauern zeigte; wenig später aber wurde er von Casillas gefangen genommen, der ihn nicht tötete, sondern ihn stattdessen mit dem Angebot von zehntausend Pesos und einem Rang in der Armee kaufte, wenn er Fidel umbringen würde. Er war ganz nahe daran, sein Vorhaben zu verwirklichen, doch fehlte ihm der Mut, es auszuführen; trotzdem waren seine Aktionen von großer Bedeutung, weil er unsere Lagerplätze verriet.

In jener Zeit diente Eutimio uns ehrlich; er war einer der vielen Bauern, die für ihr Land gegen die Grundbesitzer des Gebietes kämpften, und wer gegen die Grundbesitzer kämpfte, kämpfte gleichzeitig gegen die Polizei, die im Dienst jener Klasse stand.

An jenem Tag nahmen wir unterwegs zwei Bauern gefangen, die, wie sich herausstellte, Verwandte unseres Führers waren: Einen von ihnen ließen wir frei, doch den anderen hielten wir aus Vorsicht fest. Am nächsten Tag, dem 15. Januar, entdeckten wir in der Ferne die noch im Bau befindliche La-Plata-Kaserne mit ihren Zinkdächern, und wir sahen eine Gruppe halb nackter Männer, an denen man trotzdem die feindliche Uniform erriet. Wir konnten beobachten, wie um sechs Uhr nachmittags, bevor die Sonne unterging, ein Boot mit Soldaten kam, von denen einige ausstiegen und dafür andere zustiegen. Da wir das Manöver nicht recht einschätzen konnten, entschlossen wir uns, den Angriff auf den folgenden Tag zu verschieben.

Vom Morgengrauen des 16. an begannen wir, die Kaserne zu beobachten. Das Küstenwachtschiff hatte sich in der Nacht zurückgezogen; wir begannen mit Erkundungsarbeiten, aber nirgends waren Soldaten zu sehen. Um drei Uhr nachmittags entschlossen wir uns, uns dem Weg zu nähern, der von der Kaserne am Fluss aufsteigt, um zu versuchen, etwas zu beobachten; als es Abend wurde, überquerten wir den La-Plata-Fluss, der ganz flach ist, und wir gingen am Weg in Stellung; nach fünf Minuten nahmen wir zwei Bauern gefangen. Einer der Männer war früher einige Male als Denunziant aufgetreten; als sie erfuhren, wer wir waren, und als wir ihnen klarmachten, dass wir ihnen gegenüber keine guten Absichten hätten, wenn sie nicht offen redeten, gaben sie wertvolle Informationen. In der Kaserne befanden sich einige Soldaten, ungefähr fünfzehn, und außerdem sollte kurz darauf einer der drei berüchtigten Aufseher des Gebietes vorbeikommen: Chicho Osorio. Diese Aufseher gehörten zum Gut der Familie Laviti, die sich einen riesigen Grundbesitz geschaffen hatte und ihn durch Terror mithilfe solcher Individuen wie Chicho Osorio zusammenhielt. Nach kurzer Zeit erschien der genannte Chicho; er war betrunken und saß auf einem Maulesel; hinter sich hatte er rittlings einen kleinen Schwarzen sitzen. Universo Sánchez hielt ihn im Namen der Guardia Rural[1] an, und dieser antwortete rasch: »Moskito« – das war das Losungswort.

Trotz unseres Spitzbubenaussehens, vielleicht dank der hochgradigen Trunkenheit dieses Subjektes, konnten wir Chicho Osorio täuschen. Fidel sagte ihm mit entrüsteter Miene, er wäre ein Oberst der Armee, der gekommen sei, um zu untersuchen, aus welchem Grund man die Aufständischen noch nicht liquidiert hätte, er selbst würde in die Wälder gehen, und deshalb sei er unrasiert, es wäre ein »Mist«, was die Armee gegenwärtig zuwege brächte; schließlich sprach er ziemlich abfällig über die Aktionsfähigkeit der gegnerischen Kräfte. Mit großer Unterwürfigkeit erzählte Chicho Osorio, dass die Posten tatsächlich ihre Zeit in der Kaserne totschlügen, dass sie nur essen und nicht handeln würden, dass sie unwichtige Patrouillen machten. Er verkündete hochtrabend, dass man alle Aufständischen liquidieren müsse. Diskret wurde damit be-

---

1 Guardia Rural: kasernierte militärische Einheiten, im Landesinneren stationiert, um »Ruhe und Ordnung« unter Zuckerrohrarbeitern und Kleinbauern zu sichern. Die Guardia Rural war ein wichtiges Instrument der Batista-Diktatur zur Guerillabekämpfung.

gonnen, eine Bestandsaufnahme der Freunde und Feinde in dieser Gegend vorzunehmen, indem man Chicho Osorio über die Leute ausfragte, und das natürlich mit umgekehrten Vorzeichen: Wenn Chicho sagte, dass jemand schlecht sei, hatten wir schon einen Grund, ihn für gut zu halten. So sammelten wir etwas über zwanzig Namen, und der Denunziant redete weiter; er erzählte uns, wie er zwei Männer an jenem Ort getötet hatte, »aber mein General Batista ließ mich sofort frei«. Er berichtete uns, wie er gerade ein paar Bauern, die sich »ein bisschen ungezogen« aufgeführt hätten, geohrfeigt hatte und dass außerdem, entsprechend seinen eigenen Worten, die Soldaten unfähig wären, so etwas zu tun; sie ließen die Leute reden, ohne sie zu bestrafen. Fidel fragte ihn, was er mit Fidel Castro in dem Fall machen würde, dass er ihn zu fassen bekäme, und darauf antwortete er mit erläuternder Geste, dass man ihm die … zerquetschen müsste … Die gleiche Meinung äußerte er über Crescencio. »Schauen Sie«, sagte er und zeigte auf die Schuhe unserer Truppe, die mexikanisches Fabrikat waren, »von einem dieser Hurensöhne, die wir umgelegt haben.« Da hatte Chicho Osorio, ohne es zu wissen, sein eigenes Todesurteil unterschrieben. Schließlich zeigte er sich infolge der geschickten Anspielungen Fidels bereit, uns zu führen, um alle Soldaten zu überraschen und ihnen zu beweisen, dass sie sehr schlecht vorbereitet waren und ihre Pflicht nicht erfüllten.

Wir näherten uns der Kaserne und hatten als Führer Chicho Osorio, obwohl ich persönlich nicht sehr sicher war, ob dieser Mann uns nicht schon durchschaut hatte. Trotzdem lief er ganz unbefangen weiter, denn er hatte so viel getrunken, dass er nicht zurechnungsfähig war. Als wir wieder den Fluss überquerten, um an die Kaserne heranzukommen, sagte Fidel ihm, die militärischen Vorschriften verlangten, dass ein Gefangener gefesselt sein müsse. Der Mann leistete keinen Widerstand, er ging als Gefangener weiter, ohne es zu wissen.

Er erklärte, dass der einzige existierende Wachposten sich in einem Eingang der im Bau befindlichen Kaserne oder im Haus eines anderen Aufsehers befände, der Honorio heiße, und er führte uns bis an eine der Kaserne nahen Stelle, wo der Weg nach Macío kreuzte. Compañero Luis Crespo, heute Comandante, wurde zur Erkundung ausgeschickt und kehrte mit der Nachricht zurück, dass die Informationen des Aufsehers richtig wären, denn man sähe die beiden Bauten und zwischen ihnen die roten Punkte der Zigaretten der Wachposten.

Als wir uns schon zum Vorrücken bereit gemacht hatten, mussten wir uns verstecken und drei berittene Polizisten vorüberlassen, die einen Gefangenen zu Fuß wie einen Maulesel hinter sich herzogen. Er ging an mir vorbei, und ich erinnere mich der Worte des armen Bauern: »Ich bin wie ihr«, und an die Antwort eines Mannes, den wir später als den Gefreiten Basol identifizierten: »Halt den Mund und geh weiter, bevor ich dich mit Peitschenhieben vorwärtstreibe.« Wir glaubten, dass dieser Bauer außer Gefahr bliebe, wenn er nicht in der Kaserne und unseren Kugeln im Augenblick des Angriffs ausgesetzt wäre; trotzdem wurde er am nächsten Tag, als sie von dem Kampf und seinem Ausgang erfuhren, niederträchtig in Macío ermordet.

Wir hatten den Angriff mit zweiundzwanzig einsatzfähigen Waffen vorbereitet. Es war ein wichtiger Augenblick, denn wir hatten sehr wenig Munition; wir mussten die Kaserne auf jeden Fall einnehmen; sie nicht einzunehmen würde bedeuten, die gesamte Munition zu verbrauchen und praktisch wehrlos zu bleiben. Compañero Leutnant Julito Díaz, der später ruhmreich in El Uvero fiel, sowie Camilo Cienfuegos, Benítez und Calixto Morales sollten mit halb automatischen Gewehren das Palmenhaus an der äußersten Rechten umzingeln. Fidel, Universo Sánchez, Luis Crespo, Calixto García, Fajardo – heute ist er Comandante, er trägt den gleichen Familiennamen wie unser Arzt, Piti Fajardo, der im Escambray-Gebirge fiel – und ich sollten im Zentrum angreifen, Rául mit seiner Gruppe und Almeida mit der seinen von links.

So näherten wir uns den feindlichen Stellungen, bis wir auf ungefähr vierzig Meter herangekommen waren. Der Mond schien hell. Fidel eröffnete das Feuer mit zwei Maschinengewehrsalven, und darauf setzten alle verfügbaren Gewehre ein. Man forderte die Soldaten sofort zur Kapitulation auf, doch das blieb ohne Ergebnis. In dem Augenblick, als die Schießerei begann, wurde der Denunziant und Mörder Chicho Osorio hingerichtet.

Der Angriff hatte um zwei Uhr vierzig morgens begonnen, und die Soldaten leisteten mehr Widerstand, als wir erwartet hatten. Ein Sergeant hatte eine M-1, und er antwortete mit einer Salve, sooft wir ihn zur Kapitulation aufforderten. Es wurde Befehl gegeben, unsere alten Granaten brasilianischen Typs abzufeuern; Luis Crespo verschoss seine, ich die, die ich bei mir hatte. Sie explodierten jedoch nicht. Raúl Castro warf Dynamit ohne Zünder, und das hatte keinerlei Wirkung. Also mussten wir weiter herankommen und die Häuser in Brand stecken, selbst wenn wir dabei unser eigenes Leben aufs Spiel setzten. In jenem Augenblick versuchte es Universo Sánchez als Erster und scheiterte, danach Camilo Cienfuegos, er schaffte es auch nicht, und schließlich näherten Luis Crespo und ich uns einer Hütte, die dieser Compañero anzündete. Im Feuerschein konnten wir erkennen, dass dies nur ein einfacher Aufbewahrungsort für die Früchte der nahe gelegenen Kokospalmenwälder war, aber wir schüchterten die Soldaten so ein, dass sie den Kampf aufgaben. Einer der Fliehenden stieß fast gegen Luis Crespos Gewehr, dieser verwundete ihn an der Brust und nahm ihm seine Waffe ab, und wir beschossen das Haus weiter. Camilo Cienfuegos, der hinter einem Baum in Deckung gegangen war, schoss auf den fliehenden Sergeanten und verbrauchte restlos die wenigen Patronen, die er besaß.

Die Soldaten, die fast ohne Deckung waren, wurden erbarmungslos von unseren Kugeln getroffen. Camilo Cienfuegos stürmte als Erster von unserer Seite in das Haus, aus dem Kapitulationsrufe drangen. Wir machten schnell die Bilanz, was der Kampf an Waffen eingebracht hatte: acht Springfields, ein Thompson-Maschinengewehr und etwa tausend Schuss Munition. Wir hatten ungefähr fünfhundert Schuss verbraucht. Außerdem hatten wir Patronengurte, Treibstoff, Messer, Kleidung und einige Nahrungsmittel erbeutet. Die Verluste: Sie hatten zwei Tote, fünf Verwundete und außerdem drei Gefangene verloren. Ein paar waren gemeinsam mit dem Denunzianten Honorio geflohen. Auf unserer Seite: nicht eine Kratzwunde. Wir steckten die Häuser der Soldaten in Brand und zogen uns zurück, nachdem wir die Verwundeten so gut wie möglich ärztlich versorgt hatten; drei von ihnen waren schwer verletzt und starben später, wie uns nach dem endgültigen Sieg bekannt wurde; wir ließen die Verwundeten in der Obhut der gefangenen Soldaten. Einer dieser Soldaten trat später in die Truppe von Comandante Raúl Castro ein und erlangte den Grad eines Leutnants; er kam bei einem Flugzeugunglück ums Leben, nachdem der Krieg bereits gewonnen war.

Immer stand unser Verhalten zu den Verwundeten im Gegensatz zum Auftreten der Armee, die nicht nur unsere Verwundeten ermordete, sondern sogar die eigenen im Stich ließ. Diese gegensätzliche Haltung tat mit der Zeit ihre Wirkung und bildete einen der Faktoren, die zum Sieg führten. Damals befahl Fidel, dass wir den Gefangenen alle verfügbaren Medikamente für die Pflege der verwundeten Soldaten überlassen sollten, und so geschah es auch, was ich, der ich als Arzt die Notwendigkeit sah, Reserven für unsere Truppe zurückzubehalten, sehr bedauerte. Wir ließen auch die Zivilisten frei, und am 17. morgens um vier Uhr dreißig brachen wir nach Palma Mocha auf, wo wir bei Tagesanbruch ankamen und uns dann rasch ins Innere des Gebirges zurückzogen, auf der Suche nach den steilsten Felsgebieten der Sierra Maestra.

Ein beklagenswertes Schauspiel bot sich unseren Augen: Ein Gefreiter und ein Aufseher hatten am Vorabend allen ortsansässigen Familien mitgeteilt, dass die Luftwaffe alles bombardieren würde, und darauf hatte eine Massenflucht zur Küste begonnen. Da niemand wusste, dass wir uns dort aufhielten, war es offenkundig ein zwischen den Aufsehern und der Guardia Rural abgesprochenes Manöver, um die Bauern ihres Landes und ihres Eigentums zu berauben. Doch die Lüge jener Leute war gleichzeitig mit unserem Angriff erfolgt, und jetzt verwandelte sie sich in Wahrheit, sodass sich in jenem Moment der Schrecken ausbreitete und es unmöglich war, die Massenflucht der Landbewohner aufzuhalten.

Das war der erste siegreiche Kampf des Rebellenheeres; in diesem und dem folgenden Gefecht war es das einzige Mal, solange es unsere Truppe gab, dass wir mehr Waffen als Männer hatten … Die Bauern waren nicht vorbereitet, sich dem Kampf anzuschließen, und eine Verbindung mit den Basisgruppen in der Stadt existierte praktisch nicht.

DER KAMPF AM ARROYO DEL INFIERNO

Der Arroyo del Infierno ist ein schmales Bächlein von geringer Länge, das in den Fluss Palma Mocha mündet. An seinem Ufer entlang kamen wir, wobei wir uns vom Palma Mocha entfernten und an den ihn umgebenden Berghängen emporstiegen, bis zu einer kleinen kreisförmigen Waldlichtung; dort standen zwei kleine Hütten; und in diesem Gelände schlugen wir unser Lager auf, die Häuser der Bauern ließen wir natürlich unbenutzt.

Fidel rechnete damit, dass das Heer uns suchen und unseren Aufenthaltsort mehr oder weniger genau ermitteln würde; er beschloss, in dieser Gegend einen Hinterhalt vorzubereiten, mit dem ein paar feindliche Soldaten gefangen werden sollten. Dementsprechend verteilte er die Männer.

Fidel überwachte ständig die Stellung und unternahm Patrouillengänge, um sich von der Wirksamkeit der Verteidigungsmaßnahmen zu überzeugen. Zum damaligen Zeitpunkt wurden dort Höhenmessungen durchgeführt, diese geben sehr ungenau die Höhenunterschiede im Abstand von jeweils fünf Metern an. Am Morgen des 19. Januar nahmen wir eine Truppeninspektion vor, als sich ein Zwischenfall ereignete, der zu ernsten Folgen hätte führen können. Als Trophäe aus dem Kampf am La Plata hatte ich den Helm eines Gefreiten aus dem Batista-Heer mitgebracht, und ich trug ihn voll Stolz; die Truppeninspektion aber wollten wir im Waldesinneren durchführen, und die Vorhut hörte uns aus der Ferne kommen und sah die Gruppe von einem Mann mit einem Helm angeführt. Glücklicherweise wurden in diesem Moment die Waffen gereinigt, und nur das Gewehr von Camilo Cienfuegos war schussbereit; er feuerte auf uns, obwohl er gleich darauf seinen Irrtum erkannte. Der erste Schuss traf nicht, und das automatische Gewehr bekam Ladehemmung und machte ihm das Weiterschießen unmöglich. Dieses Ereignis zeigt die hochgradige Spannung, in der wir uns alle befanden, denn wie auf eine Befreiung warteten wir auf den Kampf. Das sind jene Augenblicke, da selbst die Nervenstärksten ein leichtes Zittern in den Knien verspüren, und alle sehnen dann entschieden jene Sternstunde des Krieges herbei, die das Gefecht ist. Andererseits wünschten wir den Kampf nicht im Entferntesten, wir stellten uns ihm, weil er notwendig war.

Am Morgen des 22. waren einige vereinzelte Schüsse aus der Gegend des Flusses Palma Mocha zu hören, und das veranlasste uns, unsere Stellung in noch besseren Zustand zu bringen, uns noch vorsichtiger zu verhalten und das nahe bevorstehende Erscheinen der feindlichen Truppe zu erwarten.

Infolge der Vermutung, dass die Soldaten nahe waren, gab es weder Frühstück noch Mittagessen. Mit der Hilfe des Bauern Crespo hatten wir ein Hühnernest entdeckt, und wir rationierten unseren Eierverbrauch, indem wir immer eins im Nest zurückließen, wie es üblich ist, damit das Huhn weiter legte. An jenem Tag entschied Crespo wegen der in der Nacht gehörten Schüsse, dass wir das letzte Ei essen sollten, und so taten wir es. Es war Mittag, als wir eine menschliche Gestalt in einer der Hütten beobachteten. Im ersten Moment dachten wir, dass einer der Compañeros den Befehl, sich den Häusern nicht zu nähern, missachtet hätte. Es war jedoch nicht so; einer der Soldaten der Diktatur untersuchte die Hütte. Dann tauchten sogar sechs Mann auf, und später entfernten sie sich, wobei drei in Sichtweite verblieben. Wir konnten beobachten, wie der wachhabende Soldat, nachdem er sich nach allen Seiten umgesehen hatte, einige Grasbüschel ausriss, sie sich als Tarnung hinter die Ohren steckte und sich ruhig in den Schatten setzte, ohne Besorgnis in seinem Gesicht, das deutlich im Zielfernrohr zu erkennen war. Fidels Schuss, der das Feuer eröffnete, schmetterte ihn nieder, denn er konnte nur noch einen Schrei ausstoßen, so etwa wie »Ach, Mutter!«, er fiel und stand nicht wieder auf. Die Schießerei wurde allgemein, und die beiden Kameraden des glücklosen Soldaten fielen. Plötzlich entdeckte ich, dass in der Hütte in der Nähe meiner Stellung ein anderer Soldat war, der sich vor unserem Feuer zu verstecken suchte. Man sah nur seine Beine, denn meine höher liegende Position hatte zur Folge, dass das Dach der Hütte ihn verdeckte. Ich schoss zum ersten Mal in diese Richtung und verfehlte das Ziel; der zweite Schuss durchbohrte die Brust des Mannes, der hinstürzte, während sein Gewehr mit dem Bajonett in der Erde stecken blieb. Von dem Bauern Crespo gedeckt, gelangte ich zu dem Haus und konnte den Leichnam untersuchen; ich nahm ihm die Munition, das Gewehr und einige andere persönliche Gegenstände ab. Der Mann hatte die Kugel mitten in die Brust bekommen, sie musste das Herz durchbohrt haben, und sein Tod war augenblicklich eingetreten; er zeigte schon die ersten Anzeichen der Leichenstarre, vielleicht infolge der ermüdenden Strapazen des letzten Kampftages, die er durchlitten hatte.

Der Kampf war von außergewöhnlicher Grausamkeit, und bald zogen wir uns alle fliehend zurück, nachdem wir die von uns selbst gesteckten Ziele erreicht hatten.

Als wir Bilanz zogen, stellten wir fest, dass wir ungefähr neunhundert Schuss Munition verbraucht und aus einem vollen Patronengurt siebzig Schuss wieder erbeutet sowie ein Gewehr dazugewonnen hatten; das war jene Waffe vom Typ »Garand«, die dann Comandante Efigenio Ameijeiras erhielt; dies wurde seine persönliche Waffe für einen großen Teil des Krieges. Wir zählten vier Tote beim Feind, doch Monate später erfuhren wir, als wir einen Spitzel festnahmen, dass es fünf Tote gewesen waren. Es war kein vollständiger Sieg, aber auch kein Pyrrhussieg. Wir hatten unsere Kräfte gegen das Heer in neuartigen Situationen erprobt und die Prüfung bestanden.

Das hob unsere Kampfmoral sehr, und es gab uns die Möglichkeit, während des ganzen Tages weiter zu den unzugänglichsten Bergen emporzuklettern, um dadurch der Verfolgung größerer Gruppen der feindlichen Armee zu entgehen. So gelangten wir schließlich auf die andere Seite des Gebirges und marschierten parallel zur Truppe Batistas, die ebenfalls den Rückzug angetreten und die gleichen Berggipfel überquert hatte, um auf der anderen Seite weiter voranzukommen. Zwei Tage lang marschierten unsere Truppen und die Truppen des Feindes fast nebeneinander, ohne dessen gewahr zu werden. Einmal schliefen wir in zwei Hütten, die nur durch einen kleinen Fluss wie den La Plata und durch ein paar Wegbiegungen voneinander getrennt waren. Der Leutnant, der die Patrouille befehligte, hieß Sánchez Mosquera, und sein Name wurde in der Sierra Maestra durch seine Raubzüge berüchtigt. Man muss erklären, dass die Schüsse, die wir einige Stunden vor der Aktion gehört hatten, abgegeben wurden, um einen »Pichón de Haitiano«[1] zu ermorden, der sich geweigert hatte, die Truppen zu unserem Versteck zu führen. Hätten sie diesen Mord nicht begangen, wären wir, als sie auf uns stießen, nicht so wachsam gewesen.

Wieder war unser Gepäck übermäßig schwer, denn viele von uns trugen zwei Gewehre; unter diesen Umständen war der Weg nicht gerade leicht zu bewältigen, aber offenkundig waren wir von einer anderen Kampfmoral beseelt, die sich von der Stimmung unterschied, von der wir nach der unheilvollen Niederlage in Alegría de Pío beherrscht wurden. Wenige Tage vorher hatten wir eine zahlenmäßig kleinere

1 Pichón de Haitiano: in Kuba geborener Abkömmling haitianischer Einwanderer

Gruppe geschlagen, die sich in einer Kaserne verschanzt hatte; jetzt schlugen wir eine Marschkolonne, die zahlenmäßig unseren Kräften überlegen war, und wir konnten die Erfahrung machen, wie wichtig es in dieser Art Krieg ist, die Vorhut zu vernichten, denn ohne Vorhut kann sich eine Armee nicht bewegen.

LUFTANGRIFF

Nach dem siegreichen Kampf gegen die Kräfte Sánchez Mosqueras waren wir am Ufer des La-Plata-Flusses entlangmarschiert, dann hatten wir den Magdalena-Fluss überquert und waren in das uns schon bekannte Gebiet von Caracas[1] zurückgekehrt. Aber die Atmosphäre dort war anders als beim ersten Mal, als wir uns auf den gleichen Hügeln versteckt hatten und von der ganzen Einwohnerschaft unterstützt wurden. Jetzt waren hier Casillas' Truppen durchmarschiert und hatten Schrecken in dieser Gegend verbreitet. Die Bauern waren weggegangen, und zurückgeblieben waren nur ihre leeren Hütten und ein bisschen Vieh, das wir für unsere Mahlzeiten schlachteten. Die Erfahrung hatte uns gelehrt, dass es nicht richtig war, in den Häusern zu bleiben, sodass wir, nachdem wir in einem von ihnen, einem einsam gelegenen, die Nacht verbracht hatten, in die Berge hinaufgingen und unser Lager am Lauf einer Wasserquelle, fast auf dem Gipfel des Caracas, errichteten.

Dort hatte ich eine Aussprache mit Manuel Fajardo; er fragte mich, ob es möglich sei, dass wir den Krieg verlören. Unsere Antwort war unabhängig von der Euphorie irgendeines Sieges immer die gleiche: dass der Krieg unzweifelhaft gewonnen würde. Er erklärte mir, dass er mich das frage, weil der Galicier[2] Morán ihm gesagt habe, es wäre unmöglich, den Krieg zu gewinnen, und wir seien verloren; und er habe ihn aufgefordert, sich aus dem Kampf zurückzuziehen. Ich teilte Fidel diese Aussagen mit, doch ich stellte fest, dass der Galicier

1 Caracas: Berg in der Sierra Maestra, 1294 m hoch

2 Galicier (nach der nordspanischen Region Galicien): in Kuba Bezeichnung für Einwanderer aus Spanien

Morán vorsichtigerweise Fidel Castro schon informiert hatte, dass er einige Versuche mache, um die Moral der Truppe zu prüfen. Wir waren uns einig, dass das nicht das geeignetste System war, und Fidel hielt eine kleine Ansprache, in der er nachdrücklich größere Disziplin verlangte und die Gefahren verdeutlichte, die sich aus Verstößen gegen sie ergeben könnten. Außerdem kündigte er an, dass drei Vergehen mit dem Tod bestraft würden: Befehlsverweigerung, Desertion und Defätismus.

Die Lage war in diesen Tagen nicht sehr erfreulich; die Kolonne, deren Kampfgeist noch nicht im Gefecht gestählt war und die kein klares ideologisches Bewusstsein besaß, hatte sich bisher nicht endgültig gefestigt. An einem Tag entfernte sich der eine, an einem anderen Tag wieder ein anderer Compañero. Sie baten um Funktionen in der Stadt, die manchmal weitaus größere Gefahren mit sich gebracht hätten, aber die doch immer eine Flucht von den harten Bedingungen auf dem Land bedeuteten. Trotzdem nahm das Leben der kämpfenden Truppe weiter seinen normalen Verlauf; der Galicier Morán zeigte eine unermüdliche Aktivität, um Essen aufzutreiben und Kontakte mit den Bauern benachbarter Ortschaften aufzunehmen.

So war unsere Situation am 30. Januar morgens. Eutimio Guerra, der Verräter, hatte um Erlaubnis gebeten, seine kranke Mutter besuchen zu dürfen, und Fidel hatte es ihm gestattet und ihm darüber hinaus noch etwas Geld für die Reise gegeben. Seiner Ansicht nach würde die Reise einige Wochen dauern. Wir hatten eine Reihe von Tatsachen noch nicht richtig begriffen, die danach durch das spätere Auftreten dieses Subjekts deutlich erklärt wurden. Als er wieder zur Truppe zurückkehrte, sagte Eutimio, er wäre bis in die Nähe des Palma Mocha[3] gekommen, als er bemerkt habe, dass die

3 Palma Mocha: Fluss in der Sierra Maestra

Regierungstruppen auf unserer Spur seien, und er hätte versucht, uns zu warnen, aber er hätte nur noch einige Soldatenleichen in der Hütte von Delfin gefunden, einem der Bauern, auf deren Feldern sich das Gefecht von Arroyo del Infierno abgespielt hatte. Er habe unsere Spur durch die Sierra verfolgt, bis er uns dort fand. In Wirklichkeit war er gefangen genommen worden und arbeitete nun bereits als Agent des Feindes, denn er hatte eingewilligt, sich für die Ermordung Fidels mit Geld und einem militärischen Dienstgrad bezahlen zu lassen.

Als Teil seines Plans hatte Eutimio am Tage zuvor das Lager verlassen, und am 30. morgens hörten wir, als wir nach einer kalten Nacht gerade beim Aufstehen waren, das Brummen von Flugzeugen, die sich nicht lokalisieren ließen, weil wir am Berg lagerten. Das Feuer unserer Feldküche brannte; sie lag etwa zweihundert Meter weiter unten an einer kleinen Wasserstelle, da, wo sich die Spitze der Vorhut befand. Plötzlich hörte man, wie ein Kampfflugzeug zum Sturzflug ansetzte und einige Maschinengewehre losknatterten, gleich darauf fielen Bomben. Unsere Erfahrung war damals sehr gering, und wir hörten Schüsse aus allen Richtungen. Die Kugeln vom Kaliber 50 explodieren, wenn sie auf der Erde auftreffen. Als sie in unserer Nähe einschlugen, glaubte man, sie kämen aus dem Bergwald; zur gleichen Zeit hörte man auch die Schüsse der Maschinengewehre aus der Luft, als die Kugeln losprasselten. Daher nahmen wir an, wir würden auch von Truppen der Landstreitkräfte angegriffen.

Ich bekam den Auftrag, auf die Spitze der Vorhut zu warten und auch ein paar Gerätschaften einzusammeln, die wir wegen des Luftangriffs liegen gelassen hatten. Unser vereinbarter Treffpunkt war die Cueva del Humo[4]. Mein Begleiter war in jenem Augenblick Chao, ein Veteran aus dem Spanienkrieg.

---

4 Cueva del Humo: »Rauchhöhle«

Eine Zeit lang warteten wir auf einige vermisste Compañeros, aber wir fanden niemanden. Wir folgten den Spuren der Kolonne, wobei wir mit einer großen Last auf einer ungenauen Fährte marschierten, bis wir beschlossen, auf einer Waldlichtung Rast zu machen. Etwas später, als wir Geräusche hörten und Bewegungen beobachteten, sahen wir, dass auf den gleichen Spuren auch der heutige Comandante Guillermo García und Sergio Acuña liefen; sie gehörten zur Vorhutabteilung und kamen, um sich mit der Gruppe zu vereinigen. Nach kurzer Beratung gingen Guillermo García und ich erneut ins Lager; wir wollten herausfinden, was eigentlich vor sich ging, da nicht das geringste Geräusch zu hören war; die Flugzeuge waren verschwunden. Uns bot sich eine traurige Szene: Mit einer außergewöhnlichen Zielsicherheit, die sich während des Krieges glücklicherweise nicht wiederholte, war die Feldküche unter Beschuss genommen worden. Den Herd hatte das Maschinengewehrfeuer in Stücke gerissen, und eine Bombe war genau in der Mitte des Lagers unserer Vorhut explodiert; aber natürlich war dort niemand mehr zu finden. Der Galicier Morán und ein weiterer Compañero hatten den Platz zu einer Erkundung verlassen, und Morán kehrte allein zurück; er meldete, dass er die Flugzeuge aus der Ferne gesichtet habe, dass es fünf gewesen seien und dass sich außerdem keine Truppen in der Nähe befänden. Wir fünf Compañeros marschierten mit schwerem Gepäck weiter, an den Häusern unserer früheren Freunde vorbei, die ein trauriges Bild abgaben: Sie waren gänzlich niedergebrannt. Alles, was wir in einem von ihnen vorfanden, waren eine Katze, die kläglich miaute, und ein Schwein, das grunzend herauskam, als es unsere Anwesenheit spürte. Von der Cueva del Humo kannten wir den Namen, aber wir wussten nicht, wo sie sich genau befand. So verbrachten wir die Nacht voller Ungewissheit, in der Hoffnung, unsere Compañeros zu finden, aber auch in der Furcht, auf den Feind zu treffen.

Am 31. bezogen wir Stellung auf einer kleinen Bergspitze, die einige Felder überragte. In der Höhle, die nach unseren Vermutungen die Cueva del Humo sein musste, unternahmen wir mehrere Erkundungen, ohne etwas zu entdecken. Sergio, einer der fünf, glaubte, zwei Personen mit Baseball-Mützen zu sehen, doch er meldete es zu spät, und wir konnten niemand finden. Wir zogen mit Guillermo los, um alles bis in den letzten Winkel des Tales nahe am Ufer des Ají auszukundschaften. Dort gab uns ein Freund Guillermos etwas zu essen, doch waren alle Leute sehr verängstigt. Dieser Freund teilte uns mit, dass die ganzen Ciro Frías gehörenden Waren von den Soldaten beschlagnahmt und verbrannt worden waren; die Maultiere hatte man requiriert und den Maultiertreiber getötet. Den Laden von Ciro Frías hatten die Posten eingeäschert und seine Frau verhaftet. Die Männer, die hier am Morgen vorbeigekommen waren, standen unter dem Befehl des Majors Casillas, der in der Nähe des Hauses übernachtet hatte.

Am 1. Februar blieben wir in unserem kleinen Lager, wo wir praktisch ganz unter freiem Himmel kampierten, um uns von den langen und anstrengenden Märschen des Vortages zu erholen. Gegen elf Uhr vormittags war eine Schießerei auf der anderen Seite des Berges zu hören und danach, uns näher, ein paar klägliche Schreie, als ob jemand um Hilfe riefe. All das führte anscheinend dazu, dass Sergio Acuña die Nerven verlor; schweigend legte er seinen Patronengurt und das Gewehr ab und desertierte von dem ihm übertragenen Posten. In unserem Feldtagebuch vermerkten wir, dass er einen Bauernhut, eine Büchse Kondensmilch und drei Rauchwürste mitgenommen hatte; in jenem Augenblick bedauerten wir dies sehr wegen der Kondensmilch und der Würste. Ein paar Stunden danach hörten wir Lärm, und wir machten uns zur Verteidigung bereit, da wir nicht wussten, ob der Deserteur uns verraten hatte; aber es erschien Crescencio mit einer langen Kolonne, zu der fast alle unsere Männer und neue Leute aus Manzanillo gehörten, die von Roberto Pesant geführt wurden. Von unserer Truppe fehlten der Deserteur Sergio Acuña sowie die Compañeros Calixto Morales, Calixto García und Manuel Acuña; außerdem ein neuer Rekrut, der sich uns erst vor Kurzem angeschlossen hatte und sich während des Schusswechsels an diesem ersten Tag verirrte.

Wir stiegen wieder ins Tal des Ají hinunter, und unterwegs wurden ein paar Sachen verteilt, die die Leute aus Manzanillo mitgebracht hatten; dazu gehörten eine chirurgische Ausrüstung und Kleidung zum Wechseln für alle. Wir waren im tiefsten Herzen gerührt, dass wir damals Kleidung erhielten, die die Mädchen aus Manzanillo mit Initialen bestickt hatten. Am nächsten Tag, dem 2. Februar, als gerade zwei Monate nach der Landung der Granma vergangen waren, war eine homogene Gruppe versammelt. Es hatten sich ihr noch etwa zehn Männer angeschlossen, die aus Manzanillo stammten, und wir fühlten uns stärker und mutiger als jemals zuvor. Wir diskutierten ausgiebig, wie es zu dem überraschenden Angriff der Flugzeuge gekommen war, und alle waren wir uns einig, dass das Kochen am Tage und der Rauch, den das helle Feuer aufsteigen ließ, den Flugzeugen die Richtung dorthin gezeigt hatten. Viele Monate lang und vielleicht während des ganzen Krieges belastete die Erinnerung an diesen Überfall die seelische Verfassung der Truppe, und bis zum Ende des Kampfes zündeten wir tagsüber keine Feuerstelle mehr unter freiem Himmel an, da wir unangenehme Folgen fürchteten.

Es schien uns unmöglich, und ich glaube, es kam niemandem in den Sinn, dass der Mann im Aufklärungsflugzeug derjenige sein könnte, den wir den Spitzel nannten, der Verräter Eutimio Guerra; dass er Casillas den Ort beschrieb, an dem wir uns befanden, aber so ist es gewesen. Die Krankheit seiner

Mutter war für ihn ein Vorwand, den er benutzt hatte, um wegzukommen und den Mörder Casillas aufzusuchen.

Noch einige Zeit sollte Eutimio Guerra eine wichtige und negative Rolle bei der Entwicklung unseres Befreiungskrieges spielen.

DER ÜBERFALL IN ALTOS DE ESPINOSA

Nach dem oben geschilderten überraschenden Luftangriff verließen wir die Berggegend von Caracas und versuchten, auf dem schon einmal von uns benutzten Weg in bekannte Gebiete zurückzukehren, wo wir direkten Kontakt mit Manzanillo herstellen, mehr Hilfe von außen erhalten und die Lage im Rest des Landes etwas besser verstehen könnten.

Deshalb gingen wir über den Ají zurück, wir marschierten durch Gebiete, die wir bereits alle kannten, bis wir zum Haus des alten Mendoza kamen. Die Pfade mussten wir auf den Bergkämmen mit der Machete freischlagen; sie waren seit Langem von keinem Menschen begangen worden, und wir kamen sehr langsam voran. Die Nacht verbrachten wir auf einem der Gipfel, praktisch ohne zu essen. Ich erinnere mich noch, wie es eines der größten Festessen meines Lebens gegeben hat, als der Bauer Crespo mit einer Büchse herausrückte, die vier Würste enthielt, der Ertrag seiner früheren Sparsamkeit. Er sagte dazu, das sei für die Freunde; der Bauer, Fidel, ich und noch irgendein anderer genossen diese magere Ration wie ein üppiges Bankett. Der Marsch ging weiter, bis wir an das Haus kamen, das rechts von Caracas lag, wo der alte Mendoza uns etwas zu essen vorbereiten sollte. Trotz seiner großen Angst, doch mit bäuerlicher Ehrlichkeit nahm er uns jedes Mal auf, wenn wir dort vorbeikamen, um so den Geboten der Freundschaft zu gehorchen, die ihn mit Crescencio Pérez oder auch einigen anderen ihm nahestehenden Bauern verband, die in der Truppe waren.

Für mich war der Marsch sehr beschwerlich, denn ich hatte einen Malariaanfall. Der Bauer Crespo und der unvergessliche Compañero Julio Zenón Acosta halfen mir, jenen qualvollen

Tagesmarsch durchzuhalten. Wenn wir die entsprechende Ortschaft erreicht hatten, schliefen wir niemals in den Häusern; doch veranlassten mein Zustand und der des berüchtigten Galiciers Morán, der immer eine Gelegenheit fand, krank zu werden, dass sie uns beide zum Schlafen in ein festes Haus schickten, während die Truppe in der Nähe wachte und nur zum Essen ins Haus kam.

Es war notwendig, die Truppe zu verringern, denn es gab in ihr Leute mit sehr niedriger Moral, und der eine oder andere hatte ernsthafte Verletzungen; das Letztere war der Fall bei dem heutigen Innenminister Ramiro Valdés und bei Ignacio Pérez, einem Sohn Crescencios, der später, als er den Grad eines Hauptmanns erreicht hatte, einen ruhmvollen Tod fand. Ramiro hatte in der Kniegegend einen schweren Schlag erlitten, wobei sein Knie noch an den Nachwirkungen der ihm beim Sturm auf die Moncada-Kaserne zugefügten Verletzungen krankte, sodass wir ihn zurücklassen mussten. Ein paar andere Jungen gingen weg, deren Ausscheiden eher ein Gewinn für die Truppe war. Ich erinnere mich an einen, der einen Nervenanfall bekam und inmitten der Einsamkeit des Waldes und des Guerillakrieges herauszuschreien begann, dass man ihn in ein Lager mit reichlich vorhandener Nahrung und Luftabwehr geschickt hätte, und stattdessen würde er von den Flugzeugen gehetzt und hätte kein festes Quartier, nichts zu essen, nicht einmal Trinkwasser. Mehr oder weniger war das der Eindruck, den die Kämpfer in den ersten Tagen ihres Lebens im Felde hatten. Danach sollten sich die, die bleiben und den ersten Prüfungen standhalten würden, an den Schmutz, an das Fehlen von Wasser, Essen, Unterkunft und Sicherheit gewöhnen und auch daran, ständig nur auf ihr Gewehr zu vertrauen und im Schutze des Zusammenhalts und der Widerstandskraft der kleinen Guerillatruppe zu leben.

Ciro Frías traf mit einigen neuen Compañeros ein, die sich gerade der Guerilla angeschlossen hatten, und er gab zahlreiche Informationen weiter, die uns heute lächeln lassen, die aber damals auf uns einen widersprüchlichen Eindruck machten. Dass Díaz Tamayo drauf und dran war, eine Kehrtwendung zu machen und mit den revolutionären Kräften zu liebäugeln; dass Faustino Tausende und Abertausende Pesos sammeln konnte; schließlich, dass die Sabotage im ganzen Land grassierte und dass sich für die Regierung das Chaos näherte. Außerdem eine traurige, aber lehrreiche Nachricht: Sergio Acuña, der vor einigen Tagen desertiert war, hatte das Haus von Verwandten aufgesucht und dort seinen Cousinen von seinen Heldentaten als Guerillero berichtet; dies hatte ein gewisser Pedro Herrera gehört und der Polizei angezeigt; daraufhin erschien der berüchtigte Gefreite Roselló (den das Volk inzwischen schon gerichtet hat) und folterte ihn, gab ein paar Schüsse auf ihn ab und erhängte ihn dann, wie es hieß. Das lehrte die Truppe, welchen Wert der Zusammenhalt hat und wie unnütz es ist, sich dem gemeinsamen Schicksal durch einen individuellen Fluchtversuch entziehen zu wollen. Außerdem wurden wir dadurch gezwungen, unseren Aufenthaltsort zu wechseln, denn vermutlich hatte der Junge gesprochen, bevor man ihn umbrachte; und er kannte das Haus Florentinos, in dem wir uns befanden. Damals erschien uns eine Sache merkwürdig, die für uns erst verständlich wurde, als wir die verschiedenen Einzelheiten zu einem einheitlichen Bild zusammenfassten: Eutimio Guerra hatte erklärt, dass er in einem Traum vom Tode Sergio Acuñas erfahren habe, und noch mehr, er sagte, dass der Gefreite Roselló ihn umgebracht hätte. Das führte zu einer langen philosophischen Diskussion, ob es möglich wäre, Ereignisse mithilfe von Träumen vorhersagen zu können oder nicht. Es gehörte zu meinen täglichen Aufgaben, der Truppe Erklärungen in kulturellen oder politischen Fragen zu geben, und ich erklärte unmissverständlich, dass dies nicht möglich sei, dass das auf irgendeinen sehr großen Zufall zurückgeführt werden könnte, dass wir alle die Meinung vertreten hätten, für Sergio Acuña wäre ein derartiges Ende denkbar, dass Roselló derjenige wäre, der damals diese Gegend mit seinen Übergriffen heimsuchte usw. Übrigens lieferte Universo Sánchez die Erklärung des Problems, als er sagte, dass Eutimio ein Betrüger sei, dass es ihm jemand gesagt habe, denn Eutimio sei einen Tag vorher draußen gewesen und habe fünfzig Büchsen Milch und eine Militärlaterne mitgebracht. Einer, der am nachdrücklichsten auf der Theorie von der Erleuchtung bestand, war ein Bauer, ein Analphabet von fünfundvierzig Jahren, den ich bereits erwähnte: Julio Zenón Acosta. Er war mein erster Schüler in der Sierra; ich gab mir Mühe, ihn in Lesen und Schreiben zu unterrichten; und an den Orten, an denen wir haltmachten, brachte ich ihm die ersten Buchstaben bei. Er war gerade dabei, das A und das O, das E und das I zu lernen. Mit viel Beharrlichkeit, ohne auf die vergangenen Jahre zu blicken, sondern auf das, was zu tun blieb, hatte Zenón sich der Aufgabe hingegeben, lesen und schreiben zu lernen. Vielleicht könnte er in diesem Jahr vielen Bauern als Beispiel dienen, seinen in dieser Gegend wohnenden Compañeros oder jenen, die seine Lebensgeschichte kennen. Denn Julio Zenón Acosta war damals auch einer jener Männer, die uns wirkungsvoll unterstützten. Er arbeitete unermüdlich; er kannte sich in der Gegend aus, immer leistete er den Compañeros Beistand, die in Schwierigkeiten geraten waren, oder er half auch den Compañeros aus der Stadt, die noch nicht genügend Widerstandskraft besaßen, um sich selbst aus einer gefährlichen Situation zu befreien. Er war es, der das Wasser von der entfernten Wasserstelle heranschleppte, der schnell Feuer machte, der das notwendige Balsamholz fand, um das Feuer an einem Regentag anzünden zu können; mit einem Wort, in jener Zeit war er der Mann, der alles schaffte.

In einer der letzten Nächte, bevor uns Eutimios Verrat bekannt wurde, erklärte er uns, er habe keine Decke, ob Fidel ihm eine leihen könne. Auf den Berghöhen war es in jedem Februar kalt. Fidel antwortete ihm, dass sie dann beide frieren würden, dass er mit ihm unter den gleichen Decken schlafen sollte, und so, wenn sich beide mit ihnen einhüllten, würden die zwei Decken am besten genutzt. Und so geschah es: Eutimio Guerra schlief die ganze Nacht bei Fidel; er hatte eine 45er-Pistole bei sich, mit der er Fidel im Auftrag von Casillas töten sollte, außerdem ein paar Granaten, mit denen er seinen Rückzug vom Berggipfel sichern sollte. Da fragte er Universo Sánchez und mich – wir waren damals immer in Fidels Nähe – nach den Wachen. Er sagte uns: »Mich interessiert das mit den Wachen sehr, man muss immer vorsichtig sein.« Wir erklärten ihm, dass hier in der Nähe drei Mann auf Wache standen; wir selbst, die Veteranen der Granma und die persönlichen Vertrauten Fidels, wechselten uns die ganze Nacht ab, um sein Leben zu schützen. So verbrachte Eutimio jene Nacht neben dem Führer der Revolution, dessen Leben von einer auf ihn gerichteten Pistole abhing, und Eutimio wartete auf die beste Gelegenheit, ihn zu töten, doch ihm fehlte der Mut dazu. Diese ganze Nacht lang war das Schicksal der kubanischen Revolution zu einem großen Teil abhängig von den verwickelten Gedankengängen, von den verschiedenen, stimulierenden oder hemmenden Kombinationen aus Mut und Angst, von Schrecken und, vielleicht, von Gewissensbissen, von der Macht- und Geldgier eines Verräters. Aber zum Glück für uns war die Summe der hemmenden Faktoren die größere, und der nächste Tag brach an, ohne dass etwas geschehen war.

Wir hatten Florentinos Haus schon verlassen und unser Lager im ausgetrockneten Bett eines Baches eingerichtet. Ciro Frías war zu seinem Haus gegangen, das relativ nahe lag, und hatte ein paar Hühner und einige andere Nahrungsmittel mitgebracht, sodass wir auf diese Weise für eine lange Regennacht, die wir fast alle ohne Regenmäntel ertragen hatten, am Morgen durch eine heiße Brühe und ein paar andere Speisen entschädigt wurden. Wir erfuhren dadurch auch, dass Eutimio sich ebenfalls in jener Gegend aufgehalten hatte. Eutimio verließ und betrat das Lager regelmäßig, er besaß unser Vertrauen, er hatte uns in Florentinos Haus gefunden und erklärt, dass er, nachdem er uns verlassen hatte, um seine kranke Mutter zu besuchen, all das gesehen hätte, was in Caracas geschehen war, und dass er unseren Spuren gefolgt wäre, um zu sehen, welchen Verlauf die Ereignisse genommen hätten. Er hatte weiter erklärt, dass es seiner Mutter gut ginge. Eine seiner Charaktereigenschaften war außerordentliche Dreistigkeit. Wir befanden uns an einem Ort, der Altos de Espinosa hieß, in großer Nähe der aus El Lomón del Burro und Caracas bestehenden Hügelkette, die von den Flugzeugen ständig unter Beschuss genommen wurde. Eutimio äußerte mit der Miene eines Mannes, der die Zukunft vorhersagte: »Heute, sage ich euch, werden sie die Loma del Burro beschießen.« Die Flugzeuge beschossen die Loma del Burro, und er hüpfte vor Freude, feierte das Eintreffen seiner Vorhersage.

Am 9. Februar 1957 verließen Ciro Frías und Luis Crespo das Lager, um wie üblich nach Nahrungsmitteln zu suchen. Alles war ruhig, als um zehn Uhr morgens ein Bauernjunge namens Labrada, der sich uns erst kürzlich angeschlossen hatte, einen Mann gefangen nahm, der in die Nähe unseres Lagers gekommen war. Es stellte sich heraus, dass es sich um einen Verwandten Crescencios handelte, der als Gehilfe im Laden von Celestino arbeitete, wo sich Casillas' Truppe befand. Dieser Mann informierte uns, dass hundertvierzig Soldaten in jenem Haus untergebracht waren, und tatsächlich konnte man sie von unserer Position aus auf einer kahlen Anhöhe in der Ferne sehen. Außerdem gab der Gefangene an, dass er mit Eutimio gesprochen hätte und dass dieser ihm gesagt hätte, am nächsten Tag würde das ganze Gebiet bombardiert.

Die Truppen Casillas' bewegten sich, ohne dass man ihre Marschrichtung genau feststellen konnte. Fidel schöpfte Verdacht; inzwischen war uns Eutimios sonderbares Benehmen endlich bewusst geworden, und die Spekulationen begannen. Um ein Uhr dreißig nachmittags beschloss Fidel, jenen Ort zu verlassen, und wir stiegen auf die Spitze des Berges, wo wir die Compañeros erwarteten, die auf Erkundung gegangen waren. Wenig später kamen Ciro Frías und Luis Crespo; sie hatten nichts Außergewöhnliches beobachtet, alles machte einen normalen Eindruck. Wir unterhielten uns gerade darüber, als Ciro Redondo glaubte, er hätte einen hin und her huschenden Schatten gesehen; er bat um Schweigen und lud sein Gewehr durch. In diesem Augenblick ertönte ein Schuss und darauf eine Salve. Unverzüglich waren überall Salven und Explosionen zu hören, ihre Ursache war der konzentrierte Angriff auf jenen Ort, wo wir vorher gelagert hatten. Rasch war das Lager geräumt; später erfuhr ich, dass Julio Zenón Acosta für immer auf der Anhöhe geblieben war. Jener ungebildete Bauer, der weder lesen noch schreiben konnte und der die ungeheuren Aufgaben doch verstanden hatte, die die Revolution nach dem Sieg bewältigen musste, und der sich, mit den ersten Buchstaben anfangend, darauf vorbereitete, sollte sein Werk nicht beenden können. Wir anderen liefen versprengt davon; mein ganzer Stolz, der Tornister, blieb voll von Medikamenten meiner eisernen Ration und mit Verpflegung, Büchern und Decken an jener Stelle zurück. Ich konnte noch eine Decke herausholen, die ich der Batista-Armee als Trophäe am La Plata abgenommen hatte, und mit ihr rannte ich davon.

Nach einer Weile schloss ich mich einer Gruppe an; zu ihr gehörten Almeida, Julito Díaz, Universo Sánchez, Camilo Cienfuegos, Guillermo García, Ciro Frías, Motolá, Pesant, Emilio Labrada, Yayo und ich. Wir marschierten in Flankenrichtung und versuchten so, den Schüssen auszuweichen. Das Schicksal der anderen Compañeros war uns unbekannt. Hinter uns waren vereinzelte Schüsse zu hören – unsere Spuren ließen sich leicht verfolgen, weil wir sie bei unserem eiligen Rückzug nicht verwischen konnten. Am Nachmittag, nach meiner Uhr war es Viertel nach fünf, erreichten wir einen Steilhang; dort endete der Wald. Nach einigem Zögern entschieden wir, dass es besser wäre, die Nacht dort abzuwarten, denn wenn wir diese Stelle am Tag überquerten, würde man uns sehen; wenn sie uns auf unseren Spuren folgten, müssten wir uns dort verteidigen, denn die Lage machte das möglich. Trotzdem tauchten sie nicht auf, und wir konnten unseren Weg fortsetzen; uns führte – nicht gerade zuverlässig – Ciro Frías, der einige Ortskenntnisse besaß. Es war vorgeschlagen worden, dass wir uns in zwei Patrouillen teilen sollten, um den Marsch zu beschleunigen und weniger Spuren zu hinterlassen, aber Almeida und ich widersetzten uns, um die Geschlossenheit jener Gruppe zu bewahren. Wir erkannten die Gegend wieder, die den Namen Limones trägt, und nach anfänglicher Unschlüssigkeit – denn ein paar Compañeros wollten den Ort nicht verlassen – gab Almeida, der aufgrund seines Dienstgrades als Hauptmann die Gruppe führte, den Befehl, bis El Lomón weiterzumarschieren, denn das war der von Fidel festgelegte Treffpunkt. Einige Compañeros argumentierten, dass El Lomón ein Ort wäre, den Eutimio kannte, und dass deshalb die Armee dort sein würde. Es blieb uns selbstverständlich nicht mehr der geringste Zweifel, dass Eutimio der Verräter war, doch Almeida traf die Entscheidung, Fidels Befehl zu befolgen.

Am 12. Februar, nach drei Tagen Trennung, vereinigten wir uns mit Fidel in der Nähe von El Lomón, an einem Ort, der Derecha de la Caridad heißt. Hier wurde uns bestätigt, dass Eutimio Guerra der Verräter war, und wir sahen in dieser ganzen Geschichte klar: Sie hatte begonnen, als er nach den Ereignissen am La Plata von Casillas gefangen genommen wurde und dieser ihn nicht tötete, sondern ihm stattdessen eine Geldsumme für Fidels Leben geboten hatte. Wir erfuhren, dass er es gewesen war, der unsere Position in Caracas verraten hatte, und dass ausgerechnet er den Befehl gegeben hatte, die Loma del Burro anzugreifen, weil der Weg über diese Höhe zu unserer Marschroute gehörte (wir hatten sie erst im letzten Moment geändert), und er hatte auch den konzentrierten Angriff auf die kleine Bodenvertiefung organisiert, die wir als Zufluchtsort im Bett jenes Baches benutzten, von wo wir uns durch den von Fidel befohlenen rechtzeitigen Rückzug retteten und dabei nur einen Mann verloren. Außerdem wurde uns der Tod Julio Acostas bestätigt und dass dabei mindestens ein Soldat getötet und einige andere verwundet wurden, wie man erzählte. Ich muss gestehen, dass weder der Tote noch die Verwundeten mir und meinem Gewehr angerechnet werden können, denn bei jenem Zusammenstoß trat ich lediglich in aller Eile den »strategischen Rückzug« an. Jetzt hatten wir zwölf (außer Labrada, der sich einen Tag zuvor verirrt hatte) uns mit dem Rest der Gruppe – Raúl, Ameijeiras, Ciro Redondo, Manuel Fajardo, Echevarria, dem Galicier Morán und Fidel – wieder vereinigt, wir waren insgesamt achtzehn Männer; das war die »Wiedervereinigte Revolutionsarmee« vom 12. Februar 1957. Einige Compañeros waren versprengt, ein paar Neulinge trennten sich damals von der Guerilla, und wir hatten den Verlust eines Veteranen von der Granma zu verzeichnen; er hieß Armando Rodríguez, und seine persönliche Waffe war ein Thompson-Maschinengewehr; in den letzten Tagen hatte er jedes Mal ein so entsetztes, ein so verängstigtes Gesicht gezeigt, wenn er Schüsse aus entfernten, jedoch im Umkreis unserer Position liegenden Orten hörte, dass wir später diese Miene *Belagerungsgesicht* tauften. Jedes Mal, wenn ein Mann mit dem verstörten Gesicht eines vom Schrecken besessenen Tieres zu sehen war, das dieser frühere Compañero in den Tagen vor dem Zusammenstoß von Altos de Espinosa gezeigt hatte, sagten wir gleich eine unangenehme Schicksalswendung voraus; ein *Belagerungsgesicht* war unvereinbar mit dem Guerilleroleben. *Belagerungsgesicht* kratzte die Kurve, wie wir in unserer neuen Guerillerosprache sagten, und sein Gewehr tauchte lange danach in einem weit entfernten Bauernhaus auf; seine Beine waren hochbegabt.

ENDE EINES VERRÄTERS

Nachdem wir dieses kleine Heer versammelt hatten, wurde beschlossen, die Gegend von El Lomón zu verlassen und nach neuen Gebieten aufzubrechen. Dabei nahmen wir Kontakte mit Bauern aus der Gegend auf und sicherten so unsere notwendigen Nahrungsmittelquellen. Gleichzeitig entfernten wir uns damit von der Sierra Maestra und marschierten Richtung Flachland, in Orte, wo wir Leute von der Organisation aus den Städten treffen mussten. Wir kamen durch eine Siedlung, die La Monteria hieß, und danach lagerten wir in einem kleinen Waldgebiet in der Nähe eines Baches; dieser Platz gehörte zum Landgut eines Señors namens Epifanio Díaz, dessen Söhne am revolutionären Kampf teilnahmen.

Wir näherten uns, um einen engeren Kontakt mit der Bewegung in den Städten herzustellen, denn unser Leben als Nomaden und Untergrundkämpfer machte ein Zusammenwirken der beiden Teile der Bewegung des 26. Juli unmöglich.

Praktisch waren es zwei getrennte Gruppen mit unterschiedlichen Taktiken und Strategien. Noch war es nicht zu den tiefen Spaltungen gekommen, die Monate später die Einheit der Bewegung in Gefahr brachten, doch es zeigte sich schon, dass es unterschiedliche Auffassungen gab.

Auf jenem Landgut trafen wir die wichtigsten Vertreter der städtischen Bewegung, unter ihnen drei Frauen, die heute das ganze kubanische Volk kennt: Vilma Espín, heute Vorsitzende des Frauenverbandes und Raúls Lebensgefährtin; Haydée Santamaría, Präsidentin der Casa de las Américas[1] und Ge-

1 Casa de las Américas: kubanische Institution zur Förderung der lateinamerikanischen Kultur, Herausgeber der Zeitschrift gleichen Namens

fährtin von Armando Hart, sowie Celia Sánchez, unsere liebe Compañera in jeder Stunde des Kampfes, die sich einige Zeit danach endgültig der Guerilla anschloss, um uns nicht mehr zu verlassen. Dann kam auch Faustino Pérez, einer unserer alten Bekannten, Compañero von der Granma, der einige Aufträge in der Stadt ausgeführt hatte und zur Berichterstattung zurückkehrte, um danach seine Aufgaben in der Stadt weiter zu erfüllen. (Wenig später sollte er verhaftet werden.)

Außerdem lernten wir Armando Hart kennen, und ich hatte hier die einzige Gelegenheit, mit Frank País, dem großen revolutionären Führer von Santiago, zusammenzukommen.

Frank País war einer jener Männer, die vom ersten Zusammentreffen an einen unauslöschlichen Eindruck machen; sein Gesicht glich mehr oder weniger genau den Fotos, die heute von ihm vorhanden sind, seine Augen aber waren von außergewöhnlicher Tiefe.

Heute ist es schwierig, von einem toten Compañero zu erzählen, mit dem man ein einziges Mal zusammengetroffen ist und dessen Lebensgeschichte zum Gemeingut des Volkes geworden ist. Ich könnte in diesem Augenblick nur genau sagen, dass seine Augen sofort den von einer Sache besessenen Menschen zeigten, der auf diese Sache vertraut, und außerdem, dass dieser Mensch ein höheres Wesen war. Heute nennt man ihn »den unvergessenen Frank País«; für mich, der ich ihn ein einziges Mal gesehen habe, ist es so. Frank ist einer von so vielen Compañeros, deren Leben in der Blüte geknickt wurde – ein Leben, das heute der gemeinsamen Aufgabe der sozialistischen Revolution gewidmet wäre. Sein Leben ist ein Teil des hohen Preises, den das Volk zahlte, um seine Freiheit zu erringen.

Er gab uns eine stillschweigende Lektion in Ordnung und Disziplin, als er unsere schmutzigen Gewehre reinigte, die Patronen zählte und sie sortierte, damit sie nicht verloren gingen. Von jenem Tag an nahm ich mir vor, meine Waffe besser zu pflegen (und ich habe Wort gehalten, obwohl ich auch nicht sagen kann, ich wäre ein Vorbild an peinlicher Sauberkeit gewesen).

Aber dieses kleine Waldstück war auch der Schauplatz anderer Ereignisse. Zum ersten Mal besuchte uns ein Journalist, und dieser Journalist war ein Ausländer. Es handelte sich um den berühmten Matthews[2], der zu diesem Gespräch nur eine kleine Kastenkamera mitgebracht hatte; mit ihr machte er jene Fotos, die dann so große Berühmtheit erlangten und durch die dümmlichen Erklärungen eines Batista-Ministers zum Gegenstand so erbitterter Diskussionen wurden. Der Übersetzer war damals Javier Pazos, der sich bald auch der Guerilla anschloss und einige Zeit dabeiblieb.

Matthews, so erzählte mir Fidel, denn ich war nicht Zeuge dieses Zusammentreffens, stellte konkrete Fragen, von denen keine einzige mit Hintergedanken verbunden war. Es zeigte sich, dass er mit der Revolution sympathisierte. Ich erinnere mich an Fidels Kommentare, wie er ihm auf die Frage, ob er Antiimperialist sei, mit Ja antwortete, und wie er sich gegen die Lieferung von Waffen an Batista ausgesprochen hatte, indem er ihm erklärte, dass jene Waffen nicht für die interkontinentale Verteidigung bestimmt seien, sondern allein dazu, das Volk zu unterdrücken.

Matthews' Besuch war natürlich sehr kurz. Unmittelbar darauf blieben wir allein; wir waren zum Abmarsch bereit. Man gab uns jedoch den warnenden Rat, wir sollten unsere Wachsamkeit verdoppeln, denn Eutimio befände sich in der Nähe; unverzüglich erhielt Almeida den Befehl, ihn gefangen zu nehmen. Der Patrouille gehörten außerdem Julito Díaz, Ciro Frías, Camilo Cienfuegos und Efigenio Ameijeiras an. Ciro Frías wurde damit beauftragt, Eutimio zu überwältigen,

---

2 Herbert Matthews, Journalist der Zeitung »New York Times«, besuchte am 15. Februar 1957 Fidel Castro in der Sierra Maestra.

was sich als eine sehr einfache Aufgabe erwies, und er wurde uns vorgeführt. Wir fanden bei ihm eine 45er-Pistole, drei Granaten und einen Geleitbrief von Casillas. Nachdem er sich gefangen sah und man diese Gegenstände bei ihm gefunden hatte, blieb ihm natürlich kein Zweifel mehr an seinem Schicksal. Er fiel vor Fidel auf die Knie und bat einfach darum, dass man ihn tötete. Er sagte, er wisse, dass er den Tod verdiene. In jenem Augenblick schien er gealtert zu sein, an seinen Schläfen sah man zahlreiche weiße Haare, was man früher niemals bemerkt hatte. Dieser Augenblick war von außergewöhnlicher Spannung. Fidel rügte seinen Verrat hart, und Eutimio wollte nur, dass man ihn tötete, wobei er seine Schuld zugab. Wir alle, die wir jenen Augenblick miterlebten, werden nicht vergessen, wie Ciro Frías, sein Gevatter, auf ihn einzureden begann; wie er ihn an all das erinnerte, was er für ihn getan hatte, kleine Hilfeleistungen, die er und sein Bruder Eutimios Familie erwiesen hatten, und wie dieser Verrat geübt hatte, als er zuerst Frias' Bruder umbringen ließ – einige Tage zuvor war er von Eutimio angezeigt und von der Polizei ermordet worden – und als er dann versucht hatte, die ganze Gruppe zu liquidieren. Es war eine lange und pathetische Ansprache, die Eutimio schweigend und mit gesenktem Kopf anhörte. Er wurde gefragt, ob er einen Wunsch hätte, und er bejahte das: Er wolle, dass die Revolution oder, besser gesagt, wir uns seiner Kinder annähmen.

Die Revolution hat Wort gehalten. Eutimio Guerras Name kommt durch diese Aufzeichnungen jetzt wieder in Erinnerung, aber vielleicht ist er sogar von seinen eigenen Kindern schon vergessen worden; diese tragen einen anderen Namen und besuchen eine der vielen Schulen Kubas, sie werden wie alle Söhne des Volkes behandelt und bereiten sich auf ein besseres Leben vor. Doch eines Tages werden sie erfahren müssen, dass ihr Vater wegen seines Verrates von der revolutionären Macht hingerichtet wurde. Sie sollen gerechterweise auch erfahren, dass jener Bauer, der sich durch die Korruption versuchen ließ und, von der Gier nach Ruhm und Geld getrieben, ehrlosen Verrat begehen wollte, nicht nur seinen Fehler einsah und nicht den geringsten Versuch machte, um eine milde Behandlung zu bitten, die er, wie er wusste, nicht verdiente, sondern sich außerdem in seiner letzten Minute seiner Kinder erinnerte und für sie um eine wohlwollende Behandlung und die Obhut unseres Führers bat. In jenen Minuten brach ein sehr starker Sturm los, und es wurde vollkommen dunkel: Inmitten eines ungeheuren Wolkenbruchs, während der Himmel von Blitzen und laut dröhnendem Donner zerschnitten wurde und als gerade einer dieser Blitze mit dem ihn begleitenden Donner in der Nähe einschlug, endete Eutimio Guerras Leben, ohne dass selbst die nahe stehenden Compañeros das Krachen des Schusses hören konnten.

Am nächsten Tag begruben wir ihn an derselben Stelle, und dabei gab es einen kleinen Zwischenfall, an den ich mich erinnere. Manuel Fajardo wollte ein Kreuz für ihn aufstellen, und ich lehnte das ab, weil es sehr gefährlich für die Besitzer der Farm gewesen wäre, wenn es einen derartigen Hinweis auf die Hinrichtung gegeben hätte. Daraufhin schnitt er in einen der nahe stehenden Bäume ein kleines Kreuz. Dieses Zeichen gibt an, wo die sterblichen Reste des Verräters begraben sind.

Der Galicier A. Morán trennte sich damals von uns, er wusste bereits, wie wenig wir ihn schätzten, und alle betrachteten wir ihn als einen potenziellen Deserteur (er war zwei oder drei Tage unter dem Vorwand verschwunden, dass er Eutimios Spuren verfolgt und sich im Walde verirrt habe).

In dem Augenblick, da wir uns zum Aufbruch bereit machten, krachte ein Schuss, und wir fanden Morán, dessen Bein von einer Kugel durchschlagen worden war. Die Compañeros, die sich dabei in der Nähe befunden hatten, führten in jenen Tagen erbitterte Diskussionen, denn einige sagten, der Schuss wäre zufällig gewesen, und andere, er hätte ihn sich selbst beigebracht, um nicht weiter mitkommen zu müssen.

Die spätere Lebensgeschichte Moráns, sein Verrat und seine Hinrichtung, die von den Revolutionären in Guantánamo vollstreckt wurde, legt nahe, dass er sich den Schuss sehr wahrscheinlich absichtlich gab.

Als wir abmarschierten, verabredete Frank País, eine Gruppe von Männern in den ersten Märztagen zu schicken; Treffpunkt sollte das Haus von Epifanio Díaz in der Nähe von Jibaro sein.

BITTERE TAGE

Die Tage, die auf unseren Abmarsch aus dem Haus von Epifanio Díaz folgten, waren für mich persönlich die schmerzlichste Etappe des Krieges. Diese Notizen versuchen eine Vorstellung von dem zu geben, was für alle Kämpfer gemeinsam die erste Phase unseres Krieges bedeutete. Wenn ich an dieser Stelle meiner Erinnerungen mehr als sonst meine persönliche Teilnahme erwähnen muss, so deshalb, weil sie in direktem Zusammenhang mit den folgenden Episoden steht und es nicht möglich war, sie davon getrennt zu behandeln, ohne dass die Einheitlichkeit des Berichtes verloren ginge.

Nach dem Abmarsch aus Epifanios Haus bestand unsere revolutionäre Gruppe aus siebzehn Männern der ursprünglichen Armee und aus drei neu hinzugekommenen Compañeros: Gil, Sotolongo und Raúl Díaz. Diese drei Compañeros waren mit der Granma gekommen; sie hatten sich während einer gewissen Zeit in der Umgebung von Manzanillo versteckt, und als sie erfuhren, dass wir lebten, entschieden sie, sich der Gruppe anzuschließen. Ihre Geschichte war die gleiche wie die von uns allen; sie hatten der Verfolgung der Soldaten entkommen können und sich in dem Haus eines Bauern, dann in dem eines anderen versteckt, sie waren nach Manzanillo gelangt und dort untergetaucht. Jetzt verband sie ihr Schicksal mit dem der ganzen Kolonne. In dieser Epoche war es, wie man sieht, sehr schwer, unsere Armee zu vergrößern; es kamen ein paar neue Leute, aber andere gingen weg; die physischen Bedingungen des Kampfes waren sehr hart, doch die moralischen waren es noch viel mehr, und man lebte unter dem Eindruck, ständig eingekreist zu sein.

Damals marschierten wir ohne feste Richtung und langsam,

wir verbargen uns in kleinen Waldstücken, in einem Gebiet, wo die Viehzucht schon bald die Vegetation beeinträchtigt hat und nur noch kleine Waldreste übrig geblieben sind. Eines Nachts hörten wir in Fidels kleinem Radio die Nachricht von der Gefangennahme eines Compañeros von der Granma, der sich zusammen mit Crescencio Pérez entfernt hatte. Die Nachricht, dass er gefangen genommen worden war, hatten wir schon durch Eutimios Geständnis erhalten, aber eine offizielle Meldung war nicht verbreitet worden. Als wir sie nun hörten, konnten wir uns überzeugen, dass er lebte. Nicht immer konnte man bei den Verhören des Batista-Heeres mit dem Leben davonkommen. Jeden Moment hörte man aus unterschiedlichen Richtungen Maschinengewehrschüsse, die die Soldaten gegen die Waldstreifen abgaben, wohin die feindlichen Truppen im Allgemeinen nicht vordrangen, obwohl sie reichlich Munition verschossen.

In meinem Feldtagebuch notierte ich am 22. Februar, dass ich die ersten Symptome einer Erkrankung verspürte, die ein starker Asthmaanfall werden könnte, denn mir fehlte mein Antiasthmatikum. Der neue Treff war für den 5. März geplant, sodass wir einige Tage warten mussten.

In dieser Zeit marschierten wir sehr langsam; wir hatten keine feste Richtung, und wir wollten einfach die Zeit ausfüllen bis zum 5. März; dem Termin, an dem Frank País uns die bewaffnete Gruppe schicken sollte. Es war bereits beschlossen worden, dass als Erstes unsere kleine Front befestigt werden sollte, ehe man sie zahlenmäßig verstärken würde, und deshalb mussten alle in Santiago verfügbaren Waffen in die Sierra Maestra hinaufgebracht werden.

Am Ende einer Nacht überraschte uns der Tagesanbruch am Ufer eines kleinen Bächleins, wo es fast keine Vegetation gab; wir verbrachten einen unangenehmen Tag an jener Stelle, in einem Tal nahe bei Las Mercedes, das, wie ich glaube, La Majagua heißt (die Namen habe ich jetzt nicht mehr ganz genau im Gedächtnis behalten), und in der folgenden Nacht kamen wir zum Haus des alten Emiliano, einer von den vielen Bauern, die damals jedes Mal einen ungeheuren Schrecken bekamen, wenn sie uns sahen, die aber tapfer ihr Leben für uns aufs Spiel setzten und mit ihrer Arbeit zum Fortgang unserer Revolution beitrugen. Es war Regenzeit in der Sierra, und jede Nacht wurden wir durchnässt, sodass wir die Häuser der Bauern aufsuchten, trotz der Gefahr, denn das Gebiet wimmelte von Soldaten.

Mein Asthma war so stark, dass ich nicht gut vorwärtskam, und wir mussten in einer kleinen Kaffeepflanzung in der Nähe eines Bauernhauses schlafen, wo wir wieder Kräfte sammelten. An jenem Tag, von dem ich erzählte, am 27. oder 28. Februar, war die Zensur im Lande aufgehoben worden, und der Rundfunk brachte ständig Nachrichten von allem, was während der vergangenen Monate passiert war. Man sprach von terroristischen Aktionen und der Zusammenkunft zwischen Matthews und Fidel: Zu jenem Zeitpunkt gab der Verteidigungsminister seine famose Erklärung ab, dass das Interview Matthews' eine Lügengeschichte wäre, und er forderte ihn prahlerisch heraus, das Foto zu veröffentlichen.

Der Bauer Hermes, ein Sohn des alten Emiliano, war derjenige Compañero, der uns damals mit Nahrungsmitteln versorgte oder uns wenigstens den Weg zeigte, dem wir folgen mussten. Doch am Morgen des 28. kam er auf seinem üblichen Rundgang nicht zu uns, und Fidel befahl, den Ort unverzüglich zu räumen und eine andere Position zu besetzen, von wo aus wir die Wege des Gebietes unter Kontrolle hatten, denn man wusste nicht, was geschehen würde. Gegen vier Uhr nachmittags beobachteten Luis Crespo und Universo Sánchez die Straßen, und Universo Sánchez sah auf dem Weg von Las Vegas eine größere Truppe Soldaten, die direkt zu der Berghöhe marschierte, um sie zu besetzen. Wir mussten schnell laufen, um den Rand des Hügels zu erreichen und auf die andere Seite hinüberzukommen, bevor uns die Truppe den Weg verlegte; das war keine schwierige Aufgabe, da wir die Soldaten rechtzeitig gesehen hatten. Schon begannen die Granatwerfer und die Maschinengewehre unsere vorherige Position zu beschießen, was bewies, dass das Batista-Heer von unserem Aufenthalt dort Kenntnis hatte. Alle konnten leicht zum Gipfel gelangen und ihn überwinden; doch für mich war es eine fürchterliche Aufgabe. Ich konnte es schaffen, aber dabei hatte ich einen derartigen Asthmaanfall, dass mir praktisch jeder Schritt schwerfiel. Ich erinnere mich an die Strapazen, die der Bauer Crespo damals ertragen musste, um mir beim Laufen zu helfen. Als ich nicht mehr konnte und bat, sie sollten mich zurücklassen, sagte der Bauer, ganz im Tonfall des speziellen Wortschatzes unserer Truppe: »Du Scheiß-Argentinier, wirst du wohl laufen, oder ich bringe dich mit Kolbenhieben vorwärts.« Als er das sagte, musste er außerdem sein ganzes Gepäck, meinen Körper und meinen Tornister tragen, um den schwierigen Berghang zu bewältigen, während ein sintflutartiger Regen auf unsere Rücken niederprasselte.

So erreichten wir eine kleine Hütte, wo wir erfuhren, dass wir uns in der Ortschaft Purgatorio[1] befanden. Hier gab sich Fidel als der Comandante Gonzáles vom Heer Batistas aus, der Jagd auf die Rebellen machte. Der Besitzer des Hauses behandelte uns mit kühler Höflichkeit, er bot uns Unterkunft an und bewirtete uns; doch es war dort noch ein anderer Ortseinwohner anwesend, ein Freund aus einer nahe gelegenen Hütte, der sich als außerordentlicher Aufschneider entpuppte. Mein Gesundheitszustand beraubte mich des Vergnügens, den überaus köstlichen Dialog Fidels in seiner Rolle als Comandante Gonzáles vom Heer Batistas zu genießen, und dazu den Bauern, der ihm Ratschläge gab und darüber sprach,

1 Purgatorio: Flecken in der Sierra Maestra, wörtlich übersetzt »Fegefeuer«

wieso eigentlich dieser Junge, dieser Fidel Castro, in den Bergen war und dort herumballerte.

Wir mussten irgendeinen Entschluss fassen, denn es war mir unmöglich, weiter mitzukommen. Als der indiskrete Nachbar gegangen war, sagte Fidel dem Herrn des Hauses, wer er war. Der Mann umarmte ihn sofort und sagte ihm, er sei Orthodoxer[2], er würde immer Chibás treu bleiben, und Fidel könne über ihn verfügen. Wir mussten damals den Bauern nach Manzanillo schicken, um den Kontakt herzustellen oder wenigstens Medikamente zu kaufen; und man musste mich in der Nähe des Hauses lassen, ohne dass selbst die Frau des Bauern ahnte, dass ich dort war.

Der zuletzt in die Truppe aufgenommene Compañero, ein Mann von zweifelhafter Moral, doch von sehr kräftiger Statur, wurde mir als Begleiter beigegeben. Fidel überließ mir ein Johnson-Repetiergewehr – eine selbstlose Tat, denn es handelte sich um eine der Kostbarkeiten unserer Guerilla; diese Waffe sollte zu unserem Schutz dienen. Wir taten so, als zögen wir alle gemeinsam in eine Richtung, und nach wenigen Schritten drangen dieser Compañero (den wir El Maestro[3] nannten) und ich ins Innere des Waldes ein bis zu dem vereinbarten Platz und warteten dort die weiteren Ereignisse ab. In den Nachrichten jenes Tages wurde gemeldet, dass Matthews telefonisch angekündigt hätte, die berühmten Fotos würden veröffentlicht. Díaz Tamayo hatte erklärt, dass das unmöglich wäre, weil niemand den Belagerungsring der Truppen durchbrechen könnte. Armando Hart war festgenommen und angeklagt worden, der stellvertretende Führer der Bewegung zu sein. Es war der 28. Februar.

---

2 Orthodoxer: Die »orthodoxe« Partei, Partido del Pueblo Cubano (Ortodoxo), 1947 von Eduardo Chibás gegründet, verfolgte bürgerlich-demokratische Zielstellungen und trat gegen die herrschende Korruption auf.

3 El Maestro: »Der Lehrer«

Der Bauer führte seinen Auftrag aus und versorgte mich mit genügend Adrenalin. Nun sollten zehn der bittersten Tage des Kampfes in der Sierra folgen. Ich bewegte mich vorwärts, indem ich mich an jeden Baum und auf den Gewehrkolben stützte; mich begleitete ein verängstigter Soldat, der jedes Mal zitterte, wenn eine Schießerei begann, und der jedes Mal einen Nervenanfall bekam, wenn mein Asthma mich zwang, an irgendeiner Stelle zu husten. Für eine Strecke, die wenig mehr als einen Tagesmarsch ausmacht, brauchten wir zehn lange Tage, bis wir wieder Epifanios Haus erreichten. Der für das Zusammentreffen vereinbarte Termin war der 5. März, doch es war unmöglich, ihn einzuhalten. Der Belagerungsring der Soldaten in diesem Gebiet und die Unmöglichkeit schneller Bewegungen bewirkten, dass wir erst am 11. März in Epifanio Díaz' gastfreundlichem Haus eintreffen konnten.

Es hatten sich einige Dinge ereignet, die die Bewohner des Hauses schon kannten. Fidels Gruppe aus achtzehn Männern hatte sich durch einen Irrtum getrennt, als sie dachten, dass sie wieder von Soldaten angegriffen würden; dies geschah an dem Ort, der Altos de Meriño heißt; zwölf Männer waren mit Fidel weitermarschiert und sechs mit Ciro Frías. Danach war Ciro Frías in einen Hinterhalt geraten, doch sie waren alle unverletzt entkommen und wohlauf, sie befanden sich ganz in ihrer Nähe. Nur einer, Yayo, der ohne sein Gewehr zurückkam, war an Epifanio Díaz' Haus in Richtung Manzanillo vorbeigekommen; durch ihn erfuhren wir alles. Außerdem war die Truppe, die Frank schicken sollte, schon bereit, obwohl man diesen in Santiago verhaftet hatte. Wir hatten eine Unterredung mit dem Führer dieser Truppe; er hieß Jorge Sotús und besaß den Dienstgrad eines Hauptmanns. Er hatte nicht am 5. kommen können, denn die Nachricht war durchgesickert und die Wege wurden ausnahmslos überwacht. Wir legten alle notwendigen Maßnahmen fest, damit die Ankunft der Männer, deren Zahl etwa fünfzig betrug, rasch erfolgen konnte.

DIE VERSTÄRKUNG

Am 13. März, während wir auf die neue revolutionäre Truppe warteten, kam im Rundfunk die Nachricht, dass man versucht hatte, Batista zu ermorden, und es wurden die Namen einiger der Toten durchgegeben. An erster Stelle der Studentenführer Jose Antonio Echeverría und dann andere, wie Menelao Mora. Es sollten auch Leute den Tod finden, die mit dem Ereignis nichts zu tun hatten; am nächsten Tag erfuhr man, dass Pelayo Cuervo Navarro, ein Kämpfer der Orthodoxen Partei, der eine aufrechte Haltung gegenüber Batista eingenommen hatte, ermordet worden war und dass man seinen Leichnam in den unter dem Namen »El Laguito« bekannten Winkel des aristokratischen Country Clubs geworfen hatte. Es lohnt, auf das sonderbare Paradoxon hinzuweisen, dass die Mörder von Pelayo Cuervo Navarro und die Söhne des Toten gemeinsam an der gescheiterten Invasion in der Schweinebucht teilnahmen, um Kuba von der »Schande des Kommunismus« zu »befreien«.

Durch den Rauchvorhang der Zensur drangen einige Einzelheiten über den gescheiterten Angriff nach außen, an den sich das kubanische Volk gut erinnert. Persönlich hatte ich den Führer der Studenten nicht, wohl aber seine Mitkämpfer kennengelernt; das war in Mexiko-Stadt während der Vereinbarung eines gemeinsamen Aktionsprogramms, das von der Bewegung des 26. Juli und der Leitung der Studentenbewegung[1] angenommen wurde. Diese Compañeros waren: Comandante Faure Chomón – später Botschafter in der UdSSR –,

---

1 Nach dem Angriff auf den Präsidentenpalast gab sich diese Bewegung den Namen »Revolutionäres Direktorium des 13. März«.

Fructuoso Rodríguez und Joe Westbrook; sie alle nahmen an dem Angriff teil.

Wie man sich erinnern wird, fehlte den Angreifern nur wenig von der notwendigen Stoßkraft und sie hätten das dritte Stockwerk erreicht, in dem sich der Diktator aufhielt, aber das, was ein erfolgreicher Staatsstreich hätte werden können, verwandelte sich in ein Massaker an all denen, die nicht rasch genug aus der Mausefalle entkommen konnten, zu der der Präsidentenpalast für sie wurde.

Die Ankunft der Verstärkung war für den 15. März angekündigt; wir warteten viele Stunden am vereinbarten Ort, dem Tal eines Baches, wo der Weg tiefer liegt und es leicht war, die Aktion ungesehen durchzuführen, aber es kam niemand. Später erklärten sie uns, dass es einige Schwierigkeiten gegeben hätte. Dann kam diese Truppe am 16. im Morgengrauen sehr erschöpft an; die Männer konnten kaum ein paar Schritte laufen und mussten sich in einem Waldgebiet ausruhen, um das Tageslicht abzuwarten. Der Besitzer der Lastwagen war ein Reisbauer aus der Gegend, der, durch die möglichen Folgen seiner Tat verängstigt, um Asyl bat und nach Costa Rica ging, von wo er, in einen Helden verwandelt, zurückkehrte; er kam in dem Flugzeug, das einige Waffen aus jenem Land brachte; sein Name: Hubert Matos.

Die Verstärkung bestand aus ungefähr fünfzig Mann, von denen nur etwa dreißig bewaffnet waren; zwei leichte Maschinengewehre, eine Madzen und eine Johnson, waren dabei. In den wenigen Monaten, die wir in der Sierra gelebt hatten, waren wir zu Veteranen geworden, und wir entdeckten an der neuen Truppe alle Mängel, die die ursprüngliche Gruppe von der Granma aufzuweisen hatte: Disziplinlosigkeit, fehlende Anpassung an die größeren Schwierigkeiten, Mangel an Entschlossenheit, die Unfähigkeit, sich rasch an dieses Leben zu gewöhnen. Die Abteilung der fünfzig Männer wurde von Jorge Sotús geführt, der den Rang eines Hauptmanns hatte. Sie war in fünf Gruppen zu jeweils zehn Mann aufgeteilt, jede wurde von einem Leutnant befehligt; diese Dienstgrade hatte die Organisation in der Stadt verliehen, und sie mussten erst noch bestätigt werden. Die Gruppenführer waren: ein Compañero namens Domínguez, ich glaube, er fiel kurze Zeit später in Pino del Agua; Compañero René Ramos Latour, der heldenhaft im Kampf starb, als die letzte Offensive der Diktatur ihrem Ende zuging und er als Organisator der Miliz in den Städten arbeitete; Pedrín Soto, unser alter Mitkämpfer von der Granma, dem es endlich gelungen war, sich uns anzuschließen – auch er fiel im Kampf und wurde von Raúl Castro in der Zweiten Front[2] »Frank País« postum zum Comandante befördert; außerdem Compañero Peña, ein Student aus Santiago, der den Grad eines Comandante erreichte und seinem Leben nach der Revolution ein Ende machte; und Leutnant Hermo, der einzige Gruppenführer, der die fast zwei Jahre Krieg überleben konnte.

Von allen auftretenden Problemen war eines der größten die mangelnde Ausdauer beim Marschieren; Jorge Sotús, der Befehlshaber, war einer von denen, die am schlechtesten damit zurechtkamen. Er blieb ständig zurück und gab so ein schlechtes Beispiel für die Truppe; darüber hinaus hatte ich den Befehl erhalten, diese Truppen zu übernehmen, doch als ich darüber mit Sotús sprach, erklärte er mir, er hätte Anweisung, sie unter Fidels Kommando zu stellen, und er könne sie vorher niemandem übergeben, er bleibe weiterhin der Befehlshaber usw. usw. In jener Zeit hatte ich noch meinen Ausländerkomplex, und ich wollte die Dinge nicht zuspitzen, obwohl in der Truppe sehr große Unzufriedenheit zu beobachten war. Nach sehr kurzen Märschen, die sich aber infolge der unzulänglichen Vorbereitung außerordentlich in

2 Segundo Frente: Zweite Front, Gebiet in der Provinz Oriente, wo seit März 1958 Rebellenverbände unter dem Befehl von Raúl Castro operierten.

die Länge zogen, erreichten wir einen Ort in der Gegend von La Derecha, wo wir Fidel Castro erwarten sollten. Dort befand sich die kleine Gruppe von Compañeros, die sich vorher von Fidel getrennt hatte: Manuel Fajardo, Guillermo García, Juventino, Pesant, die drei Brüder Sotomayor, Ciro Frías und ich.

In jenen Tagen spürte man den ungeheuer großen Unterschied zwischen den beiden Gruppen: Unsere war diszipliniert, geschlossen und kampferprobt; die der Neulinge litt noch an den Gebrechen der Anfangszeit; sie waren nicht daran gewöhnt, nur eine Mahlzeit am Tag einzunehmen, und wenn ihnen die Ration nicht schmeckte, aßen sie sie nicht. Die Neulinge hatten ihre Tornister mit unnützen Dingen vollgestopft, und wenn sie ihnen auf dem Rücken zu schwer wurden, zogen sie es zum Beispiel vor, eine Büchse Kondensmilch wegzugeben, als sich von einem Handtuch zu trennen (ein Hochverrat am Guerillakrieg). Damals nutzten wir das und sammelten die Konserven und alle Nahrungsmittel auf, die sie unterwegs zurückließen. Nachdem wir uns in La Derecha eingerichtet hatten, ergab sich eine sehr gespannte Situation, die durch die ständigen Reibereien zwischen Jorge Sotús, einem autoritären Geist ohne die Fähigkeit, mit anderen Menschen auszukommen, und der Truppe im Allgemeinen hervorgerufen wurden; wir mussten besondere Vorsichtsmaßnahmen ergreifen. René Ramos, der in der Guerilla den Decknamen Daniel hatte, erhielt den Befehl, sich am Ausgang unseres Verstecks mit der Maschinengewehrabteilung zu postieren, damit wir eine Garantie hatten, dass nichts Unvorhergesehenes passierte.

Einige Zeit danach wurde Jorge Sotús mit einem Spezialauftrag nach Miami geschickt. Dort verriet er die Revolution, indem er sich mit Felipe Pazos verbündete, dessen maßlose Machtgier ihn dazu brachte, seine Verpflichtungen zu vergessen; er ließ sich als Provisorischer Präsident auf einer »zusammengeschusterten« Liste aufstellen, bei deren Zustandekommen das State Department eine wichtige Rolle spielte.

Zu einem späteren Zeitpunkt ließ Hauptmann Sotús durchblicken, dass er sich rehabilitieren wollte, und Raúl Castro gab ihm die entsprechende Möglichkeit, wie sie diese Revolution niemandem verweigert hat. Trotzdem begann er, gegen die Revolutionsregierung zu konspirieren, und er wurde zu zwanzig Jahren Gefängnis verurteilt, doch durch die Komplizenschaft eines Gefängniswächters konnte er entkommen; dieser floh mit ihm in den idealen Unterschlupf für »Gusanos«[3]: in die Vereinigten Staaten.

Damals versuchten wir trotzdem, ihm so viel wie möglich zu helfen, die Schwierigkeiten mit den neuen Compañeros zu bereinigen und ihm die Notwendigkeit der Disziplin zu erklären. Guillermo García begab sich in die Gegend von Caracas, um Fidel zu suchen, während ich einen kurzen Marsch auf mich nahm, um Ramiro Valdés zu holen, der sich halbwegs von seiner Beinverletzung erholt hatte. Am 24. März nachts kam Fidel; seine Ankunft mit den zwölf Compañeros, die sich in jenem Augenblick standhaft an seiner Seite hielten, war beeindruckend. Der Unterschied zwischen den bärtigen Männern mit ihren Tornistern, die aus irgendwelchem Material hergestellt und zusammengeschnürt waren, wie es eben ging, und den neuen Soldaten mit ihren noch sauberen Uniformen, ihren gleichen und peinlich sauberen Tornistern und ihren rasierten Gesichtern war bemerkenswert. Ich erklärte Fidel die Probleme, mit denen wir uns auseinanderzusetzen hatten, und es wurde ein kleiner Kriegsrat gebildet, um über unsere zukünftige Haltung zu entscheiden. Ihm gehörten an: Fidel selbst, Raúl, Almeida, Jorge Sotús, Ciro Frías, Guillermo García, Camilo Cienfuegos, Manuel Fajardo und ich. Während dieser Beratung kritisierte Fidel meine Haltung, weil ich die

3 Gusanos: »Würmer«, in Kuba Spottname für Konterrevolutionäre

mir übertragene Befehlsgewalt nicht durchgesetzt, sondern sie dem Neuankömmling Sotús überlassen hatte, gegen den zwar keinerlei Abneigung bestand, dessen Auftreten man aber nach Fidels Ansicht in jenem Moment nicht hätte hinnehmen dürfen. Es wurden auch die neuen Abteilungen formiert, indem wir die ganze Truppe zusammenfassten und drei Züge bildeten, die unter dem Befehl der Hauptleute Raúl Castro, Juan Almeida und Jorge Sotús stehen sollten; Camilo Cienfuegos sollte die Vorhut und Efigenio Ameijeiras die Nachhut befehligen; ich wurde als Stabsarzt eingesetzt, während Universo Sánchez als Stabschef arbeitete.

Durch diese vielen, frisch aufgenommenen Männer bekam unsere Truppe ein neues und eindrucksvolles Aussehen, und außerdem hatten wir nun schon zwei leichte Maschinengewehre, deren Wirksamkeit allerdings zweifelhaft war, da sie alt und schlecht gepflegt waren; trotzdem verfügten wir bereits über eine bedeutende Kampfkraft. Wir diskutierten, was wir sofort unternehmen könnten; meine Meinung war, den ersten Wachposten anzugreifen, um die neuen Compañeros im Kampf zu stählen. Doch Fidel und alle anderen Mitglieder des Rates hielten es für besser, sie für einige Zeit auf den Marsch zu schicken, um sie an das harte Leben im Wald und auf den Bergen sowie an die Überwindung steiler Gebirgspässe zu gewöhnen. Deshalb wurde beschlossen, in Richtung Osten abzumarschieren und eine größtmögliche Wegstrecke zurückzulegen, um eine günstige Gelegenheit zum Überfall auf eine Einheit der Guardia zu suchen, nachdem wir die praktischen Grundbegriffe der Guerillaausbildung bewältigt hätten. Mit großer Begeisterung bereitete sich die Truppe darauf vor und marschierte ab, um die ihr übertragene Aufgabe zu erfüllen; und El Uvero sollte ihre Feuertaufe werden.

ABHÄRTUNG IM KAMPF

Die Monate März und April 1957 waren für die Rebellentruppen eine Zeit der Reorganisation und Ausbildung. Nachdem die Verstärkung beim Abmarsch von dem La Derecha genannten Ort zu uns gestoßen war, bestand unsere Armee aus ungefähr achtzig Mann, und sie war folgendermaßen gegliedert:

Die von Camilo befehligte Vorhut bestand aus vier Mann. Der folgende Zug wurde von Raúl Castro geführt, ihm unterstanden drei Leutnants, die jeder eine Gruppe führten; das waren Julito Díaz, Ramiro Valdés und Nano Díaz. Die beiden Compañeros, die Díaz hießen und heldenhaft in El Uvero fielen, waren nicht miteinander verwandt. Einer von ihnen stammte aus Santiago; die Raffinerie Hermanos Díaz in jener Stadt trägt diesen ehrenvollen Namen in Erinnerung an Nano und einen anderen Bruder, der in Santiago de Cuba fiel. Der andere war ein Compañero aus Artemisa, ein Veteran der Granma und des Angriffs auf die Moncada-Kaserne, der seine letzte Pflicht beim Angriff auf El Uvero erfüllte. Unter Jorge Sotús, der damals Hauptmann war, dienten als Leutnants Ciro Frías, der bald darauf an der Front »Frank País« gefallen ist, Guillermo García, der heute Oberbefehlshaber der Westarmee ist, und René Ramos Latour, der den Rang eines Comandante hatte, als er in der Sierra Maestra fiel. Dann kam der Stab beziehungsweise die Kommandantur, die aus Fidel – dem Oberbefehlshaber –, aus Ciro Redondo, Manuel Fajardo, der heute Comandante in der Armee ist, aus dem Comandante Crespo, einem Bauern, aus Universo Sánchez – heute ebenfalls Comandante – und mir als Arzt bestand.

Der Zug, der in der Marschordnung der Kolonne gewöhnlich folgte, war der des damaligen Hauptmanns Almeida; seine

Leutnants waren Hermo, Guillermo Domínguez, der in Pino del Agua fiel, und Peña. Efigenio Ameijeiras hatte den Dienstgrad eines Leutnants, er marschierte mit drei Mann am Ende und bildete die Nachhut.

Die Männer begannen, die Essenzubereitung gruppenweise zu erlernen, denn unsere Kampfabteilung hatte einen derartigen Umfang, dass die Lebensmittel, die Medikamente und die Munition in dieser Form verteilt wurden. Mehr oder weniger in allen Gruppen und auf jeden Fall in allen Zügen gab es Veteranen, die die Neuen in die Kochkunst einführten und ihnen beibrachten, aus den Nahrungsmitteln maximalen Nutzen zu ziehen; weiterhin zeigten sie ihnen die Kunst, Tornister in Ordnung zu halten, und die Art, wie man in der Sierra marschieren musste.

Den Weg aus dem Gebiet von La Derecha nach El Lomón und El Uvero kann man in einigen Autostunden zurücklegen, doch für uns bedeutete er einen monatelangen, unter Vorsichtsmaßnahmen durchgeführten langsamen Marsch, wobei unser Hauptauftrag war, die Männer für die Kämpfe und das spätere Leben vorzubereiten. So kamen wir erneut durch Altos de Espinosa, wo wir Alten eine Ehrenwache vor dem Grab Julio Zenóns hielten, der einige Zeit zuvor gefallen war. Dort fand ich ein Stück meiner Wolldecke, das noch als Erinnerung an den in aller Eile unternommenen »strategischen Rückzug« im Gestrüpp hing. Mit dem festen Vorsatz, niemals wieder einen Ausrüstungsgegenstand auf diese Weise zu verlieren, legte ich es in meinen Tornister.

Mir wurde ein neuer Compañero – er hieß Paulino – als Hilfe zum Tragen der Medikamente zugeteilt, sodass meine Aufgabe auf diese Weise etwas erleichtert wurde und ich mich nach den Märschen, während einiger Minuten am Tage, der gesundheitlichen Betreuung unserer Truppe widmen konnte. Wir überquerten erneut die Loma de Caracas, wo wir durch Guerras Verrat einen so unangenehmen Zusammenstoß mit den Luftstreitkräften des Feindes gehabt hatten, und wir fanden eines von den überzähligen Gewehren, das einer unserer Soldaten beim Rückzug weggeworfen hatte, um schneller fortzukommen. In der Truppe war ein Gewehr längst nicht mehr überzählig; im Gegenteil, es fehlten einige. Wir waren in einer neuen Epoche. Ein Qualitätssprung hatte sich vollzogen; es gab ein ganzes Gebiet, wo die feindliche Armee nicht mehr einzugreifen versuchte, um einen Zusammenstoß mit uns zu vermeiden, obwohl es richtig ist, dass auch wir noch nicht viel Interesse daran zeigten, einen Zusammenstoß mit ihnen zu provozieren. Die damalige politische Situation kennzeichneten die unterschiedlichsten Schattierungen des Opportunismus. Die bekannten Stentorstimmen von Pardo Llada, Conte Agüero und anderen Aasgeiern gleichen Schlages übertrafen sich in demagogischen Stegreiferklärungen, worin sie zu Eintracht und Frieden aufriefen und schüchtern Kritik an der Regierung übten.

Die Regierung hatte von Frieden gesprochen; der neue Ministerpräsident Rivero Agüero verkündete, dass er, wenn es nötig wäre, in die Sierra Maestra gehen würde, um die Befriedung des Landes zu erreichen. Batista jedoch gab wenige Tage später bekannt, es wäre nicht nötig, mit Fidel oder den Aufständischen zu sprechen; Fidel Castro sei nicht in der Sierra, sagte er, dort sei überhaupt niemand; demzufolge gäbe es keinen Grund, »mit einer Gruppe von Straßenräubern« zu sprechen.

Auf diese Weise wurde von der Seite Batistas der Wille bekundet, den Kampf fortzusetzen – das Einzige, worin wir unschwer der gleichen Meinung sein konnten, denn es war auch unser Entschluss, den Kampf um jeden Preis weiterzuführen. In jenen Tagen wurde Oberst Barrera zum Operationschef ernannt, der berüchtigt war wegen seiner Gefräßigkeit, die zulasten der Soldatenrationen ging, und der später als Militärattaché in Caracas, der Hauptstadt Venezuelas, ruhig zusehen sollte, wie der Stern Batistas erlosch.

Wir hatten in jener Zeit einige sympathische Mitstreiter, die für die fast kommerzielle Propaganda zugunsten unserer Bewegung in den Vereinigten Staaten dienten und die uns, vor allem zwei von ihnen, einige Unannehmlichkeiten bereiteten. Es waren die drei nordamerikanischen Boys, die ihren Eltern vom Marinestützpunkt Guantánamo ausgerückt waren und sich dem Kampf angeschlossen hatten. Zwei von ihnen hörten niemals einen Schuss in der Sierra, und vom Klima und den ziemlich großen Entfernungen erschöpft, nahmen sie Abschied und ließen sich von dem Journalisten Bob Taber wieder mitnehmen. Der dritte kämpfte in El Uvero mit, und danach wurde er krank und nahm ebenfalls Abschied, aber er hatte doch an einem Gefecht teilgenommen. Die Jungen waren ideologisch nicht für eine Revolution vorbereitet, und in unserer Gesellschaft sättigten sie einfach ein paar Monate lang ihren Abenteuerdurst. Mit Zuneigung, aber auch mit Freuden sahen wir sie gehen. Vor allem ich persönlich, denn in meiner Eigenschaft als Arzt fielen sie mir häufig zur Last, da sie die Härten unseres damaligen Lebens nicht aushielten.

In jenen gleichen Tagen flog die Regierung mit einem Armeeflugzeug in mehreren Tausend Meter Höhe die Journalisten spazieren, um ihnen zu zeigen, dass niemand in der Sierra Maestra war. Es war eine sonderbare Operation, die niemanden überzeugte, und eine Demonstration für die von der Batista-Regierung gebrauchten Mittel, durch die sie die Öffentlichkeit mithilfe des ganzen, als Revolutionäre verkappten Gelichters vom Schlage eines Conte Agüero zu täuschen versuchte; diese Leute ergriffen täglich das Wort, um das Volk zu betrügen.

Während dieser Tage der Prüfung kam für mich endlich die Gelegenheit, zu einer Hängematte aus Leinen zu kommen. Die Hängematte ist ein geschätztes Gut, das ich vorher wegen eines strengen Guerillagesetzes nicht erhalten konnte; dieses Gesetz legte fest, dass die Hängematten aus Leinen den Männern gegeben werden sollten, die sich schon ihre eigene Hängematte aus Säcken gemacht hatten, um so das Faulenzen zu bekämpfen. Jeder konnte sich eine Hängematte aus Säcken machen, und wenn er sie besaß, hatte er das Recht erworben, die nächste in unseren Besitz gelangte Hängematte aus Leinen zu bekommen. Ich jedoch konnte eine Hängematte aus Säcken wegen meiner Allergie nicht benutzen; die Tuchfasern verstärkten mein Leiden beträchtlich, und ich sah mich gezwungen, auf dem Boden zu schlafen. Solange ich die Hängematte aus Säcken nicht hatte, stand mir die aus Leinen nicht zu. Diese täglichen kleinen Vorkommnisse sind Teil der individuellen Tragödie in jeder Guerillatruppe und ausschließlich für sie typisch; doch Fidel erkannte das Problem und durchbrach die Ordnung, um mir eine Hängematte zukommen zu lassen. Immer erinnere ich mich daran, dass das am Ufer des Flusses La Plata geschah, als wir schon die letzten Ausläufer des Gebirges erstiegen, um nach Palma Mocha zu kommen; und es war einen Tag her, dass wir unser erstes Pferd gegessen hatten.

Das Pferd war mehr als eine Luxusspeise, es war eine Art Feuerprobe für die Anpassungsfähigkeit der Männer. Die Bauern in unserer Guerillatruppe weigerten sich entrüstet, ihre Portion Pferdefleisch zu essen, und einige sahen Manuel Fajardo fast als einen Mörder an, dessen Beruf aus der Friedenszeit – der eines Fleischers – bei Ereignissen wie diesem genutzt wurde, als er das erste Tier schlachtete.

Dieses erste Pferd gehörte einem Bauern namens Popa von der anderen Seite des Flusses La Plata. Nach der Alphabetisierungskampagne muss Popa heute schon lesen können, und er wird sich also, wenn die Zeitschrift *Verde Olivo*[1] in seine Hände kommt, an jene Nacht erinnern können, in der drei spitzbübische Guerilleros an die Tür seiner Hütte klopften, ihn außer-

1 Verde Olivo: Zeitschrift der kubanischen Streitkräfte nach dem Sieg der Revolution

dem ungerechterweise mit einem Spitzel verwechselten und ihm jenes alte, von großen Rückenwunden geplagte Pferd wegnahmen, das Stunden später unsere Soldatenkost war und dessen Fleisch eine köstliche Delikatesse für die einen bedeutete und für die voreingenommenen Mägen der Bauern eine Prüfung darstellte, da sie glaubten, einen Akt des Kannibalismus zu begehen, wenn sie den alten Freund des Menschen verspeisen.

EIN BERÜHMTES INTERVIEW

Mitte April 1957 kehrten wir mit unserer in der Ausbildung stehenden Armee in das Gebiet von Palma Mocha zurück, das in der Nähe des Turquino-Berges liegt. In jener Zeit waren uns die vom Lande stammenden Männer für den Kampf in den Bergen am nützlichsten.

Guillermo García und Ciro Frías kamen und gingen gemeinsam mit Spähtrupps, die aus Bauern bestanden, von einem Ort der Sierra zum andern, überwachten Nachrichten, führten Erkundungen durch, beschafften Nahrungsmittel; mit einem Wort, sie bildeten in der Tat die bewegliche Vorhut unserer Kolonne. In jenen Tagen waren wir wieder im Gebiet des Arroyo del Infierno, dem Schauplatz eines unserer früheren Gefechte, und die Bauern, die kamen, um uns zu begrüßen, unterrichteten uns von der ganzen Tragödie, die sich hier zuvor abgespielt hatte. Sie erzählten uns, wer der Mann gewesen war, der die Soldaten direkt zu unserem Lagerplatz geführt hatte, und wie viele Tote es gegeben hatte; schließlich informierten uns die Bauern, die sich auf die Kunst verstanden, mündliche Nachrichten weiterzugeben, umfassend über das ganze Leben in diesem Gebiet.

Fidel, der zum damaligen Zeitpunkt kein Radio hatte, bat einen der Bauern des Gebietes, ihm seines zu überlassen, und so konnten wir mit einem großen Radio, das im Tornister eines Kämpfers transportiert wurde, direkt die Nachrichten aus Havanna hören. Da die sogenannten Garantierechte wiederhergestellt worden waren, gebrauchte man im Rundfunk wieder eine deutliche Sprache.

Guillermo García, prachtvoll als Gefreiter des Batista-Heeres ausstaffiert, ging mit zwei als Soldaten verkleideten Compañeros los, um den Denunzianten, der das feindliche Heer führen sollte, »auf Befehl des Obersten« zu suchen, und am nächsten Tag kamen sie mit ihm zurück. Der Mann hatte sich täuschen lassen, doch als er das zerlumpte Heer sah, wusste er schon, was ihn erwartete. Mit großem Zynismus erzählte er uns alles, was seine Verbindungen mit der Armee betraf, und wie er seinen Worten nach dem »Schweinehund von Casillas« gesagt hatte, dass er uns ausgezeichnet fassen und das Heer zu unserem Lagerplatz rühren könnte, denn er hätte uns schon ausspioniert; trotzdem hatten sie nicht auf ihn gehört. An einem der folgenden Tage starb der Denunziant auf einem jener Berge, und auf einem Gipfel der Sierra Maestra fand er sein Grab.

In jenen Tagen erreichte uns eine Botschaft von Celia, worin sie ankündigte, dass sie mit zwei nordamerikanischen Journalisten kommen würde, um ein Interview mit Fidel zu machen; hierfür sollten die beiden kleinen Gringos als Vorwand dienen. Außerdem schickte sie etwas Geld, das unter den mit der Bewegung Sympathisierenden gesammelt worden war.

Es wurde beschlossen, dass Lalo Sardiñas die Nordamerikaner durch die Gegend von Estrada Palma herführen sollte, die er als ehemaliger Kaufmann dieses Gebietes gut kannte. In jener Zeit beschäftigten wir uns eingehend damit, Kontakte zu Bauern herzustellen, die als Verbindungsleute dienen und ständige Lagerplätze unterhalten könnten, in denen man Kontaktzentren für das sich bereits allmählich vergrößernde Operationsgebiet schaffen könnte. Auf diese Weise ermittelten wir nach und nach die Häuser, die als Versorgungsstützpunkte unserer Truppen dienen sollten, und dort richteten wir die Vorratslager ein, von denen aus der Proviant entsprechend unseren Anforderungen weitergeleitet wurde. Diese Stellen dienten auch als Stationen für die schnellen Kuriere, die von einem Ort der Sierra Maestra zum anderen auf der Kammlinie des Gebirges eilten.

Die Läufer der Sierra sind fähig, außerordentliche Leistungen zu vollbringen; sie legen sehr große Entfernungen in kurzer Zeit zurück, und deshalb wurden wir ständig von ihren Behauptungen getäuscht, dass etwas eine halbe Wegstunde entfernt läge, einen Katzensprung, wie man im Allgemeinen diese Art von Information glossierte, die bei den Bauern fast immer genau zutrifft, obwohl ihre Vorstellungen über die Uhr und über das, was eine Stunde ist, keine erkennbare Ähnlichkeit mit der Zeiteinteilung des Stadtmenschen hat.

Drei Tage, nachdem Lalo Sardiñas den erwähnten Befehl erhalten hatte, wurde gemeldet, dass sechs Personen durch das Gebiet von Santo Domingo in die Berge hinaufkämen; dies waren zwei Frauen und zwei Gringos – die Journalisten – sowie zwei Begleiter, von denen man nicht wusste, wer sie waren. Jedoch waren die uns erreichenden Angaben widersprüchlich; man sagte, die Guardia hätte durch einen Denunzianten von ihrer Anwesenheit erfahren, und sie hätten das Haus eingekreist, in dem sie sich aufhielten. In der Sierra kommen und gehen die Nachrichten mit außergewöhnlicher Geschwindigkeit, aber ebenso werden sie auch entstellt. Camilo marschierte mit einem Trupp los; er hatte den Befehl, auf jeden Fall die Nordamerikaner und Celia Sánchez zu befreien, von der wir wussten, dass sie in der Gruppe war. Sie trafen jedoch heil und gesund ein; den falschen Alarm hatte eine Bewegung der Guardia verursacht, die als Folge einer Denunziation durchgeführt wurde, wozu in jener Zeit die rückständigen Bauern leicht neigten.

Am 23. April kamen der Journalist Bob Taylor und ein Kameramann zu uns; zusammen mit ihnen trafen die Compañeras Celia Sánchez und Haydée Santamaría sowie die Beauftragten der Bewegung in den Städten ein: Marcos oder *Nicaragua*, der Comandante Iglesias, der heute Gouverneur von Las Villas ist und damals Operationschef in Santiago war, sowie Marcelo Fernández, der wegen seiner Englischkenntnisse als Übersetzer wirkte; er war der Koordinator der Bewegung und ist heute Vizepräsident der Nationalbank.

Diese Tage verliefen protokollgemäß; wir versuchten, den Nordamerikanern unsere Stärke zu zeigen, und bemühten uns, jeder zu indiskreten Frage auszuweichen. Wir wussten nicht, wer die Journalisten waren; trotzdem kamen die Interviews mit den drei Nordamerikanern zustande; diese antworteten sehr gut auf alle Fragen, dem neuen Geist getreu, den sie in jenem primitiven Leben an unserer Seite entwickelt hatten, wenn sie sich auch nicht bei uns eingewöhnen konnten und nichts mit uns gemein hatten.

In jener Zeit schloss sich uns auch eine der sympathischsten und beliebtesten Kämpferpersönlichkeiten unseres Revolutionskrieges an: *El Vaquerito*. Eines Tages traf uns *El Vaquerito* zusammen mit einem anderen Compañero und erklärte, dass er uns schon mehr als einen Monat suche. Er sagte, er stamme aus Camagüey, aus Morón, und wir, wie es in solchen Fällen immer üblich war, unterzogen ihn einem Verhör und vermittelten ihm einige Grundbegriffe für seine politische Orientierung; eine Aufgabe, die häufig mir zufiel. *El Vaquerito* hatte keinerlei politische Vorstellungen, außerdem schien er nichts anderes als ein fröhlicher und gesunder Junge zu sein, der das alles als ein wunderbares Abenteuer ansah. Er kam barfuß, und Celia Sánchez lieh ihm ein Paar Schuhe, die sie übrig hatte; sie waren aus mexikanischer Produktion oder in dieser Art geschnitten. Das waren die einzigen Schuhe, die *El Vaquerito* gebrauchen konnte, denn er war von kleinem Wuchs. Mit den neuen Schuhen und einem großen Bauernhut sah er aus wie ein mexikanischer Rinderhirt, und daraus entstand sein Name *El Vaquerito*[1].

Wie gut bekannt ist, erlebte *El Vaquerito* das Ende des revolutionären Krieges nicht mehr, denn als Führer des »Zugs der

---

1 El Vaquerito: »der kleine Kuhhirte«

Todesmutigen« der achten Kolonne fiel er einen Tag vor der Einnahme von Santa Clara. Von seinem Leben unter uns haben wir alle seine außergewöhnliche Fröhlichkeit im Gedächtnis behalten, seine unverwüstliche Heiterkeit und seine sonderbare und fantastische Art, den Gefahren zu trotzen. *El Vaquerito* war ein ungeheuerlicher Lügner, vielleicht hat er niemals eine Unterhaltung geführt, in der er die Wahrheit nicht so stark ausschmückte, dass sie praktisch nicht wiederzuerkennen war, doch in seinen Taten, als Kurier in der ersten Zeit, dann als Soldat oder als Führer des »Zugs der Todesmutigen«, zeigte er, dass Wirklichkeit und Fantasie für ihn keine festen Grenzen hatten. Die Taten, die sein emsiges Gehirn erfand, verwirklichte er ebenso auf dem Schlachtfeld; seine grenzenlose Verwegenheit war zum Gegenstand der Legende geworden, als das Ende dieser ganzen Epopöe kam, das er selbst nicht miterleben konnte.

Einmal hatte ich den Einfall, *El Vaquerito* auszufragen, nachdem einer der Vorlesungsabende beendet war, die wir in der Kolonne abhielten, und nachdem sich *El Vaquerito* uns bereits einige Zeit angeschlossen hatte. *El Vaquerito* begann, sein Leben zu erzählen, und ganz nebenbei haben wir mit dem Bleistift gerechnet. Als er nach vielen funkelnden Anekdoten geendet hatte, fragten wir ihn, wie alt er sei. *El Vaquerito* war damals knapp über zwanzig Jahre alt, doch als wir alle seine Heldentaten und Werke zusammenzählten, ergab sich, dass er fünf Jahre vor seiner Geburt die ersten Taten vollbracht hatte.

Compañero *Nicaragua* brachte die Nachricht, dass in Santiago noch mehr Waffen lägen, Restbestände aus dem Angriff auf den Präsidentenpalast. Zehn Maschinengewehre, elf Gewehre vom Typ Johnson und sechs Karabiner, wie er erklärte. Es waren noch ein paar mehr, doch man plante, eine andere Front im Gebiet der Zuckerfabrik Miranda zu errichten. Fidel widersetzte sich diesem Plan und billigte ihnen nur einige Waffen für diese Zweite Front zu. Er gab den Befehl, dass alle übrigen verfügbaren Waffen in die Berge gebracht würden, um unsere Front zu verstärken. Wir setzten den Marsch fort, um uns von der unbequemen Gesellschaft einiger Guardia-Einheiten zu befreien, die die nähere Umgebung unsicher machten, doch vorher beschlossen wir, zum Turquino aufzusteigen; es war dies eine fast mystische Operation, unseren höchsten Gipfel zu erzwingen, andererseits waren wir ihm schon im gesamten Kammgebiet der Maestra sehr nahe gewesen.

Der Pico Turquino wurde von der ganzen Kolonne erstiegen, und da oben beendete Bob Taber sein Interview mit den Vertretern der Bewegung. Er stellte auch einen Film zusammen, der in den Vereinigten Staaten im Fernsehen lief, als man noch keine so große Angst vor uns hatte. (Eine bezeichnende Tatsache: Ein Bauer, der sich uns anschloss, erklärte, dass Casillas ihm dreihundert Pesos und eine tragende Kuh versprochen hatte, wenn er Fidel tötete.) Es waren nicht allein die Nordamerikaner, die sich im Preis für den Kopf unseres höchsten Führers täuschten.

Ein Feldhöhenmesser, den wir bei uns führten, zeigte für den Turquino tausendachthundertfünfzig Meter über dem Meeresspiegel an; ich vermerkte das als merkwürdigen Umstand, weil wir diesen Apparat niemals überprüft hatten, er jedoch in Meereshöhe gut funktionierte und sich diese Höhenzahl des Turquino dennoch beträchtlich von den Angaben in den amtlichen Veröffentlichungen unterscheidet.

Da eine Kompanie des Heeres uns weiter auf der Spur war, wurde Guillermo mit einer Gruppe Compañeros ausgeschickt, um sie in eine Schießerei zu verwickeln. Wegen meiner Asthmaerkrankung, die mich zwang, am Ende der Kolonne zu marschieren, und die mir keine außergewöhnlichen Anstrengungen erlaubte, wurde mir das Thompson-Maschinengewehr abgenommen, das ich bisher getragen hatte, weil ich mich nicht an dem Schusswechsel beteiligen konnte. Da ich es erst nach drei Tagen zurückbekam, gehörten diese Tage zu der bittersten Zeit, die ich in der Sierra erlebt habe; ich war in einem Moment waffenlos, da wir täglich mit den Soldaten zusammenstoßen konnten.

In jenen Tagen im Mai 1957 verließen zwei der Nordamerikaner gemeinsam mit dem Journalisten Bob Taber die Kolonne. Dieser hatte seine Reportage beendet, und sie alle gelangten heil und gesund nach Guantánamo. Wir setzten unseren langsamen Marsch auf dem Kamm der Maestra oder ihren Hängen fort. Wir stellten Verbindungen her, erkundeten neue Regionen und verbreiteten die revolutionäre Flamme und den legendären Ruf unserer Truppe der »Barbudos«[2] in anderen Teilen der Sierra. Der neue Geist griff auf die Maestra über. Die Bauern kamen zu unserer Begrüßung, ohne sich wie früher zu ängstigen, und wir fürchteten die Gegenwart der Bauern nicht, denn unsere relative Macht hatte sich beträchtlich vergrößert, und wir fühlten uns sicherer gegenüber jeder beliebigen Überraschung durch das Batista-Heer und hatten uns mit unseren Bauern enger befreundet.

2 Barbudos: »Bärtige«, Bezeichnung für die kubanischen Guerilleros

TAGE DES MARSCHES

Die ersten fünfzehn Tage des Monats Mai marschierten wir ständig auf unser Ziel zu. Am Monatsanfang waren wir auf einem Berg, der zum Kamm der Sierra Maestra gehört und in der Nähe des Pico Turquino liegt; wir durchquerten Gebiete, die später zum Schauplatz vieler Ereignisse der Revolution wurden. Wir passierten Santa Ana und El Hombrito, danach Pico Verde; wir fanden Escuderos Haus in der Maestra, und wir marschierten bis zum Berg Loma del Burro weiter. Wir bewegten uns in östliche Richtung, um einige Waffen zu holen, die, wie es hieß, aus Santiago kommen und im Gebiet der Loma del Burro gelagert werden sollten, in verhältnismäßig geringer Entfernung von El Oro de Guisa. Während dieses Marsches, der zwei Wochen dauerte, nahm ich eines Nachts den falschen Weg, als ich einen unwichtigen Auftrag ausführte, und ich war drei Tage lang verirrt, bis ich unsere Leute an einem El Hombrito genannten Ort wiederfand. In jenem Augenblick konnte ich mir darüber klar werden, dass wir auf dem Rücken alles Notwendige trugen, um uns selbst hinreichend zu versorgen. Das so wichtige Salz und Öl; etwas Konservennahrung, wozu auch Milch gehörte; alles Nötige zum Schlafen, zum Feuer- und Essenmachen und zusätzlich einen Gegenstand, auf den ich bis damals sehr vertraut hatte, den Kompass.

Als ich mich verirrt wusste, nahm ich am Morgen, der auf die Nacht folgte, in der das passiert war, den Kompass zu meiner Orientierung und lief anderthalb Tage weiter, bis mir klar wurde, dass ich mich immer mehr verirrte. Ich kam zu einem Bauernhaus, und dort zeigten sie mir den richtigen Weg zum Lagerplatz der Rebellen. Danach sollten wir merken, dass in so unebenem Gelände wie in der Sierra Maestra der Kompass nur als allgemeine Orientierung dienen kann, niemals, um genaue Marschrouten festzulegen; die Wegrichtung muss man mithilfe von ortskundigen Führern bestimmen oder man muss selbst das Gelände kennen, wie wir es danach persönlich kennenlernen sollten, als gerade mir die Aufgabe zufiel, Operationen im Gebiet von El Hombrito durchzuführen.

Als ich die Kolonne in jenem Gebiet wiederfand, war ich tief berührt, weil mir ein warmherziger Empfang bereitet wurde. Als ich ankam, hatte gerade ein Volksgericht getagt und drei Spitzel verurteilt, einen von ihnen, der Nápoles hieß, zum Tode. Camilo war der Vorsitzende des Gerichts.

In jener Zeit hatte ich meine ärztlichen Pflichten zu erfüllen, und in jeder kleinen Siedlung oder Ortschaft, wohin wir kamen, hielt ich eine Sprechstunde ab. Es war eintönig, denn ich hatte nicht viele Medikamente zu verabreichen, und die Krankheitsfälle in der Sierra wiesen keine großen Unterschiede auf. Frauen, die vorzeitig gealtert waren, ohne Zähne, Kinder mit ungeheuer aufgeblähten Bäuchen, Parasitenbefall, Rachitis und allgemeiner Vitaminmangel waren die Kennzeichen der Sierra Maestra. Noch heute gibt es derartige Krankheitsfälle, doch in weitaus geringerem Umfang. Die Kinder dieser Mütter aus der Sierra lernen in der Schulstadt »Camilo Cienfuegos«; sie sind bereits groß geworden und gesund. Diese jungen Leute unterscheiden sich wesentlich von den verwahrlosten ersten Bewohnern unserer ersten Schulstadt.

Ich erinnere mich, dass ein Mädchen bei meinen Sprechstunden für die Frauen der Gegend dabei war, die mit einer fast religiösen Geisteshaltung kamen, um die Ursache ihrer Leiden kennenzulernen. Als die Mutter des Mädchens nach mehreren anderen an die Reihe kam, bei deren Behandlung die Kleine mit gespannter Aufmerksamkeit zugesehen hatte – in dem einzigen Raum der Hütte, die mir als Sprechzimmer diente –, plapperte sie: »Mama, dieser Doktor sagt allen dasselbe.«

Und das war eine tiefe Wahrheit; meine Kenntnisse reichten nicht viel weiter, aber außerdem hatten alle das gleiche Krankheitsbild und erzählten die gleiche, herzzerreißende Geschichte, ohne sich dessen bewusst zu sein. Was wäre geschehen, wenn der Arzt in einem solchen Augenblick erklärt hätte, dass die außergewöhnliche Erschöpfung, an der die junge Mutter mehrerer Kinder litt, wenn sie eine Kanne Wasser vom Bach bis zum Haus hinaufschleppte, einfach darauf zurückzuführen war, dass es zu viel Arbeit für so wenig und so schlechtes Essen war? Diese Entkräftung ist etwas Unerklärliches, weil die Frau ihr Leben lang die gleichen Wasserkannen zum gleichen Bestimmungsort getragen hat, und erst jetzt fühlt sie sich erschöpft. Die Leute in der Sierra vegetieren gleich wilden Pflanzen ohne Pflege, und sie verausgaben sich schnell in einer Plackerei ohne Lohn. Dort, bei jenen Arbeiten, nahm in unserem Bewusstsein die Vorstellung feste Formen an, dass ein entscheidender Wandel im Leben des Volkes notwendig war. Die Idee der Agrarreform gewann scharfe Konturen, und die Gemeinschaft mit dem Volk hörte auf, Theorie zu sein, und sie wurde zu einem unserer wesentlichen Anliegen.

Die Guerilla und die Bauernschaft verschmolzen allmählich zu einer Einheit, ohne dass jemand sagen könnte, in welchem Moment des langen Weges sich das vollzog, in welchem Augenblick die Proklamation zur lebendigen Wahrheit wurde und wir uns untrennbar mit der Bauernschaft vereinten. Ich weiß nur, was mich selbst betrifft, dass jene Sprechstunden für die Bauern der Sierra meine spontane und etwas lyrische Entscheidung zu einem hellsichtigen und festen Standpunkt von ganz anderem Wert machten. Niemals haben jene leidgeprüften und aufrichtigen Bewohner der Sierra Maestra geahnt, welche Rolle sie als Gestalter unserer revolutionären Ideologie spielten.

An jenem gleichen Ort wurde Guillermo García zum Hauptmann befördert; er übernahm den Befehl über alle Bauern, die neu in die Kolonnen eintraten. Vielleicht erinnert sich Compañero Guillermo nicht an dieses Datum; es ist in meinem Tagebuch notiert: der 6. Mai 1957.

Am nächsten Tag verließ uns Haydée Santamaría. Sie hatte von Fidel genaue Anweisungen bekommen, um die nötigen Kontakte herzustellen; doch einen Tag später kam die Nachricht von der Verhaftung *Nicaraguas*, des Comandante Iglesias, dessen Auftrag es gewesen war, uns die Waffen zu bringen. Das beunruhigte uns sehr, denn wir konnten uns nicht vorstellen, wie diese Waffen jetzt zu uns gebracht werden sollten; trotzdem beschlossen wir, mit dem gleichen Ziel weiterzumarschieren.

Wir kamen an einen Ort nahe bei Pino del Agua, wo sich in einer kleinen Schlucht gleich am Rande der Sierra Maestra ein aufgegebener Holzschlag befand; dort standen zwei unbewohnte Hütten. In der Nähe einer Landstraße nahm eine unserer Patrouillen einen Gefreiten des Heeres gefangen. Dieser Gefreite war ein Individuum, das seit der Machado-Epoche wegen seiner Verbrechen bekannt war; deshalb schlugen einige aus unserer Truppe vor, ihn hinzurichten, doch Fidel lehnte es ab, ihn in irgendeiner Form zu bestrafen; er blieb lediglich unser Gefangener, und wir ließen ihn von den neuen Rekruten bewachen, die noch keine weit reichenden Schusswaffen hatten; wir hatten ihn gewarnt, dass jeder Fluchtversuch ihn das Leben kosten würde.

Die meisten von uns setzten den Marsch fort; sie wollten nachprüfen, ob die Waffen am vereinbarten Ort eingetroffen waren, und wenn sie dort waren, wollten sie sie abtransportieren. Es war ein langer Fußmarsch, allerdings ohne Gepäck, da unsere vollen Tornister im Lager blieben, wo auch der Gefangene war. Der Marsch war für uns jedoch erfolglos; die Ausrüstungsgegenstände waren nicht angekommen, und wir schrieben das natürlich *Nicaraguas* Verhaftung zu. Wir konnten reichlich Nahrung in einem Laden kaufen und mit einer anderen, aber auch freudig begrüßten Ladung zu unserem Ausgangsort zurückkehren.

Wir marschierten auf dem gleichen Weg zurück, langsam, sehr erschöpft, am Rande des Kammgebiets der Sierra Maestra, und überquerten die unbewaldeten Stellen mit Vorsicht. Plötzlich hörten wir Schüsse in unserer Marschrichtung, was uns besorgt machte, denn einer unserer Compañeros war vorangegangen, um möglichst schnell im Lager anzukommen; es war Guillermo Domínguez, ein Leutnant unserer Truppe und einer der Männer, die mit der Verstärkung aus Santiago gekommen waren. Wir bereiteten uns auf alle möglichen Gefahren vor und schickten einen Spähtrupp aus. Entsprechende Zeit später tauchten die Kundschafter wieder auf, und mit ihnen kam ein Compañero, der Fiallo hieß und zu Crescencios Gruppe gehörte; dieser Compañero hatte sich während unserer Abwesenheit gerade erst der Guerilla angeschlossen. Er kam von unserem Basislager und erklärte uns, dass ein Toter auf dem Wege läge und dass sie einen Zusammenstoß mit der Guardia Rural gehabt hätten, die sich in Richtung Pino del Agua zurückgezogen hätte, wo eine größere Abteilung stationiert sei, und dieser Ort befände sich ziemlich nahe. Wir marschierten sehr vorsichtig weiter und fanden einen Leichnam, den ich zu untersuchen hatte.

Es war unzweifelhaft Guillermo Domínguez. Er war vom Gürtel an aufwärts nackt, an seinem linken Ellbogen war ein Einschussloch zu sehen, oberhalb der linken Brustwarze hatte ihn ein Bajonettstich getroffen, und sein Kopf war buchstäblich von einem Schuss zerschmettert, der anscheinend aus seinem eigenen Gewehr stammte. Das bewiesen ein paar Kugeln im zerfetzten Fleisch unseres unglücklichen Compañeros.

Wir konnten das Vorgefallene rekonstruieren, indem wir verschiedene Angaben analysierten: Die Guardia suchten auf einem Patrouillengang anscheinend ihren gefangenen Kameraden, den Gefreiten; sie hörten Domínguez kommen, der unbekümmert vor ihnen marschierte, denn auch am Tage zuvor war er genau hier vorübergekommen; und sie nahmen ihn gefangen, aber einige von Crescencios Männern stellten den Kontakt mit uns auf der entgegengesetzten Wegseite her (all das geschah in der gleichen Berggegend der Sierra Maestra). Als Crescencios Männer die Wachen im Rücken überraschten, eröffneten sie das Feuer, und die Soldaten zogen sich zurück; vor ihrer Flucht ermordeten sie unseren Compañero Domínguez.

Pino del Agua ist ein Sägewerk mitten im Gebirge, und der von den Wachen benutzte Weg ist eine alte Schneise für den Holztransport, die wir überqueren mussten, nachdem wir hundert Meter auf ihr marschiert waren, um dann unseren engen Bergpfad auf der Wasserscheide zu benutzen. Unser Compañero hatte nicht die in solchen Fällen selbstverständlichen Vorsichtsmaßregeln beachtet und das Unglück gehabt, mit den Soldaten zusammenzutreffen. Sein bitteres Schicksal diente uns als Erfahrung für die Zukunft.

DIE WAFFEN KOMMEN

In einem Gebiet der Sierra Maestra nahe beim Sägewerk Pino del Agua opferten wir das prächtige Pferd, das der gefangene Gefreite bei sich hatte, denn in einem so unwegsamen Gelände konnten wir das Tier nicht zum Reiten benutzen, und uns fehlten Nahrungsmittel. Als Anekdote ist anzumerken, dass der Mann uns nachdrücklich ans Herz legte, das Pferd gut zu pflegen, das ihm ein Freund geliehen hatte, und er nannte uns den Namen des Eigentümers, damit es ihm in jedem Falle zurückgegeben würde – und dabei aß er gerade den Braten und die Suppe von diesem Tier. Das Fleisch eines Pferdes und anderer Tiere der Sierra war für uns eine nicht zu verachtende Ergänzung der üblichen Kost.

An jenem Tag konnten wir im Rundfunk die Nachricht von der Verurteilung unserer Compañeros von der Granma hören und außerdem, dass ein einziger Richter gegen dieses Urteil gestimmt hatte. Das war Richter Urrutia, dessen ehrenhafte Tat dazu führte, dass er als Provisorischer Präsident der Republik vorgeschlagen wurde. Die Tatsache an sich, die einzelne Stimme eines Richters, hatte keine andere Bedeutung als die, eine würdige Geste zu sein – was es offensichtlich in jenem Augenblick auch war –, aber sie führte später zu der Konsequenz, dass ein schlechter Präsident eingesetzt wurde, der unfähig war, den folgenden politischen Prozess zu begreifen, unfähig, die tiefe Bedeutung einer Revolution zu erfassen, die nicht zu seiner rückschrittlichen Denkweise passte. Sein Charakter und seine Weigerung, sich an den Platz zu stellen, der ihm wirklich zukam, brachten uns viele Konflikte, bis diese in den Tagen der ersten Gedenkfeiern für den 26. Juli ihren Höhepunkt erreichten und angesichts der einmütigen Zurückweisung durch das Volk zu seinem Verzicht auf das Amt des Präsidenten führten.

An einem jener Tage traf ein Kontaktmann aus Santiago bei uns ein. Sein Name war Andrés, er kam mit der genauen Information, dass die Waffen in Sicherheit waren und dass sie in den folgenden Tagen gebracht würden. Als Übergabeort wurde das Gebiet eines an der Küste gelegenen und von den Brüdern Babún betriebenen Sägewerkes festgelegt, und die Waffen sollten mit der heimlichen Unterstützung dieser Bürger hertransportiert werden, die glaubten, ein saftiges Geschäft zu machen, wenn sie an der Revolution teilnahmen. (Die spätere Entwicklung trennte sie von uns, und drei der Söhne eines dieser Mitglieder der Firma Babún haben das wenig ehrenvolle Privileg, zu der konterrevolutionären Brut zu gehören, die in der Schweinebucht[1] gefangen genommen wurde.)

Es ist eigenartig, wie in jener Epoche eine ganze Reihe von Subjekten glaubte, die Revolution für ihre eigenen Ziele nutzen zu können. Sie erwiesen uns kleine Gefälligkeiten, später aber versuchte jeder Einzelne von ihnen, damit bei der neuen Macht seine eigenen Wünsche durchzusetzen. In diesem Fall ging es um die Konzession zur schonungslosen Abholzung aller Wälder und um die Vertreibung der Bauern, wodurch die Latifundien der Familie Babún vergrößert werden sollten. In jenen Tagen hatte sich uns ein nordamerikanischer Journalist von der gleichen Sippe wie die Babúns angeschlossen. Er war gebürtiger Ungar und hieß Andrew Saint George.

Dieses Mal zeigte er nur eines seiner Gesichter, das harmloseste, nämlich das eines Yankee-Journalisten; darüber hinaus war er Agent des FBI. Da ich die einzige Person in unserer

1 Schweinebucht: Am 17. April 1961 landete in »Playa Girón« in der Schweinebucht eine von den USA finanzierte, ausgebildete und angeleitete Söldnertruppe mit dem Ziel, die revolutionäre kubanische Regierung zu stürzen. Innerhalb von 72 Stunden wurden die Eindringlinge besiegt.

Truppe war, die Französisch sprach (damals konnte niemand von uns Englisch), fiel mir die Aufgabe zu, ihn zu betreuen, und, aufrichtig gesagt, ich hatte keinen guten Eindruck von diesem gefährlichen Subjekt, dessen Wesen sich in einem späteren zweiten Zusammentreffen offenbarte, wo er bereits unverkennbar als Agent auftrat.

Wir umgingen Pino del Agua, um zu den Quellgebieten des Flusses Peladero zu gelangen; wir marschierten weiter in sehr steilem Gelände und mit einem beträchtlichen Gewicht auf dem Rücken. Den Peladero flussaufwärts kommt man zu einem einmündenden Bach, der Arroyo del Indio[2] heißt. In dieser Gegend blieben wir ein paar Tage, während dieser Zeit beschafften wir uns einige Nahrungsmittel und verlegten die erhaltenen Waffen nach dort. Wir kamen bereits durch einige kleine Bauerndörfer der Gegend, wo wir eine Art revolutionäre Volksmacht errichteten, die außerhalb des herrschenden Gesetzes stand, und wir beauftragten zurückbleibende Sympathisanten, uns über alle Ereignisse und auch über die Bewegungen des feindlichen Heeres zu informieren. Wir aber lebten weiter in den Wäldern, nur nachts kamen wir gelegentlich und überraschend zu einigen Häusergruppen, und manche von uns schliefen dort, die meisten immer im Schutz des Waldes, und tagsüber waren wir alle auf Wache und durch das Blätterdach geschützt.

Unser schlimmster Feind in dieser Jahreszeit war die »Macagüera«, eine Art Bremse, die so genannt wird, weil sie anscheinend ihre Eier in den »Macagua« genannten Baum legt und dort ausschlüpft; in einer bestimmten Zeit des Jahres vermehrt sie sich sehr in den Wäldern. Die »Macagüera« stach in ungeschützte Körperstellen, die, wenn wir uns kratzten, wegen der an uns haftenden dichten Schmutzschicht leicht infiziert wurden, was zu mehr oder weniger ernsten Abszessen führte. Im-

---

2 Arroyo del Indio: »Bach des Indianers«

mer zeigten die ungeschützten Teile unserer Beine, die Handgelenke und der Hals Spuren der »Macagüera«-Stiche.

Am 18. Mai endlich erfuhren wir von den Waffen und auch mehr oder weniger genau, wie sie sich zusammensetzten. Die Nachricht bewirkte große Aufregung im ganzen Lager, denn sie sprach sich sofort überall herum, und alle Kämpfer hofften, ihre Bewaffnung zu verbessern; sie hatten den heimlichen Wunsch, etwas zu bekommen, entweder direkt von den neuen Waffen oder weil die Beförderung der Ältesten es ihnen ermöglichen würde, eine andere Waffe zu erhalten, selbst wenn diese beschädigt war und der Empfänger einer neuen auf sie verzichtete. Wir erfuhren auch, dass der Film gezeigt worden war, den der Journalist Bob Taber über die Sierra Maestra gedreht hatte, und dass dieser Film in den Vereinigten Staaten ein großer Erfolg gewesen sei. Über diese Nachricht freuten sich alle außer Andrew Saint George, der trotz seiner Tätigkeit als FBI-Agent auch seinen kleinen journalistischen Ehrgeiz hatte und sich um seinen Erfolg gebracht sah. Nachdem er die Nachricht gehört hatte, reiste er einen Tag später ab. Er verließ uns im Gebiet der Babúns an Bord einer Jacht und fuhr nach Santiago de Cuba.

Am selben Tag, zu der gleichen Zeit, als wir die Nachricht über den Aufbewahrungsort der Waffen erhielten, bemerkten wir, dass sich ein Mann heimlich entfernt hatte. Das war gefährlich, denn, wie ich bereits sagte, das ganze Lager wusste von der Ankunft der Waffen. Wir schickten Suchtrupps aus, und es vergingen einige Tage, bis sie mit der Nachricht zurückkehrten, dass es ihm gelungen war, in Santiago ein Schiff zu besteigen. Wir vermuteten, dass er die Behörden informieren wollte; bald stellte sich jedoch heraus, dass er einfach wegen seiner physischen und moralischen Unfähigkeit, den Unbilden unseres Lebens standzuhalten, desertiert war. Auf jeden Fall mussten wir die Vorsichtsmaßnahmen aufs Äußerste verschärfen. Unser Kampf gegen die Unzulänglichkeiten im physischen, ideologischen und moralischen Ausbildungsstand der Truppenangehörigen musste täglich geführt werden, doch die Ergebnisse waren nicht immer schmeichelhaft. Oft baten sie aus den geringfügigsten Gründen um die Erlaubnis, die Guerilla verlassen zu dürfen, und wenn man es ihnen verweigerte, waren die Konsequenzen wie in diesem Fall. Dabei muss man bedenken, dass auf Desertion die Todesstrafe stand, die am Ort der Gefangennahme vollstreckt wurde.

In der Nacht kamen die Waffen, für uns war es das wunderbarste Schauspiel der Welt. Sie, die Instrumente des Todes, lagen wie in einer Ausstellung vor den lüsternen Augen aller Kämpfer. Drei Maschinengewehre auf einem Dreibein, drei leichte Maschinengewehre vom Typ Madzen, neun Karabiner M-1, zehn automatische Johnson-Gewehre und insgesamt sechstausend Schuss Munition. Obwohl für jeden Karabiner M-1 nur fünfundvierzig Patronen vorhanden waren, wurde die Verteilung der Munition entsprechend den von den Kämpfern schon erworbenen Verdiensten und der Zeitdauer vorgenommen, die sie in der Sierra gedient hatte. Einer dieser Karabiner M-1, die zu den begehrtesten Waffen gehörten, wurde dem heutigen Comandante Ramiro Valdés gegeben und zwei der Vorhut, die Camilo führte. Die anderen vier wurden zum Schutz der Maschinengewehre eingesetzt. Eines der leichten Maschinengewehre ging an den Zug des Hauptmanns Jorge Sotús, ein anderes an Almeidas Zug und ein weiteres an den Stab, wobei mir seine Bedienung übertragen wurde. Von den Maschinengewehren erhielt eines Raúl, ein anderes Guillermo García und das dritte Crescencio Pérez. Auf diese Weise begann meine direkte Teilnahme am Kampf, denn ich hatte zwar gelegentlich mitgekämpft, doch meine feste Dienststellung war die eines Arztes. Für mich brach eine neue Etappe in der Sierra an.

Immer erinnere ich mich an den Augenblick, da mir dieses alte, äußerst minderwertige Maschinengewehr übergeben wurde, aber damals bedeutete es eine wirkliche Errungen-

Fidel Castro und Che Guevara in der Sierra Maestra

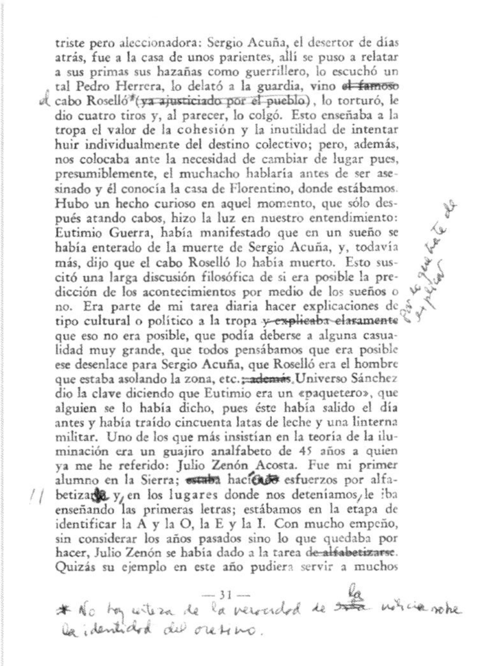

triste pero aleccionadora: Sergio Acuña, el desertor de días atrás, fue a la casa de unos parientes, allí se puso a relatar a sus primas sus hazañas como guerrillero, lo escuchó un tal Pedro Herrera, lo delató a la guardia, vino ~~el famoso~~ el cabo Roselló* ~~(ya ajusticiado por el pueblo)~~, lo torturó, le dio cuatro tiros y, al parecer, lo colgó. Esto enseñaba a la tropa el valor de la cohesión y la inutilidad de intentar huir individualmente del destino colectivo; pero, además, nos colocaba ante la necesidad de cambiar de lugar pues, presumiblemente, el muchacho hablaría antes de ser asesinado y él conocía la casa de Florentino, donde estábamos. Hubo un hecho curioso en aquel momento, que sólo después atando cabos, hizo la luz en nuestro entendimiento: Eutimio Guerra, había manifestado que en un sueño se había enterado de la muerte de Sergio Acuña, y, todavía más, dijo que el cabo Roselló lo había muerto. Esto suscitó una larga discusión filosófica de si era posible la predicción de los acontecimientos por medio de los sueños o no. Era parte de mi tarea diaria hacer explicaciones de tipo cultural o político a la tropa ~~y explicaba claramente~~ por lo que traté de explicar que eso no era posible, que podía deberse a alguna casualidad muy grande, que todos pensábamos que era posible ese desenlace para Sergio Acuña, que Roselló era el hombre que estaba asolando la zona, etc.~~; además~~. Universo Sánchez dio la clave diciendo que Eutimio era un «paquetero», que alguien se lo había dicho, pues éste había salido el día antes y había traído cincuenta latas de leche y una linterna militar. Uno de los que más insistían en la teoría de la iluminación era un guajiro analfabeto de 45 años a quien ya me he referido: Julio Zenón Acosta. Fue mi primer alumno en la Sierra; ~~estaba~~ hacía ~~haciendo~~ esfuerzos por alfabetizarse y, en los lugares donde nos deteníamos, le iba enseñando las primeras letras; estábamos en la etapa de identificar la A y la O, la E y la I. Con mucho empeño, sin considerar los años pasados sino lo que quedaba por hacer, Julio Zenón se había dado a la tarea ~~de alfabetizarse~~. Quizás su ejemplo en este año pudiera servir a muchos

— 31 —

* No hay certeza de la veracidad de ~~esta~~ la noticia sobre la identidad del asesino.

Seite aus dem »Kubanischen Tagebuch« mit handschriftlichen Anmerkungen Ches

Fidel Castro in der Sierra Maestra

Che Guevara im Escambray-Gebirge

Von links nach rechts: Che Guevara, Fidel Castro, Calixto García, Ramiro Valdés und Juan Almeida in der Sierra Maestra

Fidel Castro zeigt Celia Sánchez und Haydée Santamaria, wie ein Gewehr zu handhaben ist.

Von links nach rechts: Guillermo García, Che Guevara, Universo Sánchez, Fidel Castro und Crescencio Pérez.
Im Vordergrund: Raúl Castro, Jorge Sotús und Juan Almeida

Fidel Castro in der Sierra Maestra

Fidel Castro unterhält sich mit einer Bauernfamilie in der Sierra Maestra. An seiner Seite Celia Sánchez und Herminio Escalona

Che Guevara und Fidel Castro in der Sierra Maestra

Bauernsiedlung in der Sierra Maestra

Guerilleros bei dem Leichnam eines ermordeten Bauern.
Rechts befindet sich Che Guevara.

Der Journalist Jean Daniel interviewt Che Guevara.

Bob Taber, nordamerikanischer Journalist, interviewt Fidel Castro.

Che Guevara mit dem argentinischen Journalisten Ricardo Masetti

schaft. Vier Männer waren als Hilfskräfte für diese Waffe eingeteilt; der weitere Lebensweg dieser vier Truppenangehörigen von damals ist sehr unterschiedlich verlaufen, denn zwei von ihnen waren die Brüder Pupo und Manolo Beatón, die von der Revolution hingerichtet wurden, weil sie Comandante Cristino Naranjo ermordet und dann in den Bergen von Oriente als Aufständische gegen die Revolution gekämpft hatten, bis ein Bauer sie gefangen nehmen konnte. Der dritte war ein Junge von fünfzehn Jahren, der fast immer die ungeheuer schweren Magazine des Maschinengewehrs tragen musste; er hieß Joel Iglesias, und heute ist er Vorsitzender der Jungen Rebellen und Comandante der Rebellenarmee. Der vierte ist heute Leutnant unserer Armee, sein Name ist Oñate, aber wir nannten ihn liebevoll *Cantinflas*[3]. Trotzdem war mit der Ankunft der Waffen die Odyssee der Truppe nicht zu Ende, in deren Verlauf Kampfkraft und ideologische Festigkeit erworben werden sollten. Wenige Tage danach, am 23. Mai, ordnete Fidel neue Entlassungen an; zu den Entlassenen gehörte eine vollständige Gruppe. Und unsere Kampfstärke verringerte sich auf 127 Mann, die meisten von ihnen besaßen Waffen und davon etwa achtzig gute Waffen.

Von der Gruppe, die einschließlich ihres Führers aus dem Kampf ausschied, blieb nur ein Mann namens Crucito übrig, der später einer der beliebtesten Kämpfer war. Crucito war ein urwüchsiger Dichter, und er führte lange Wettkämpfe mit Calixto Morales durch, dem Dichter aus der Stadt, der an der Granma-Expedition teilgenommen hatte und sich selbst den Spitznamen »Nachtigall der Felder« gab, worauf Crucito in seinen »Decimas Guajiras«[4] immer mit einem Kehrreim ant-

3 Cantinflas: Künstlername eines berühmten mexikanischen Komikers

4 Decimas Guajiras: Zehnzeilige Solistenstrophen der Guajira, eines meist improvisierten Liedes der kubanischen Bauern, wird oft in Form eines Wettstreites zwischen zwei Sängern vorgetragen.

wortete, der verachtungsvoll an Calixto gerichtet war: »Du Kuckuck der Sierra«.

Dieser großartige Compañero besang die ganze Geschichte der Revolution bis zurück zur Abfahrt der Granma in seinen Decimas, die er in jedem ruhigen Augenblick dichtete, während er seine Pfeife rauchte. Da es sehr wenig Papier in der Sierra gab, verfasste er seine Decimas und lernte sie dann gleich auswendig, sodass uns keine Erinnerungen an sie blieben, als im Gefecht von Pino del Agua eine Kugel seinem Leben ein Ende machte.

Im Gebiet der Sägewerke hatten wir die unschätzbare Hilfe von Enrique López, einem alten Bekannten Fidels und Raúls seit der Kindheit, der zu dieser Zeit Angestellter der Babúns war und uns als Verbindungsmann diente, sodass wir Nahrungsmittel besorgen und uns gefahrlos in der ganzen Gegend bewegen konnten. In diesem Gebiet gab es viele Wege, die von den Lastwagen des Heeres befahren wurden. Mehrmals legten wir Hinterhalte, in denen wir einige von ihnen fassen wollten, aber niemals gelang es uns. Vielleicht war das gut für den Erfolg der bevorstehenden Operation, eine derjenigen, die die größte psychologische Wirkung in der ganzen Geschichte dieses Krieges hatten. Es handelt sich um das Gefecht von El Uvero.

Am 25. Mai erhielten wir die Nachricht, dass in Mayarí eine von Calixto Sánchez geführte Expeditionsgruppe aus dem Schiff »El Corinthia« an Land gegangen war. Wenige Tage später sollten wir das unheilvolle Ende jener Expedition erfahren. Prío[5] schickte seine Männer in den Tod, ohne jemals den Entschluss zu fassen, sie zu begleiten. Die Nachricht von dieser Landung gab uns zu erkennen, wie dringend notwendig es

5 Carlos Prío Socarrás, von 1948 bis 1952 Präsident Kubas, vertrat eine antikommunistische und offen proimperialistische Politik, wurde von Batista gestürzt.

war, feindliche Streitkräfte abzulenken, um so zu versuchen, dass diese Männer einen geeigneten Ort erreichen, sich dort reorganisieren und mit ihren Aktionen beginnen konnten. All das taten wir aus Solidarität mit jenen Kämpfern, obwohl wir weder die soziale Zusammensetzung noch die wirklichen Absichten dieses Landungsunternehmens kannten.

Damals hatten wir eine interessante Diskussion, die vor allem von dem Autor dieser Zeilen und von Fidel geführt wurde: Ich war der Meinung, man sollte die Gelegenheit nicht verschenken, einen Lastwagen abzufangen, und wir sollten es besonders darauf anlegen, sie auf den Landstraßen zu jagen, wo sie sorglos in beiden Richtungen vorüberfuhren. Doch Fidel hatte schon die Aktion von El Uvero im Kopf, und er äußerte den Gedanken, es sei viel interessanter und habe einen viel nachhaltigeren Erfolg, wenn wir als nächste Aktion die Kaserne von El Uvero einnähmen, denn das hätte eine große psychologische Wirkung und würde im ganzen Land bekannt, was bei einem Angriff auf einen Lastwagen nicht geschehen würde, weil sie in diesem Fall die Nachricht verbreiten könnten, es hätte bei einem Unfall auf der Landstraße einige Tote oder Verwundete gegeben. Obwohl die Leute die Wahrheit ahnen würden, erführe man niemals von unseren tatsächlichen Kampfaktionen in der Sierra. Das sollte nicht heißen, dass der Gedanke, bei einer günstigen Gelegenheit einen Lastwagen abzufangen, verworfen würde, aber wir sollten diesen Plan nicht zum Schwerpunkt unserer Aktionen machen.

Jetzt, mehrere Jahre nach dieser Diskussion, in der Fidel den erwähnten Entschluss fasste, mich aber nicht überzeugte, muss ich anerkennen, dass seine Einschätzung richtig war und dass es viel weniger produktiv für uns gewesen wäre, eine Einzelaktion gegen irgendeine jener Streifen durchzuführen, die auf Lastkraftwagen transportiert wurden. Es war so, dass wir alle in jenem Moment von Kampfesbegierde gepackt waren, was uns stets dazu führte, ungeduldig eine möglichst drastische Haltung einzunehmen, wobei wir vielleicht nicht den Weitblick besaßen, in größerer Ferne liegende Ziele zu erkennen. Auf jeden Fall kamen wir schon zu den letzten Vorbereitungen für die Aktion von El Uvero.

DAS GEFECHT VON EL UVERO

Nachdem wir das Angriffsziel bestimmt hatten, mussten wir noch die genaue Form festlegen, in der wir den Angriff durchführen wollten. Wir hatten wichtige Probleme zu lösen, zum Beispiel die Anzahl der dort stationierten Soldaten zu ermitteln, die Zahl der Wachen, die Art der von ihnen benutzten Kommunikationssysteme, die Zufahrtswege, die Zivilbevölkerung und ihre Verteilung usw. Bei allen diesen Aufgaben war uns Compañero Cardero eine großartige Hilfe; er ist heute Comandante der Rebellenarmee und war der Schwiegersohn des Verwalters im Sägewerk, soweit ich mich erinnern kann.

Wir vermuteten, dass das Heer mehr oder weniger genaue Angaben über unsere Anwesenheit in der Gegend hatte, denn es wurden zwei Denunzianten gefangen genommen, die Ausweispapiere bei sich trugen. Diese Leute gestanden, dass sie Casillas geschickt hatte, um den Aufenthaltsort der Rebellenarmee und ihre ungewöhnlichen Sammelpunkte zu ermitteln. Der Anblick der beiden Männer, die um Gnade flehten, war ein wirklich abstoßendes und gleichzeitig klägliches Schauspiel, doch die Gesetze des Krieges durften in jenen schwierigen Augenblicken nicht missachtet werden, und beide Spione wurden am folgenden Tag hingerichtet.

Am gleichen Tag, dem 27. Mai, kamen alle Offiziere im Stab zusammen, und Fidel gab ihnen bekannt, dass wir innerhalb der nächsten achtundvierzig Stunden ein Gefecht führen würden und dass wir uns mit Truppen und Ausrüstung marschbereit zu halten hätten. Wir bekamen zu diesem Zeitpunkt keine genaueren Anweisungen.

Cardero sollte unser Führer sein, denn er hatte genaue Kenntnisse über den Stützpunkt von El Uvero, über alle seine

Ein- und Ausgänge und seine Zufahrtswege. In der Nacht brachen wir auf. Es war ein langer Marsch, ungefähr sechzehn Kilometer, doch es ging immer bergab auf den Wegen, die das Unternehmen Babún eigens für ihre Sägemühlen gebaut hatte. Wir brauchten trotzdem etwa acht Stunden für unseren Marsch, denn er wurde von einer Reihe besonderer Vorsichtsmaßnahmen verlangsamt; diese waren vor allem erforderlich, als wir uns dem Ort der Gefahr näherten. Schließlich wurde der Befehl zum Angriff gegeben. Unser Auftrag war sehr leicht verständlich; wir mussten die Wachposten überwältigen und die aus Holz erbaute Kaserne mit einem dichten Kugelregen belegen.

Es war uns bekannt, dass die Kaserne außer ein paar in der nächsten Umgebung verstreut liegenden Holzsperren keine größeren Verteidigungsanlagen besaß. Ihre stärksten Punkte bildeten die mit jeweils drei bis vier Soldaten besetzten Wachposten, die nach strategischen Überlegungen im Umkreis der Kaserne eingerichtet waren. Diese selbst wurde von einem Hügel überragt, der ihr genau gegenüberlag und als Standort unseres Stabes dienen sollte, damit er von dort aus den Kampf leiten konnte. Es war möglich, sich dem Gebäude durch das Gestrüpp der nahe gelegenen Wälder bis auf wenige Meter zu nähern. Eine verbindliche Anweisung war, mit besonderer Vorsicht darauf zu achten, nicht die Wohnsiedlung zu beschießen, denn in ihr befanden sich Frauen und Kinder, darunter auch die Frau des Verwalters, die von dem Angriff wusste, aber nicht weggehen wollte, um später jeden Verdacht zu vermeiden. Die Zivilbevölkerung war unsere größte Sorge, während wir uns zu den Angriffspositionen begaben.

Die Kaserne von El Uvero lag am Meeresufer, sodass wir, um sie einzukreisen, nur von drei Punkten anzugreifen brauchten.

Gegen den Wachposten, der den vom Peladero aus am Meer entlangführenden Weg beherrschte, den wir auch teilweise benutzten, wurden die von Jorge Sotús und Guillermo García geführten Züge eingesetzt. Almeida sollte die Aufgabe übernehmen, einen Posten zu liquidieren, der dem Gebirge gegenüber ungefähr in nördlicher Richtung lag. Fidel würde auf dem Hügel sein, der die Kaserne überragte, und Raúl sollte mit seinem Zug frontal vorrücken; mir mit meinem Maschinengewehr und meinen Helfern wurde eine Zwischenposition zugewiesen; Camilo und Ameijeiras sollten von vorn anrücken, eigentlich zwischen meiner Position und der von Raúl, doch in der Nacht kamen sie von der Richtung ab und begannen den Angriff links von meiner Position anstatt rechts; der Zug von Crescencio Pérez sollte auf dem Weg vorrücken, der von El Uvero nach Chivirico führt, und die Ankunft jeder möglichen Verstärkung verhindern, die durch dieses Gebiet kommen könnte.

Wir dachten, die Aktion würde wegen des von uns vorbereiteten Überraschungsangriffs in kurzer Zeit abgeschlossen sein; trotzdem vergingen die Minuten, und wir konnten die Soldaten nicht so wie vorgesehen überwältigen. Die Meldungen wurden von den Führern übermittelt, es waren dies Cardero und ein Ortskundiger aus der Gegend, der Eligio Mendoza hieß; und wir sahen, dass der Tag schon nahte und jenes Zwielicht eintrat, das die Morgendämmerung ankündigt, ohne dass wir eine Position erreicht hatten, aus der wir die Posten überrumpeln konnten, wie wir es im ersten Moment gedacht hatten. Jorge Sotús meldete, dass er die ihm zugewiesene Stellung von seiner Position aus nicht unter Kontrolle hatte, doch es war zu spät, neue Bewegungen einzuleiten. Als Fidel das Feuer durch sein mit Zielfernrohr ausgerüstetes Gewehr eröffnete, erkannten wir die Kaserne am Feuer der Schüsse, mit denen sie uns von dort wenige Sekunden später antworteten. Ich stand auf einer kleinen Geländeerhöhung und hatte die Kaserne vollständig im Blickfeld; sie lag jedoch sehr weit entfernt, deshalb rückten wir vor, um bessere Positionen zu suchen.

Alle rückten vor. Almeida bewegte sich auf den Posten zu, der den Eingang der kleinen Kaserne in seinem Abschnitt verteidigte, und zu meiner Linken war Camilos Mütze zu erkennen, an ihr war ein Nackentuch befestigt, das sie wie ein Fremdenlegionärskäppi aussehen ließ, sie trug jedoch das Abzeichen unserer Bewegung. Wir rückten inmitten der allgemeinen Schießerei vor und gebrauchten dabei alle Vorsichtsmaßregeln, die diese Art des Kampfes erfordert.

Der kleinen Gruppe schlossen sich weitere Kämpfer an, die als Versprengte hinter ihren Einheiten zurückgeblieben waren; ein Compañero aus Pilón, der *Bomba*[1] genannt wurde, und die Compañeros Mario Leal und Acuña kamen zu dem Verband, der schon eine kleine Kampfeinheit bildete. Der Widerstand hatte sich verhärtet, und wir hatten den ebenen und unbewachsenen Geländeteil erreicht, wo man beim Vorrücken zahllose Vorsichtsmaßregeln anwenden musste, denn der Feind schoss ununterbrochen und genau. Von meiner Position aus, kaum etwa fünfzig oder sechzig Meter von dem feindlichen Vorposten entfernt, sah ich, wie aus dem Schützengraben, der vor uns lag, zwei Soldaten schnell heraussprangen; ich schoss auf beide, doch sie flüchteten sich in die Häuser des Dorfes, die für uns unantastbar waren. Wir rückten weiter vor, obwohl nur noch ein kleiner Geländestreifen blieb, ohne das geringste Gras, um sich zu verbergen, und die Kugeln pfiffen gefährlich in unserer Nähe. In diesem Augenblick, mitten im Kampf, hörte ich neben mir ein Wimmern und ein paar Schreie; ich dachte, es sei ein verwundeter feindlicher Soldat, und rückte kriechend vor, während ich ihn aufforderte, sich zu ergeben; in Wirklichkeit war es Compañero Leal, der eine Kopfwunde hatte. Ich untersuchte kurz die Wunde; der Eintritt und Austritt der Kugel lagen im Scheitelbeingebiet; Leal wurde ohnmächtig, während die Lähmung der Glieder einer Körperseite

1 »Bombe«

einsetzte, ich erinnerte mich nicht genau, welcher. Der einzige Verband, den ich bei der Hand hatte, war ein Stück Papier, das ich auf die Wunden legte. Joel Iglesias begleitete ihn wenig später, während wir unseren Angriff fortsetzten. Unmittelbar darauf wurde auch Acuña verwundet. Ohne weiter vorrücken zu können, schossen wir; vor uns hatten wir einen gut ausgebauten Schützengraben, aus dem unser Feuer erwidert wurde. Wir fassten gerade wieder Mut und nahmen unsere Entschlusskraft zusammen, um den Unterstand im Sturm zu nehmen – denn das war die einzige Art, den Widerstand zu brechen –, da ergab sich die Kaserne.

All das ist in wenigen Minuten erzählt, aber es dauerte ungefähr zwei Stunden und fünfundvierzig Minuten vom ersten Schuss an, bis es uns gelang, die Kaserne einzunehmen. Zu meiner Linken nahmen einige Compañeros der Vorhut – ich glaube, es handelt sich genauer um Victor Mora und einige andere – mehrere Soldaten gefangen, die als die letzten Widerstand geleistet hatten; und aus dem mit Holz abgestützten Schützengraben uns gegenüber tauchte ein Soldat auf und gab durch Gesten zu verstehen, dass er seine Waffe abliefern wollte. Von allen Seiten wurden nun Kapitulationsrufe laut; wir rückten schnell auf die Kaserne vor, und eine letzte Maschinengewehrsalve war zu hören, die, wie ich später erfuhr, das Leben des Leutnants Nano Díaz ausgelöscht hatte.

Wir kamen bis zu dem Dorf, wo wir die beiden Soldaten, die meinem Maschinengewehr entkommen waren, und auch den Arzt und seinen Assistenten gefangen nahmen. Mit dem Arzt, einem grauhaarigen und gelassenen Mann, dessen späteres Schicksal ich nicht kenne – ich weiß nicht, ob er gegenwärtig an der Revolution mitarbeitet –, geschah etwas Sonderbares: Meine Kenntnisse in der Medizin waren niemals besonders groß; die Anzahl der eintreffenden Verwundeten war ungeheuer hoch, und meine Bestimmung war in jenem Augenblick nicht, mich dem Sanitätsdienst zu widmen. Als ich jedoch die Verwundeten dem Militärarzt übergeben wollte, fragte er mich, wie alt ich sei, und als Nächstes, wann ich mein Examen gemacht hätte. Ich erklärte ihm, dass es einige Jahre her sei, und darauf sagte er mir freimütig: »Sieh mal, Junge, kümmere du dich um alles hier, denn ich habe mein Examen gerade erst bestanden und besitze sehr wenig Erfahrung.« Der Mann hatte in seiner Unerfahrenheit und der situationsbedingt logischen Furcht, als er sich gefangen sah, selbst die fundamentalsten Kenntnisse der Medizin vergessen. Von jenem Augenblick an musste ich wieder einmal das Gewehr mit einer Arztuniform vertauschen, was in Wirklichkeit allerdings nur aus einem Händewaschen bestand.

Nach diesem Gefecht, einem der blutigsten, das wir bestanden haben, trugen wir alle Angaben zusammen, und das macht es möglich, eine allgemeinere Darstellung zu geben, die nicht nur den bisherigen Blickwinkel berücksichtigt, aus dem ich von meiner persönlichen Teilnahme berichtet habe. Das Gefecht entwickelte sich mehr oder weniger so: Nachdem Fidel mit seinem Schuss den Befehl gegeben hatte, das Feuer zu eröffnen, begannen alle, auf die festgelegten Ziele vorzurücken, und die Armee antwortete mit einem dichten Kugelregen, dessen Ziel in vielen Fällen der Hügel war, von wo aus unser Oberbefehlshaber den Kampf leitete. Wenige Minuten nach dem Beginn der Kampfhandlungen fiel Julito Díaz an Fidels Seite, als er von einem Schuss direkt in den Kopf getroffen wurde. Die Minuten vergingen, und der Widerstand wurde erbittert fortgesetzt, ohne dass wir die Ziele bedrohen konnten. Die wichtigste Aufgabe im Zentrum war die von Almeida, der den Auftrag hatte, auf jeden Fall den Posten zu liquidieren, um den Durchmarsch seiner Truppen und der von Raúl zu ermöglichen, die frontal auf die Kaserne zumarschierten.

Die Compañeros erzählten später, wie Eligio Mendoza, der Wegführer, sein Gewehr nahm und sich in den Kampf stürzte; als abergläubischer Mensch hatte er einen »Heiligen«, der ihn beschützte, und als man ihm sagte, er solle vorsichtig sein, antwortete er verächtlich, dass sein »Heiliger« ihn gegen alles verteidige. Wenige Minuten später fiel er, von einer Kugel durchbohrt, die ihm buchstäblich den Körper zerriss. Die feindlichen Truppen, die sich gut in ihren Gräben verschanzt hatten, warfen uns mit mehreren Verlusten zurück, und es war sehr schwierig, über den zentralen Geländeabschnitt vorzudringen. Im Sektor des von Peladero kommenden Weges versuchte Jorge Sotús, die Position mit einem *El Policía*[2] genannten Helfer von der Flanke her anzugreifen, doch diesen Letzteren tötete der Feind sofort, und Sotús musste sich ans Meer zurückziehen, um dem sicheren Tod zu entgehen, womit seine Teilnahme am Kampf von diesem Augenblick an praktisch endete. Andere Mitglieder seines Zuges versuchten vorzurücken, aber sie wurden ebenfalls zurückgeworfen. Ein Compañero, ein Bauer, der Vega hieß, wie ich glaube, fand den Tod; Manals bekam einen Lungenschuss; Quike Escalona erhielt drei Wunden an einem Arm, dem Gesäß und der Hand, als er vorwärtsstürmen wollte. Die Männer des Wachpostens, die hinter einem starken Schutz aus Holzkegeln verschanzt waren, feuerten mit einem Maschinengewehr und mit halb automatischen Waffen, wodurch sie in unserer kleinen Truppe verheerenden Schaden anrichteten. Almeida befahl einen letzten Angriff, um mit allen Mitteln zu versuchen, die ihm gegenüberliegenden Feinde zu überwältigen; Cilleros, Maceo, Hermes Leyva, Peña und Almeida selbst wurden verwundet, Almeida an der Schulter und am linken Bein, und Compañero Moll wurde getötet. Trotzdem bezwang dieser energische Vorstoß den Posten, und der Weg zur Kaserne war geöffnet. Auf der anderen Seite hatten die treffsicheren Schüsse des Maschinengewehrs von Guillermo García drei der Verteidiger außer Gefecht gesetzt, der vierte rannte davon und fiel auf der Flucht.

2 El Policía: »Der Polizist«

Raúl mit seinem zweigeteilten Zug rückte rasch auf die Kaserne vor. Die Aktion der beiden Hauptleute Guillermo García und Almeida entschied den Kampf; jeder von ihnen liquidierte den ihm als Angriffsziel zugewiesenen Posten und ermöglichte so den abschließenden Sturmangriff. Zusammen mit dem erstgenannten Hauptmann muss der mutige Einsatz von Luis Crespo hervorgehoben werden, der vom Stab herunterkam und am Sturmangriff teilnahm.

In dem Moment, als der Widerstand des Feindes zusammenbrach und wir die Kaserne einnehmen konnten, als ein weißes Tuch herausgehängt wurde, gab jemand, der wahrscheinlich zu unserer Truppe gehörte, erneut einen Schuss ab, und von der Kaserne wurde das mit einer Salve erwidert, die Nano Díaz in den Kopf traf; sein Maschinengewehr hatte bis zu diesem Augenblick in den Reihen des Feindes verheerend gewirkt. Crescencios Zug war am Kampf fast unbeteiligt geblieben, weil sein Maschinengewehr Ladehemmung hatte und sein Kampfauftrag darin bestand, den Weg nach Chivirico zu überwachen. Dort wurden ein paar Soldaten auf der Flucht gefangen genommen. Der Kampf hatte zwei Stunden und fünfundvierzig Minuten gedauert, und trotz der Zahl der abgegebenen Schüsse war kein Zivilist verletzt worden.

Als wir die Bilanz der Schlacht zogen, bot sich uns das folgende Bild: Auf unserer Seite waren sechs Compañeros gefallen: Moll, Nano Díaz, Vega, *El Policía*, Julito Díaz und Eligio Mendoza. Sehr schwer verwundet waren Leal und Cilleros. Mehr oder weniger schlimm verwundet waren: Maceo an einer Schulter; Hermes Leyva durch einen Streifschuss an der Brust; Almeida am linken Arm und Bein; Quike Escalona am rechten Arm und an der rechten Hand; Manals durch einen Lungenschuss ohne ernstere Folgen; Peña am Knie und Manuel Acuña am rechten Arm. Insgesamt fünfzehn Compañeros waren außer Gefecht gesetzt. Die Gegner hatten neunzehn Verwundete, vierzehn Tote, weitere vierzehn Gefangene, und sechs waren entkommen, was eine Gesamtstärke von dreiundfünfzig Mann ergab, die unter dem Befehl eines Leutnants standen, der die weiße Fahne hissen ließ, nachdem er verwundet worden war.

Wenn man in Betracht zieht, dass wir etwa achtzig Kämpfer waren und die anderen dreiundfünfzig, ergibt das eine Gesamtzahl von etwa hundertdreiunddreißig Mann, von denen achtunddreißig, das heißt mehr als ein Viertel, in wenig mehr als zweieinhalb Stunden Kampf außer Gefecht gesetzt wurden. Es war ein Sturmangriff von Männern, die ohne jede Deckung gegen andere Männer vorrückten, denen bei ihrer Verteidigung wenig Deckungsmöglichkeiten zur Verfügung standen. Man muss anerkennen, dass beide Seiten ein Übermaß an Mut zeigten. Für uns war es außerdem jener Sieg, der die Großjährigkeit unserer Guerillatruppe zum Ausdruck brachte. Von diesem Gefecht an wuchs unsere Moral außerordentlich, auch unsere Entschlusskraft und unsere Siegeshoffnungen nahmen gleichzeitig mit dem Sieg zu, und obwohl die folgenden Monate eine harte Prüfung bedeuteten, waren wir nun schon im Besitz des Geheimnisses, wie man den Feind besiegen kann. Diese Aktion besiegelte das Schicksal der kleinen Kasernen, die von den größeren Gruppierungen des Feindes entfernt lagen und in kurzer Zeit geräumt wurden.

Eine der ersten Kugeln des Kampfes traf die Telefonleitung und schnitt die Verbindung mit Santiago ab, und lediglich ein Flugzeug manövrierte ein- oder zweimal über dem Schlachtfeld, ohne dass Verbände der feindlichen Luftstreitkräfte auftauchten; die Aufklärungsflugzeuge kamen erst Stunden danach, als wir schon oben im Gebirge waren. Für die Konzentration unseres Feuers spricht außer den vierzehn Toten der Umstand, dass drei von fünf Papageien, die die Posten in der Kaserne hatten, getötet wurden. Man muss die außerordentliche Winzigkeit dieser Tierchen bedenken, um sich eine Vorstellung von dem Kugelregen zu machen, der auf das Brettergebäude niederprasselte.

Die neuerliche Konfrontation mit dem Arztberuf führte für mich zu einigen sehr bewegenden Erlebnissen. Der Erste, den ich wegen der Gefährlichkeit seiner Verwundung behandelte, war Compañero Cilleros. Eine Kugel hatte seinen rechten Arm durchschlagen, und nachdem sie die Lunge durchbohrt hatte, war sie anscheinend in der Wirbelsäule stecken geblieben und hatte ihn dadurch an beiden Beinen gelähmt. Sein Zustand war sehr ernst, und mir war lediglich möglich, ihm ein schmerzstillendes Mittel zu geben und den Brustkorb straff zu verbinden, damit er besser atmen konnte. Wir versuchten, ihn auf die damals einzig mögliche Art zu retten, indem wir die vierzehn gefangenen Soldaten mit uns nahmen und zwei Verwundete zurückließen: Leal und Cilleros. Sie verblieben in der Macht des Feindes und waren durch das Ehrenwort des zu dieser Kaserne gehörenden Arztes geschützt. Als ich Cilleros das mitteilte und ihn mit Worten tröstete, die bei solchen Gelegenheiten üblich sind, grüßte er mich mit einem traurigen Lächeln, das in jenem Augenblick mehr als alle Worte sagen konnte und seine Überzeugung ausdrückte, dass alles zu Ende war. Wir wussten es auch, und in jenem Moment war ich versucht, einen Abschiedskuss auf seine Stirn zu drücken, aber bei mir hätte es mehr als bei sonst jemandem das Todesurteil für den Compañero bedeutet, und die Pflicht verlangte von mir, dass ich ihm seine letzten Augenblicke nicht noch mehr durch die Bestätigung seines Zustandes verbittern durfte, der für ihn schon fast absolute Gewissheit war. Ich verabschiedete mich von den beiden Kämpfern, die in den Händen des Feindes blieben, so liebevoll ich konnte und mit ungeheurem Schmerz. Sie flehten, dass sie lieber in unserer Truppe sterben möchten, doch wir hatten auch die Pflicht, bis zum letzten Augenblick für ihr Leben zu kämpfen. Sie blieben dort zurück, vereint mit den neunzehn Verletzten des Batista-Heeres, die wir ebenso mit der ganzen wissenschaftlichen Gründlichkeit, die uns möglich war, versorgt hatten. Unsere beiden Compañeros wurden von der feindlichen Armee anständig behandelt, doch einer von ihnen, Cilleros, kam nicht einmal bis Santiago. Der andere überlebte die Verwundung, verbrachte den ganzen Rest des Krieges als Gefangener auf der Isla de Pinos, und noch heute trägt er unauslöschliche Spuren jener wichtigen Episode unseres Revolutionskrieges.

Nachdem wir in einen Lastwagen der Babúns die größtmögliche Menge an Artikeln jeder Art, vor allem Medikamente, verladen hatten, marschierten wir als die Letzten in Richtung auf unsere Schlupfwinkel im Gebirge los, wo wir noch rechtzeitig ankamen, um die Verwundeten zu behandeln und den Gefallenen den letzten Gruß zu erweisen; diese wurden in der Nähe einer Wegbiegung beerdigt. Es war zu erwarten, dass man uns sehr hartnäckig verfolgen würde, und es wurde beschlossen, dass die marschfähigen Angehörigen unserer Truppe die feindlichen Soldaten auf Abstand von diesem Ort bringen müssten, während die Verwundeten in meiner Obhut blieben und Enrique López sich darum kümmern sollte, mir die Transportmöglichkeit, das Versteck und ein paar Helfer zu besorgen, um die Verwundeten fortzuschaffen. Außerdem sollte er alle Kontakte herstellen, damit ich Medikamente erhalten und die Kranken in der erforderlichen Form pflegen konnte.

Noch in der Nacht sprachen wir weiter über die einzelnen Episoden des Gefechtes; fast alle schliefen nicht oder nur für einige Augenblicke, und jeder nahm an den Gesprächsrunden teil, erzählte seine Heldentaten und die, deren Zeuge er gewesen war. Aus statistischer Neugier notierte ich die Zahl aller Feinde, die die Erzähler im Verlauf des Kampfes getötet haben wollten, und es kam mehr als die vollständige Gruppe zusammen, die auf der Gegenseite gekämpft hatte; die Fantasie jedes Einzelnen hatte seine Heldentaten ausgeschmückt. Durch diese und andere ähnliche Erfahrungen erkannten wir unmissverständlich, dass Informationen durch mehrere Personen verbürgt sein müssen. Wir verfuhren sogar übertrieben gewissenhaft und verlangten, dass Kleidungsstücke von jedem gefallenen Soldaten vorgelegt werden sollten, um ihn tatsächlich als einen Verlust des Feindes anzurechnen, weil die Sorge um die wahrheitsgemäße Berichterstattung immer ein zentrales Thema der Nachrichten der Rebellenarmee war und es darum ging, die Compañeros zu strenger Beachtung der Wahrheit und zur Anerkennung der Notwendigkeit zu veranlassen, dass sie jedem vorübergehenden Vorteil vorzuziehen ist.

Am Morgen sahen wir dem Abmarsch der siegreichen Truppe zu, die uns traurig verabschiedete. Bei mir blieben meine Helfer Joel Iglesias und Oñate, ein Wegführer namens Sinecio Torres und Vilo Acuña, der heute Comandante der Rebellenarmee ist; er blieb bei uns, weil er seinen verwundeten Onkel begleiten wollte.

KRANKENPFLEGE

Am Tag nach dem Gefecht von El Uvero machten die Flugzeuge vom Morgengrauen an Erkundungsflüge. Nachdem alle Grüße ausgetauscht und die Kolonne verabschiedet war, die dann ihren Marsch fortsetzte, machten wir uns daran, die Spuren zu verwischen, die unser Eindringen in den Wald verraten konnten. Wir waren nur einige Hundert Meter von einem Weg für Lastwagen entfernt und erwarteten die Ankunft von Enrique López, dessen Auftrag darin bestehen sollte, uns bei der Suche nach einem Versteck und bei unserem Marsch dorthin zu helfen.

Die Verwundeten waren: Almeida und Peña, die nicht laufen konnten, Quike Escalona, der im gleichen Zustand war, Manals, dem ich empfahl, wegen seines Lungendurchschusses nicht zu laufen. Manuel Acuña, Hermes Leyva und Maceo, diese drei konnten ohne fremde Hilfe laufen. Zu ihrem Schutz, ihrer Pflege und ihrem Transport waren dabei: Vilo Acuña, der Wegführer Sinecio Torres, Joel Iglesias, Aiejandro Oñate und ich. Als die Morgensonne bereits hoch am Himmel stand, kam ein Informant und erzählte uns, dass Enrique López uns nicht helfen könnte, weil eines seiner Kinder erkrankt sei und er nach Santiago hätte gehen müssen; er ließ uns die Zusicherung übermitteln, dass er uns einige Freiwillige zu unserer Hilfe schicken würde, aber bis heute warten wir auf sie.

Die Lage war schwierig, denn Quike Escalonas Wunden hatten sich infiziert, und ich konnte nicht genau feststellen, wie ernst die von Manals war. Wir erkundeten die nahe gelegenen Wege, ohne auf feindliche Soldaten zu stoßen, und wir beschlossen, diese Kranken in eine Hütte zu bringen, die drei oder vier Kilometer entfernt war, wo es eine ganze Menge Hühner gab und die ihr Besitzer verlassen hatte.

An diesem ersten Tag halfen uns zwei Sägewerksarbeiter bei der ermüdenden Aufgabe, die Verwundeten in Hängematten zu tragen. Im Morgengrauen des nächsten Tages, nachdem wir reichlich gegessen und so eine gute Menge von Hühnern beseitigt hatten, verließen wir schnell diesen Ort, denn wir waren einen ganzen Tag nach dem Angriff praktisch an der gleichen Stelle geblieben, in der Nähe von Landstraßen, auf denen die feindlichen Soldaten kommen konnten. Gerade an dem Platz, wo wir uns befanden, endete einer dieser Wege, die die Gesellschaft Babún für die forstwirtschaftliche Nutzung angelegt hatte. Mit unseren wenigen einsatzfähigen Männern unternahmen wir an diesem Tag einen kurzen, aber sehr schwierigen Marsch: Wir wollten bis zu einem tief gelegenen Tal hinabsteigen, in dem ein Bach floss, der Arroyo del Indio hieß, um dann auf einem engen Pfad bis zu einer armseligen Hütte aus Holzpfählen hinaufzuklettern, wo ein Bauer namens Israel mit seiner Frau und seinem Schwager wohnte. Es war wirklich mühsam, die Compañeros durch so steile Gegenden zu transportieren, doch wir taten es; jene Bauern überließen uns sogar ihr Ehebett, damit die Verwundeten dort schlafen konnten.

Auf unserem Lagerplatz hatten wir eine Anzahl Waffen versteckt, die in schlechtem Zustand waren und die wir nicht abtransportieren konnten, außerdem eine große Menge von verschiedenen Zubehörteilen, die als Kriegsbeute geringeren Wert hatten und von uns unterwegs in immer größerem Umfang weggeworfen wurden, je schwerer uns das Tragen der Verwundeten fiel. Immer blieben in irgendeiner Hütte Spuren von unserem Aufenthalt zurück, es waren dies irgendwelche vergessenen Gegenstände. Deshalb beschlossen wir, da wir genügend Zeit hatten, den letzten Lagerplatz gut zu überprüfen, um jede Spur zu verwischen, weil gerade davon unsere Sicherheit abhing; gleichzeitig ging der Wegführer Sinecio los, um ein paar Bekannte aufzusuchen, die er in dieser Gegend am Fluss Peladero hatte.

Nach kurzer Zeit meldeten mir Acuña und Joel Iglesias, dass sie fremde Stimmen auf der anderen Bergseite gehört hätten. Wir dachten wirklich, die Stunde sei gekommen, unter sehr schwierigen Bedingungen zu kämpfen, denn unsere Verpflichtung war, bis zum Tode den uns am Herzen liegenden Verwundetentransport zu verteidigen, den man uns anvertraut hatte. Wir rückten vor, um so zu versuchen, dass es möglichst weit von der Hütte zu dem Zusammenstoß kommen sollte. Wir fanden auf dem Pfad einige Spuren von nackten Füßen, was uns sehr sonderbar erschien; diese Spuren zeigten, dass die Eindringlinge den gleichen Weg benutzt hatten. Als wir uns vorsichtig näherten, hörten wir eine sorglos geführte Unterhaltung, an der sich mehrere Personen beteiligten. Ich lud mein Thompson-Maschinengewehr durch und verließ mich auf Vilos und Joels Hilfe, als wir nach vorn liefen und die Plauderer überrumpelten; es stellte sich heraus, dass es die Gefangenen aus El Uvero waren, die Fidel freigelassen hatte und die jetzt auf dem Marsch waren, um einfach einen Abzugsweg zu suchen. Einige von ihnen waren barfuß; ein alter, fast völlig entkräfteter Gefreiter erklärte mit asthmatischer Stimme, dass er uns und unsere Gebirgserfahrungen bewundere. Sie waren ohne Führer unterwegs und hatten lediglich einen von Fidel unterzeichneten Geleitbrief bei sich; wir nutzten den Eindruck, den die Art, wie wir sie wieder einmal überrumpelt hatten, auf sie hinterlassen hatte, und drohten ihnen, sie sollten um keinen Preis den Wald betreten.

Als Stadtbewohner waren sie nicht gewöhnt, mit den Strapazen des Gebirges konfrontiert zu werden, und sie wussten nicht, wie sie damit fertig werden sollten. Wir traten auf die Lichtung hinaus, auf der das Haus stand, in dem wir die Hühner gegessen hatten, und wir zeigten ihnen den Weg, auf dem sie zur Küste kommen konnten, aber nicht ohne ihnen vorher noch einmal klargemacht zu haben, dass im Waldesinneren wir die Herren waren und dass unser Spähtrupp – denn wir wirkten wie ein einfacher Spähtrupp – es sofort übernehmen würde, unsere Streitkräfte in diesem Sektor von der Anwesenheit irgendwelcher Fremder zu verständigen. Trotz allem, das Klügste war, sich so früh wie möglich aus der Gegend zu entfernen.

Jene Nacht verbrachten wir in der gastfreundlichen Hütte, doch im Morgengrauen drangen wir in den Wald ein und beauftragten die Hausherren, Hühner für die Verwundeten zu suchen. Den ganzen Tag warteten wir auf die Rückkehr des Ehepaares, aber es kam nicht zurück. Einige Zeit später erfuhren wir, dass sie genau in dem Häuschen festgenommen wurden, und außerdem, dass die feindlichen Soldaten sie am Tag nach unserem Abmarsch als Führer benutzten und sie dort vorüberkamen, wo unser Lager am Vortag gewesen war.

Wir blieben weiter sehr wachsam, und niemand hätte uns überrascht, aber das Ergebnis eines Kampfes war unter derartigen Bedingungen sehr schwer vorauszusehen. Kurz vor dem Einbruch der Nacht kam Sinecio mit drei Freiwilligen, einem Alten namens Feliciano und zwei weiteren Männern, die später Kämpfer in der Rebellenarmee werden sollten, nämlich Banderas, der den Grad eines Leutnants erreicht hatte, als er in den Kämpfen am Jigüe fiel, und Israel Pardo, der älteste einer großen Familie von Kämpfern, der gegenwärtig den Grad eines Hauptmannes hat. Diese Compañeros halfen uns, die Verwundeten rasch in eine Hütte auf der anderen Seite der Gefahrenzone zu transportieren, während Sinecio und ich nahezu bis zum Einbruch der Nacht darauf warteten, dass das Ehepaar mit den Lebensmitteln eintraf; natürlich konnten sie nicht kommen, da man sie schon gefangen genommen hatte, und wir beschlossen, weil wir irgendeinen Verrat befürchteten, dass wir auch das neue Haus frühzeitig verlassen müssten.

Das Abendessen war sehr bescheiden und bestand aus einigen Wurzeln, die wir uns aus der näheren Umgebung der Hütte geholt hatten. Am folgenden Tag, im sechsten Monat nach der Landung der Granma, begannen wir unseren Tagesmarsch ebenfalls frühzeitig. Diese Märsche waren ermüdend und doch für Menschen, die an Bergwanderungen gewöhnt sind, unglaublich kurz; unsere Transportmöglichkeiten reichten nur für einen Verwundeten aus, denn bei den schwierigen Bedingungen im Gebirge muss man die Verwundeten in Hängematten tragen, die an einem starken Stamm hängen. Diese Baumstämme zerfetzten buchstäblich die Schultern der Träger, die sich alle zehn oder fünfzehn Minuten abwechseln müssen, sodass man sechs bis acht Männer braucht, um unter solchen Bedingungen einen Verwundeten fortzuschaffen. Ich blieb bei Almeida, der sich halb aus eigener Kraft vorwärtsschleppte und sich halb auf mich stützte; wir gingen sehr langsam, praktisch von Baum zu Baum, bis Israel eine Abkürzung im Wald nahm und die Träger kamen, um ihn zu transportieren.

Dann hinderte uns ein fürchterlicher Platzregen daran, zum Haus der Pardos zu gelangen, doch schließlich kamen wir fast bei Einbruch der Dunkelheit an. Die kleine Entfernung von einer Meile, vier Kilometer Weg, hatten wir in zwölf Stunden zurückgelegt, das heißt mit einer Geschwindigkeit von einem Kilometer in drei Stunden.

Zur damaligen Zeit war Sinecio Torres der unentbehrlichste Mann der kleinen Truppe, er kannte die Wege und die Menschen in der Gegend und half uns in allem. Er war es, der zwei Tage später Manals herausholte, damit dieser nach Santiago gehen konnte, um sich dort ärztlich behandeln zu lassen. Wir trafen auch die notwendigen Vorbereitungen, damit Quike Escalona weggebracht werden konnte, dessen Wunden sich entzündet hatten. In diesen Tagen trafen widersprüchliche Informationen ein, manchmal wurde uns gemeldet, dass Celia

Sánchez im Gefängnis wäre, dann wieder, dass man sie getötet hätte. Es zirkulierten auch Gerüchte, eine Patrouille des Heeres habe unseren Compañero Hermes Cardero festgenommen. Wir wussten nicht, ob wir die Nachrichten, die manchmal haarsträubend waren, glauben sollten oder nicht, denn Celia zum Beispiel war unsere einzige bekannte und sichere Verbindung. Ihre Verhaftung hätte die Isolierung für uns bedeutet; glücklicherweise stellte sich heraus, dass die Berichte über Celia nicht der Wahrheit entsprachen; Hermes Cardero allerdings war wirklich verhaftet worden, er kam wie durch ein Wunder mit dem Leben davon, als er in den Kerkern der Tyrannei schmachtete.

Am Ufer des Flusses Peladero lebte David, der Aufseher bei einem Großgrundbesitzer war und eng mit uns zusammenarbeitete. David schlachtete uns eine Kuh, und wir mussten sie abholen. Das Tier war am Flussufer geschlachtet und in Stücke zerlegt worden; man musste das Fleisch in der Nacht wegtragen. Ich schickte die erste Gruppe unter der Führung von Israel Pardo los und dann eine zweite, die Banderas befehligte. Banderas war ziemlich undiszipliniert und erfüllte seinen Auftrag nicht, was zur Folge hatte, dass die gesamte Last des geschlachteten Tieres von den anderen zu schleppen war und sie die ganze Nacht brauchten, um das Fleisch wegtragen zu können. Es bildete sich eine kleine Truppe, die weiter unter meinem Befehl stand, da Almeida verwundet war. Meiner Verantwortung bewusst, teilte ich Banderas mit, dass er kein Kämpfer mehr wäre und zu einem einfachen Sympathisanten werden müsste, wenn er seine Haltung nicht änderte. Er änderte sich tatsächlich; er wurde zwar niemals ein vorbildlicher Kämpfer, was die Disziplin betrifft, doch er gehörte zu jenen unternehmungslustigen Männern, die einen aufgeschlossenen Sinn besitzen und die einfach und naiv geartet sind; ihnen wurden durch die Erschütterung der Revolution die Augen für die Wirklichkeit geöffnet. Er bearbeitete sein dem Bergwald abgerungenes kleines Stück Land und hatte eine wirkliche Leidenschaft für Bäume und Landwirtschaft, er lebte in einer armseligen Hütte aus Holzpfählen mit zwei Schweinchen, die beide einen eigenen Namen hatten, und mit einem Hündchen. Eines Tages zeigte er mir das Bild seiner beiden Kinder, die mit seiner Frau, von der er sich getrennt hatte, in Santiago lebten, und er erklärte mir, dass er eines Tages, wenn die Revolution gesiegt hätte, irgendeine Stelle finden würde, wo er gut arbeiten könnte, nicht wie auf jenem unwirtschaftlichen Stück Erde fast am Gipfel des Berges.

Ich erzählte ihm von den Genossenschaften, und er begriff das nicht richtig. Er wollte den Boden auf eigene Rechnung bearbeiten, aus eigener Kraft; trotzdem überzeugte ich ihn allmählich, dass es besser ist, wenn alle gemeinsam das Land bestellen, dass die Maschinen seine eigene Arbeit viel wirkungsvoller machen könnten. Banderas wäre heute unbestreitbar ein hervorragender Arbeiter in der landwirtschaftlichen Produktion; dort in der Sierra vervollkommnete er seine Kenntnisse im Lesen und Schreiben und bereitete sich auf die Zukunft vor. Er war ein aufgeweckter Bauer, der verstand, welchen Wert es hatte, mit seiner eigenen Kraft dazu beizutragen, ein Stück Geschichte zu schreiben.

Ich hatte in jenen Tagen eine lange Unterhaltung mit dem Aufseher David, der mich um eine Liste mit allen wichtigen Dingen bat, die wir brauchten, denn er würde nach Santiago gehen und sie dort holen. Er war ein typischer Aufseher, der seinem Herrn treu gehorchte und die Bauern verachtete, ein Rassist. Trotzdem nahm ihn die Armee fest, als sie von unseren Verbindungen erfuhr, und folterte ihn barbarisch. Nachdem er überraschend wieder auftauchte, denn wir hatten ihn für tot gehalten, war seine erste Sorge, uns zu erklären, dass er nicht geredet hätte. Ich weiß nicht, ob David heute in Kuba lebt oder seinen alten Herrschaften gefolgt ist, die schon von der Revolution enteignet wurden, aber er war ein Mann, der damals die Notwendigkeit einer Veränderung spürte, obwohl er sich nicht vorstellen konnte, dass sie auch ihn und seine Welt erreichen sollte, und er begriff, dass es dringend notwendig war, diese Veränderung durchzuführen.

Aus vielen aufrichtigen Bemühungen einfacher Menschen ist das Gebäude der Revolution entstanden; unser Auftrag ist, das Gute zu entwickeln, das Edle in jedem Einzelnen, und jeden Menschen zu einem Revolutionär zu machen; durch die Davids, denen das tiefere Verständnis fehlt, und durch die Banderas, die starben, ohne die Morgenröte zu sehen – auch durch blinde Opfertaten und nicht belohnte Opfertaten wurde die Revolution verwirklicht. Wir, die wir heute ihre Errungenschaften erleben, haben die Verpflichtung, an die zu denken, die auf dem Wege blieben, und dafür zu arbeiten, dass es in Zukunft weniger Zurückbleibende gibt.

RÜCKKEHR

Den ganzen Monat Juni 1957 pflegten wir die Compañeros, die bei dem Angriff auf El Uvero verwundet waren, und organisierten die kleine Truppe, mit der wir uns Fidels Kolonne anschließen sollten.

Die Verbindungen mit der Außenwelt wurden durch den Aufseher David hergestellt, dessen Ratschläge und zweckmäßige Hinweise wie auch die von ihm beschafften Lebensmittel unsere Lage erleichterten. In jenen Tagen konnten wir uns noch nicht auf die unschätzbare Hilfe Pancho Tamayos stützen, jenes Mannes, der in der Nachkriegszeit von den Beatóns ermordet wurde. Pancho Tamayo war ein alter Bauer aus der Gegend, der später mit uns in Verbindung trat und uns ebenfalls als Kontaktmann diente.

Bei Sinecio deuteten sich einige Zeichen mangelnder revolutionärer Moral an; er betrank sich mit dem Geld, das unserer Bewegung gehörte, und im betrunkenen Zustand plauderte er Geheimnisse aus. Gleichzeitig erfüllte er die ihm übertragenen Aufgaben nicht, und von einem seiner Ausflüge brachte er uns elf Compañeros mit, die vollkommen unbewaffnet waren. Es ging darum zu verhindern, dass Compañeros ohne Waffen angeworben wurden, doch die Aufnahme von Männern in die junge Guerilla wurde trotzdem mit allen Mitteln und unter allen Bedingungen weitergeführt, und die Bauern, die unsere Position kannten, brachten uns neue Compañeros, die ihren Eintritt in die Guerilla wünschten. In der kleinen von uns aufgestellten Kolonne kämpften nacheinander nicht weniger als vierzig Männer, aber es gab auch ständig Desertionen, von denen manche mit unserer Zustimmung, andere gegen unseren Willen erfolgten, und niemals kam der kleine Trupp über eine Stärke von fünfundzwanzig bis dreißig Mann hinaus.

In jenen Tagen hatte sich mein Asthma etwas verschlimmert, und der Mangel an Medikamenten zwang mich zu einer Unbeweglichkeit, die ähnlich wie die der Verwundeten war. Ich konnte die Krankheit lindern, indem ich getrocknete Blätter des Clarínstrauchs rauchte, das Heilmittel der Sierra, bis die Medikamente aus dem Bereich der Zivilisation eintrafen und auch ich im besten Zustand für den Abmarsch war, doch dieser verzögerte sich einen und immer noch einen Tag. Schließlich organisierten wir einen Streiftrupp, um all jene Waffen aufzusammeln, die nach dem Angriff von El Uvero als unbrauchbar weggeworfen worden waren und die wir wieder für den Guerillakampf benutzen wollten.

Unter den neuen Bedingungen waren alle jene alten Gewehre mit mehr oder weniger großen Defekten, einschließlich eines Maschinengewehrs Kaliber 30 ohne Schlagbolzen, potenzielle Schätze, und wir brachten eine ganze Nacht damit zu, sie zu suchen. Schließlich legten wir unseren Abmarsch für den 24. Juni fest. In jener Periode war unsere Truppe folgendermaßen zu charakterisieren: fünf Verwundete, die sich von ihren Verletzungen erholten, fünf Begleiter, zehn Neuankömmlinge aus Bayamo, zwei Männer, die wir gerade ohne weitere Prüfung aufgenommen hatten, und vier Einheimische aus jener Gegend, insgesamt sechsundzwanzig. Der Marsch wurde so organisiert, dass Vilo Acuña an der Spitze war, dann kam das, was man die Kommandantur nennen könnte, die von mir geführt wurde, weil Almeida zu große Mühe mit dem Marschieren hatte, denn er erholte sich noch von seiner Oberschenkelverletzung; und darauf folgten zwei weitere kleine Gruppen unter dem Befehl von Maceo und Peña.

Peña hatte in jener Zeit den Grad eines Leutnants. Maceo und Vilo waren Soldaten, und den höchsten Grad besaß Almeida, der Hauptmann war. Wir konnten nicht am 24. abmarschieren, weil sich mehrere kleine Schwierigkeiten häuften; manchmal wurde angekündigt, dass ein Wegführer mit einem neuen Kämpfer eintreffen sollte und man auf ihn warten müsste, dann wieder sprach man von einer neuen Ladung an Medikamenten und Nahrungsmitteln; der alte Tamayo kam und ging ständig, um Nachrichten und Ladungen an Konserven und Kleidung herzubringen. Zu einem bestimmten Zeitpunkt mussten wir uns eine Höhle suchen, um dort ein paar Nahrungsmittel zu lagern, weil die Verbindung mit Santiago endlich zustande gekommen war und David uns eine ziemlich große Ladung gebracht hatte, die unter unseren Marschbedingungen – bei einer Truppe von Rekonvaleszenten und neuen Rekruten – unmöglich zu transportieren war.

Am 26. Juni debütierte ich als Zahnarzt, allerdings gab man mir in der Sierra den bescheidenen Titel »Zahnklempner«. Mein erstes Opfer war Israel Pardo, der heute Hauptmann in der Armee ist und damals ziemlich gut davonkam. Das zweite Opfer war Joel Iglesias; ihm hätte man nur noch eine Dynamitpatrone im Eckzahn anbringen müssen, um diesen herauszusprengen, aber er erlebte das Kriegsende, ohne diesen Zahn eingebüßt zu haben, denn meine Anstrengungen blieben ohne Erfolg. Zu meiner geringen Sachkenntnis kam hinzu, dass Betäubungsmittel fehlten, sodass ich bei der Anästhesie sehr sparsam sein musste und ziemlich häufig die »psychologische Anästhesie« benutzte, indem ich die Männer mit harten Beinamen anschrie, wenn sie sich zu sehr über die mühselige Plackerei in ihrem Mund beklagten.

Als der Abmarschtermin ganz sicher feststand, gaben einige ihre unentschlossene Haltung zu erkennen und machten sich davon, aber andere Neuankömmlinge traten an ihre Stelle. Tamayo brachte uns eine neue Gruppe von vier Männern; zu ihnen gehörte Félix Mendoza, der ein Gewehr bei sich hatte und uns erklärte, wie eine Armeetruppe ihn und seinen Compañero überrumpelt hätte; während man den anderen gefangen genommen hätte, wäre er hinter ein paar Felsblöcke geschlüpft und davongelaufen, ohne dass ihm die Armee etwas anhaben konnte. Später erfuhren wir, dass »die Armee« eine von Lalo Sardiñas geleitete Patrouille war, die auf diesen Compañero gestoßen war, und dass Lalo schon zu Fidels Truppe gehörte. Auch Evelio Saborit, der heute Comandante in der Rebellenarmee ist, schloss sich uns in diesen Tagen an.

Mit dem Eintritt Félix Mendozas und seiner Gruppe in unsere Kolonne hatten wir eine Stärke von sechsunddreißig Mann erreicht, aber am nächsten Tag entfernten sich drei, dann kamen andere neu zu unserer Gruppe hinzu, und wir waren fünfunddreißig. Trotzdem, als wir den Marsch begannen, verringerte sich unsere Zahl wieder. Wir stiegen die Hänge am Peladero in sehr kurzen Tagesmärschen hinauf.

Aus dem Rundfunk erfuhren wir, dass die ganze Insel ein Schauplatz von Gewalttaten sei. Am 1. Juli hörten wir die Nachricht, dass Josué País, Franks Bruder, zusammen mit anderen Compañeros bei den ständigen Kämpfen innerhalb von Santiago umgekommen sei. Trotz der kurzen Tagesmärsche fühlten sich die Angehörigen unserer Truppe entmutigt, und einige Neuankömmlinge baten darum, sich zurückziehen zu dürfen, »um nützlichere Aufgaben in der Stadt zu erfüllen«. Beim Abstieg vom Hügel La Botella gelangten wir zum Haus Benito Moras, der uns in seinem bescheidenen Heim, das wie an die Felsen dieses Teils der Sierra geklebt wirkte, freundlich aufnahm. Kurz bevor wir ankamen, rief ich die kleine Truppe zusammen und sagte ihr, dass sich Augenblicke großer Gefahr näherten, dass sich eine Armee in der Nähe befände und wir wahrscheinlich viele Tage fast ohne Essen auskommen müssten, wobei wir große Strecken zurückzulegen hätten, und wer sich nicht dazu imstande fühle, solle es jetzt sagen. Einige hatten das notwendige Ehrgefühl, ihre Furcht laut zu äußern und zu gehen, aber es trat auch einer auf, der Chicho hieß und im Namen einer Gruppe versicherte, dass sie bis zum Tode dabei sein würden, wobei er seiner Stimme einen außerordentlich überzeugten und entschlossenen Ton gab. Wie groß sollte unsere Überraschung sein, nachdem wir Benito Moras Haus wieder verlassen hatten und uns an einem kleinen Bach lagerten, um dort zu übernachten, als die gleiche Gruppe uns ihren Wunsch mitteilte, dass sie aus der Guerilla ausscheiden wollte. Wir erklärten uns damit einverstanden und gaben jener Stelle den Spottnamen »Bach des Todes«, denn bis hierher hatte die gewaltige Entschlossenheit Chichos und seiner Kameraden ausgereicht. Diesen Namen behielt das kleine Rinnsal, bis wir die Sierra verließen.

Wir waren nun noch achtundzwanzig Männer, aber als wir am nächsten Tag abmarschierten, schlossen sich uns zwei neue Rekruten an, die früher in der Armee gedient hatten und zu uns kamen, um in der Sierra für die Freiheit zu kämpfen. Es waren Gilberto Capote und Nicolás. Sie hatte Arístides Guerra gebracht, ein weiterer Kontaktmann aus der Gegend, der bald von unschätzbarem Wert für unsere Kolonne war und den wir den »König des Futterns« nannten. Der »König des Futterns« leistete in jedem Augenblick des Krieges ungeheuer wichtige Dienste, die oft viel gefährlicher als der Kampf gegen den Feind waren, indem er Maultiertransporte aus der Gegend von Bayamo in unser Operationsgebiet führte.

Während wir jene kurzen Tagesmärsche zurücklegten, versuchten wir, die Rekruten mit dem Schießen vertraut zu machen. Wir beauftragten die beiden ehemaligen Soldaten, einige Grundkenntnisse über das Gewehr, das Auseinandernehmen und Zusammenbauen einer Waffe sowie das Schießen ohne scharfe Munition zu vermitteln, doch das verlief so unglücklich, dass gleich nach Beginn des Unterrichts einem der Ausbilder ein Schuss losging. Wir mussten ihm diesen Auftrag abnehmen und beobachteten ihn mit Argwohn, obwohl sein Gesicht eine solche Bestürzung zeigte, dass schon eine große

Menge an Verstellungskunst dazu gehört hätte, wenn dieses Gefühl nicht echt gewesen wäre. Die beiden ehemaligen Soldaten konnten den Marsch nicht durchhalten und nahmen zusammen mit Arístides wieder Abschied von uns. Gilberto Capote jedoch kam zu uns zurück; er hatte den Grad eines Leutnants erreicht, als er in Pino del Agua den Heldentod fand.

Wir verließen den Ort, wo wir gelagert hatten, das Haus von Polo Torres in La Mesa, das später eines unserer Operationszentren wurde, und bei unserem Marsch führte uns jetzt der Bauer Tuto Almeida. Unsere Aufgabe war, die Nevada zu erreichen und danach zu Fidel zu stoßen, indem wir den Nordabhang des Pico Turquino überquerten. Wir marschierten in dieser Richtung, als wir in der Ferne zwei Landbewohner sahen, die, als wir uns näherten, zu fliehen versuchten. Wir mussten schnell laufen, um sie abfangen zu können; es waren zwei farbige Mädchen namens Moya, die der Religionsgemeinschaft der Adventisten angehörten und die, obwohl sie wegen ihres Glaubens gegen jede Art von Gewalt waren, uns damals und während des gesamten Krieges freimütig unterstützten.

Dort erholten wir uns und aßen großartig; als wir jedoch durch Mar Verde kamen (wir mussten den Weg durch Mar Verde benutzen, um nach Nevada zu gelangen), erfuhren wir, dass in jenem ganzen Gebiet Truppen der Armee operierten. Nach einer kurzen Beratung unseres kleinen Stabes und der Wegführer beschlossen wir, zurückzuweichen und den Turquino direkt zu überqueren, was ein beschwerlicher, aber unter diesen Umständen auch weniger gefährlicher Weg war.

Mit unserem kleinen Transistorradio empfingen wir beunruhigende Nachrichten; man erklärte, dass es große Kämpfe in dem Gebiet von Estrada Palma gäbe und dass Raúl sehr schwer verwundet sei. (Jetzt, nach so langer Zeit, kann ich nicht mehr genau sagen, ob diese Nachrichten von unserem

Sender oder von »Radio Bemba«[1] verbreitet wurden.) Wir wussten nicht, ob wir solchen Informationen, deren Unzuverlässigkeit wir aus früheren Erfahrungen kannten, vertrauen sollten oder nicht, doch wir bemühten uns, den Marsch so sehr zu beschleunigen, wie uns dies möglich war, um zu Fidel zu kommen. Wir marschierten nachts und schliefen bei einem einsam wohnenden Bauern, der wegen seiner Herkunft *El Vizcaíno*[2] genannt wurde und dessen Haus bereits am Fuß des Pico Turquino lag. *El Vizcaíno* lebte vollkommen allein in einer kleinen Hütte, und seine einzigen Freunde waren einige marxistische Bücher, die er sorgfältig in einer Höhle aufbewahrte (in einem kleinen Loch unter einem Stein), weit von seiner Hütte entfernt. Er verkündete stolz, aktiver Anhänger des Marxismus zu sein, was sehr wenige Leute in der Gegend wussten. *El Vizcaíno* zeigte uns den Weg, den wir benutzen mussten, und wir setzten unseren langsamen Marsch fort. Sineco entfernte sich so allmählich von seinem Operationszentrum, und für ein einfaches Gemüt eines Bauern, der etwas außerhalb des Gesetzes stand, wurde diese Situation beängstigend. Eines schönen Tages, während einer Marschpause, als ein Rekrut namens Cuervo Wache hatte, dem man wegen seiner vielversprechenden Fähigkeiten ein Remington-Gewehr gegeben hatte, schloss sich Sinecio Torres mit einem anderen Gewehr dem Posten an. Als ich das ungefähr eine halbe Stunde später erfuhr, ging ich die beiden suchen, denn ich hatte nicht viel Vertrauen zu Sinecio, und Gewehre waren damals etwas Kostbares; aber beide waren schon desertiert. Banderas und Israel Pardo verfolgten ihre Spuren, wobei sie genau wussten, dass die Fahnenflüchtigen weit reichende Waffen und sie nur Revolver hatten; bei jener Gelegenheit fanden sie die Deserteure nicht.

1 Radio Bemba: Damit wird in Kuba die Gerüchteküche bezeichnet.

2 El Vizcaíno: »Der Biskayer«

Es war sehr schwierig, die Moral der Truppe aufrechtzuerhalten, da sie keine Waffen besaß und keinen direkten Kontakt mit dem Führer der Revolution hatte, praktisch aufs Geratewohl marschierte, ohne Erfahrungen, umgeben von Feinden, die im Geist und in den Erzählungen der Bauern ins Riesenhafte wuchsen. Die geringe Einsatzbereitschaft der Neuankömmlinge, die aus den Flachlandgebieten stammten und nicht an die tausend Schwierigkeiten der Gebirgswege gewöhnt waren, führte zu ständigen Krisen in der geistigen Verfassung der Guerillatruppe. Es kam zu einem Fluchtversuch, der von einem Individuum angeführt wurde, das wir *El Mexicano*[3] nannten; er sollte den Grad eines Hauptmanns erreichen und ist heute als Verräter der Revolution in Miami.

Ich erfuhr davon durch einen Hinweis des Compañeros Hermes Leyva, eines Vertreters von Joel Iglesias, und ich forderte zu einer Gegenüberstellung auf, um dieses Problem zu klären. *El Mexicano* schwor bei allen seinen Vorfahren, dass, selbst wenn er an eine Trennung von unserer Kolonne gedacht hätte, er damit nicht die Absicht verfolgen würde, aus dem Kampf zu desertieren, sondern eine kleine eigene Guerillatruppe zu bilden, die die Spitzel überfallen und umbringen sollte, denn unsere Streitkräfte würden sehr wenige derartige Aktionen durchführen. Er dachte wirklich daran, Denunzianten umzubringen, aber um ihnen das Geld abzunehmen; eine typische Banditenaktion. In einem späteren Gefecht, in El Hombrito, fand auf unserer Seite Hermes als Einziger den Tod, und der Verdacht hielt sich hartnäckig, dass *El Mexicano* jene Tat begangen haben könnte, da Hermes Leyva ihn angezeigt hatte. Trotzdem konnte ich niemals völlig überzeugende Beweise in dieser Angelegenheit erhalten.

El Mexicano blieb weiter in der Kolonne, wobei er sein Wort als Mann und als Revolutionär usw. usw. gab, dass er sich nicht

3 El Mexicano: »Der Mexikaner«

unerlaubt entfernen und ebenso wenig einen Fluchtversuch unternehmen würde, auch wollte er niemanden dazu anstiften. Nach mühseligen und kurzen Tagesmärschen kamen wir in die Gegend von Palma Mocha, das schon auf dem Westabhang des Turquino im Gebiet von Las Cuevas liegt, wo uns die Bauern sehr freundlich empfingen und wir in direkten Kontakt durch meinen neuen Beruf als »Zahnklempner« kamen, den ich voller Begeisterung ausübte.

Wir aßen und sammelten neue Kräfte, dann marschierten wir schnell in das Gebiet von Palma Mocha und El Infierno weiter, wo wir auf alte Bekannte zählen konnten und am 15. Juni eintrafen. Dort informierte uns Emilio Cabrera, ein Bauer aus diesem Ort, dass Lalo Sardiñas mit seiner Truppe in einem nahen Hinterhalt lagerte, und er beklagte sich bei mir, dass Lalo von dem Ort aus, wo er sich befand, sein Haus in Gefahr brachte, falls er eine feindliche Patrouille angreifen würde.

Am 16. Juni traf die neue kleine Kolonne mit einem Zug der Kolonne Fidels zusammen, der von Lalo Sardiñas geführt wurde. Dieser erzählte uns, wie ihn die Umstände gezwungen hätten, in den revolutionären Kampf einzutreten, denn er war Kaufmann gewesen, dessen Aufgabe darin bestanden hatte, uns Lebensmittel aus den Flachlandgebieten zu bringen, aber einmal wurde er dabei überrascht und musste ein Individuum töten, und deshalb habe er sich der Guerilla angeschlossen. Lalo hatte die Anweisung erhalten, hier das Vorrücken der von Sánchez Mosquera geführten Kolonnen abzuwarten. Wir erfuhren, dass der hartnäckige Sánchez Mosquera wieder einmal in das Gebiet am Fluss Palma Mocha eingedrungen war und dass ihn die Kolonne Fidels beinahe umzingelt hätte, es ihm aber gelungen war, sich der Einkreisung zu entziehen, indem er den Turquino mit Gewaltmärschen überquerte und auf die andere Seite dieses Berges gelangte.

Wir hatten einige Meldungen über die Nähe von Truppen

erhalten, denn ein paar Tage früher, als wir zu einer Hütte kamen, sahen wir Schützengräben, die bis einen Tag zuvor von Soldaten besetzt waren, doch wir vermuteten nicht, dass das, was anscheinend der Beweis einer verstärkten Offensive gegen uns war, in Wirklichkeit Zeichen einer Flucht der zu unserer Bekämpfung eingesetzten Kolonne war, was einen vollkommenen Qualitätssprung bei den Operationen in der Sierra bedeutete. Unsere Macht war bereits groß genug, um die Kolonnen der feindlichen Armee zu umzingeln und bei Androhung ihrer Vernichtung zur Flucht zu zwingen.

Sie verstanden diese Lektion sehr gut und unternahmen nur noch vereinzelte Vorstöße in die Sierra, doch einer der zähesten, aggressivsten und blutdürstigsten Befehlshaber des feindlichen Heeres war Sánchez Mosquera, der 1957 noch ein einfacher Leutnant gewesen war und zum Oberst aufstieg; mit diesem Grad wurde er nach der endgültigen Niederlage in den Kämpfen der Großoffensive des Heeres im Juni des folgenden Jahres ausgezeichnet. Seine Karriere war kometenhaft, was seinen Aufstieg in der militärischen Rangliste betrifft, und einträglich, was die Beschlagnahme aller möglichen Haushaltsgegenstände bei den Bauern betrifft, die er jedes Mal erbarmungslos ausraubte, wenn er mit seinen Truppen in das Labyrinth der Sierra Maestra eindrang.

EIN VERRAT WIRD VORBEREITET

Zu unserer Freude konnten wir feststellen, dass unsere Truppe wieder eine höhere Disziplin und bessere Moral erreicht hatte; wir waren ungefähr zweihundert Mann und besaßen auch ein paar neue Waffen. Man merkte tatsächlich, wie sich der bereits erwähnte Qualitätssprung in der Sierra Maestra zeigte. Es existierte ein wirklich befreites Territorium, die Vorsichtsmaßnahmen waren nicht mehr so notwendig, und man durfte sich verhältnismäßig ungezwungen nachts unterhalten, sich noch länger in der Hängematte räkeln, und es wurde die Genehmigung erteilt, dass wir uns in den Siedlungen der Sierrabewohner frei bewegen und so engere Beziehungen zu ihnen herstellen könnten. Es war auch eine wahre Freude, wie uns die alten Compañeros empfingen.

Aber die »Stars« jener Tage waren Felipe Pazos und Raúl Chibás. Es waren dies zwei grundverschiedene Charaktere. Raúl Chibás stützte sich allein auf das Prestige seines Bruders, der ein wirkliches Symbol für eine Epoche der kubanischen Geschichte war, doch Raúl hatte keine der guten Eigenschaften seines Bruders; er war weder redegewandt noch scharfsichtig und ebenso intelligent. Was ihm erlaubte, eine einzigartige Symbolgestalt der Orthodoxen Partei zu sein, war gerade seine absolute Mittelmäßigkeit. Er war sehr schweigsam und wollte schnell aus der Sierra weg.

Felipe Pazos besaß eine eigenständige Persönlichkeit, er war als Wirtschaftsfachmann geachtet, und darüber hinaus hatte er sich den Ruf eines Ehrenmannes erworben, weil er als Präsident der Nationalbank unter der von schamlosestem Betrug und Diebstahl gekennzeichneten Regierung Prío Socarrás nicht das Volksvermögen geraubt hatte. Ein großartiges Verdienst, mag man denken, sich in jener Epoche sauber zu halten. Vielleicht ein Verdienst für einen Staatsbeamten, der seine Karriere in der Verwaltung macht und gegenüber den ersten Problemen des Landes unempfindlich bleibt; aber wie kann man sich einen Revolutionär vorstellen, der nicht Tag für Tag die unbeschreiblichen Gesetzesbücher jener Epoche anklagt? Felipe Pazos stellte es so geschickt an, dass er jede öffentliche Erklärung umging und nach dem Militärputsch Batistas sein Amt als Präsident der Kubanischen Nationalbank niederlegte, wodurch er höchstes Ansehen genoss; seine Ehrenhaftigkeit, seine Intelligenz und seine große Begabung als Ökonom wurden allgemein anerkannt. Voller Anmaßung glaubte er, wenn er in die Sierra ginge, könnte er sich zum Herrn der Situation machen; in seiner Vorstellungswelt eines kleinen Machiavelli hielt er sich für den auserwählten Mann, der die Geschicke des Landes leiten sollte. Vielleicht hatte er schon den Plan seines Verrats an der Bewegung ausgeheckt, oder vielleicht geschah das erst später, doch ganz aufrichtig war sein Verhalten nie.

Gestützt auf die gemeinsame Erklärung, die wir noch analysieren werden, betitelte er sich in Miami später selbst als Delegierter der Bewegung des 26. Juli und sollte zum Provisorischen Präsidenten der Republik ernannt werden. Auf diese Weise sicherte sich Prío einen Mann seines Vertrauens in der Führungsspitze der Provisorischen Regierung.

Wir hatten in jenen Tagen für Gespräche wenig Zeit, aber Fidel erzählte mir doch von seinen Bemühungen, ein wirklich kämpferisches Dokument zu erarbeiten, das die Hauptpunkte für eine Grundsatzerklärung festlegen sollte. Ein schwieriger Versuch, der gegen jene beiden erzreaktionären Geister durchzusetzen war, die kein Interesse an einem Aufruf zum Volkskampf hatten.

Das Manifest betonte grundsätzlich »den Leitgedanken einer großen patriotisch-revolutionären Front, die alle Oppositionsparteien, alle bürgerlichen Institutionen und alle revolutionären Kräfte umfassen sollte«.

Man machte eine Reihe von Vorschlägen: die »Bildung einer patriotisch-revolutionären Front innerhalb einer gemeinsamen Kampffront«; die Nominierung »einer geeigneten Persönlichkeit für den Vorsitz der Provisorischen Regierung«; die ausdrückliche Erklärung, dass die Front das vermittelnde Eingreifen einer anderen Nation in die inneren Angelegenheiten Kubas weder erbitten noch akzeptieren würde; »sie könnte sich nicht damit einverstanden erklären, dass die Republik provisorisch von irgendeiner Art Militärjunta regiert wird«; die Entscheidung, die Armee vollkommen von der Politik zu trennen und die Unantastbarkeit der Armee-Institutionen zu garantieren; die Erklärung, dass Wahlen innerhalb eines Jahres durchgeführt werden sollten.

Das Programm, nach dem sich die Provisorische Regierung richten sollte, kündigte die Freilassung aller politischen Gefangenen – der Zivilisten und der Militärs – an, außerdem die unumschränkte Garantie der Informationsfreiheit für Rundfunk und Presse und aller Menschen- und Bürgerrechte, die in der Verfassung verankert sind, die Ernennung von provisorischen Bürgermeistern in allen Gemeinden nach vorheriger Beratung mit den örtlichen bürgerlichen Institutionen, die Beseitigung jeder Form von Unterschlagung öffentlicher Gelder und das Ergreifen von Maßnahmen, die die Leistungsfähigkeit aller Staatsorgane erhöhen sollten, die verbindliche Regelung der Verwaltungslaufbahn, die Demokratisierung der Gewerkschaftspolitik durch die Unterstützung von freien Wahlen in allen Gewerkschaften und Industrieverbänden, den sofortigen Beginn einer intensiven Kampagne gegen das Analphabetentum und eine staatsbürgerliche Erziehung, die zur Respektierung der Pflichten und Rechte des Bürgers gegenüber der Gesellschaft und dem Vaterland führen sollte; »die Schaffung der Grundlagen für eine Agrarreform, deren

Ziel die Verteilung der unbebauten Ländereien ist und die alle Halb-, Teil- und Unterpächter kleiner, dem Staat oder Privatpersonen gehörender Landparzellen zu Eigentümern machen soll, wobei die früheren Besitzer vorher zu entschädigen sind«; die Durchsetzung einer gesunden Finanzpolitik, die die Stabilität unserer Währung sichern und die staatlichen Kredite für gewinnbringende Unternehmen einsetzen sollte, die Beschleunigung des Industrialisierungsprozesses und die Schaffung neuer Arbeitsplätze.

Daran schlössen sich zwei Punkte an, auf die man besonderes Gewicht legte: »*Erstens* ist es notwendig, dass unverzüglich die geeignete Persönlichkeit nominiert wird, die den Vorsitz der Provisorischen Regierung der Republik übernehmen soll, um der Welt zu zeigen, dass das kubanische Volk in der Lage ist, einer Freiheitslosung vereint zu folgen und jene Persönlichkeit zu unterstützen, die, weil sie die Bedingungen der Unparteilichkeit, der Redlichkeit, der Befähigung und der Ehrbarkeit erfüllt, diese Losung verkörpern kann. Es gibt mehr als genug Kubaner, die in der Lage sind, das Amt des Präsidenten der Republik auszuüben.« (Natürlich wusste zumindest Felipe Pazos, einer der Unterzeichner, in seinem Innersten ganz genau, dass es nicht mehr als genug Männer gab, sondern nur einen einzigen, und dieser eine war er selber.)

»*Zweitens* soll jene Persönlichkeit von der Gesamtheit der bürgerlichen Institutionen nominiert werden; da die genannten Organisationen einen überparteilichen Charakter haben, würde ihre Unterstützung den Provisorischen Präsidenten von jeder parteipolitischen Verpflichtung entbinden und absolut saubere und unparteiische Wahlen ermöglichen.«

Weiter wurde erklärt: »Es ist nicht erforderlich, dass man in die Sierra kommt, um mit uns zu diskutieren; wir können in Havanna, in Mexiko oder wo es auch immer notwendig ist, vertreten werden.«

Fidel hatte versucht, seinen Einfluss geltend zu machen, um

einige Erklärungen über die Agrarreform eindeutiger zu formulieren. Trotzdem war es schwierig, die monolithische Front der beiden Erzreaktionäre zu sprengen; »die Schaffung der Grundlagen für eine Agrarreform, deren Ziel die Verteilung der unbebauten Ländereien ist«, das genau war die Politik, die die Zeitung *Diario de la Marina*[1] akzeptieren konnte. Um das Maß voll zu machen, legte man fest, dass »die früheren Besitzer zu entschädigen sind«.

Einige der hier eingegangenen Kompromisse wurden von der Revolution nicht in der ursprünglich vorgesehenen Form verwirklicht. Es muss klargestellt werden, dass der Feind den in diesem Manifest stillschweigend vereinbarten Pakt brach, als er die Autorität der Sierra nicht anerkannte und versuchte, die zukünftige revolutionäre Regierung durch Vorentscheidungen zu binden.

Wir waren mit diesem Kompromiss nicht zufrieden, aber er war notwendig; in jenem Moment hatte er einen fortschrittlichen Charakter. Er konnte nicht über einen historischen Augenblick hinaus gültig bleiben, in dem er ein Hemmnis für die revolutionäre Entwicklung bedeuten würde, doch wir waren bereit, ihn einzuhalten. Mit seinem Verrat half uns der Feind, hinderliche Bindungen zu zerreißen und dem Volk seine wahren Absichten zu zeigen.

Wir wussten, dass es sich um ein Minimalprogramm handelte, ein Programm, das unsere Handlungsfreiheit einschränkte, doch wir wussten auch, dass es unmöglich war, unseren Willen von der Sierra Maestra aus durchzusetzen, und dass wir während einer langen Periode mit einer ganzen Reihe von »Freunden« rechnen mussten, die versuchten, unsere militärische Kraft und das große Vertrauen, das das Volk bereits Fidel Castro schenkte, zugunsten ihrer abscheulichen Machenschaften auszunutzen und vor allen Dingen, um die

1 Diario de la Marina: Zeitung des reaktionären Großbürgertums Kubas

Herrschaft des Imperialismus in Kuba vermittels der ihm hörigen und eng mit den Herren aus dem Norden verbundenen Kompradoren-Bourgeoisie aufrechtzuerhalten.

Das Manifest hatte positive Teile; es war von der Sierra Maestra die Rede, und es hieß ausdrücklich: »Niemand soll sich von der Regierungspropaganda über die Lage in der Sierra täuschen lassen. Die Sierra Maestra ist bereits ein unzerstörbares Bollwerk der Freiheit, das sich die Herzen unserer Landsleute erobert hat, und hier werden wir es verstehen, uns des Glaubens und des Vertrauens unseres Volkes würdig zu erweisen.« »Hier werden wir es verstehen« heißt in Wirklichkeit, dass Fidel Castro es verstand; die beiden anderen waren nicht fähig – selbst als Zuschauer nicht –, dem Kampfverlauf in der Sierra Maestra zu folgen; sie verließen das Gebirge unverzüglich. Einer von ihnen, Chibás, wurde von der Batista-Polizei abgefangen und misshandelt; beide gingen später in die Vereinigten Staaten.

Der Coup war gut berechnet; eine Gruppe von Persönlichkeiten, die zu den vornehmsten Kreisen der kubanischen Oligarchie gehörten, kam in die Sierra Maestra, »um die Freiheit zu verteidigen«, unterschrieb zusammen mit dem Guerillaführer, der in den Bergen der Sierra gefangen saß, eine gemeinsame Erklärung – und verließ die Berge im Vollbesitz der Handlungsfreiheit wieder, um diese Karte in Miami auszuspielen. Was sie nicht einkalkulierten, war, dass die Wirkungskraft politischer Coups nur so weit reicht, wie es der Gegner zulässt, also in diesem Fall die Waffen des Volkes. Das rasche Eingreifen unseres Führers, der sich vertrauensvoll auf die Guerillaarmee stützte, verhinderte, dass der Verrat Erfolg hatte, und Fidels leidenschaftliche Antwort, die er Monate später gab, als das Ergebnis des Paktes von Miami bekannt wurde, lähmte den Feind. Man beschuldigte uns, als Spalter aufzutreten und unseren Willen von der Sierra aus durchsetzen zu wollen, aber sie mussten ihre Taktik ändern und einen neuen Anschlag vorbereiten: den Pakt von Caracas.

Das Manifest war auf den 12. Juli 1957 datiert und wurde damals in den Zeitungen veröffentlicht. Diese Erklärung war für uns nicht mehr als eine kleine Ruhepause auf unserem Marsch; wir mussten weiter unsere Hauptaufgabe erfüllen, nämlich die Zerschlagung der Repressionsarmee auf den Schlachtfeldern. In jenen Tagen wurde eine neue Kolonne gebildet, deren Führung man mir übertrug; ich erhielt den Grad eines Hauptmanns, und es gab ein paar weitere Beförderungen: Ramiro Valdés wurde Hauptmann und kam mit seinem Zug zu meiner Kolonne, auch Ciro Redondo wurde zum Hauptmann befördert und übernahm den Befehl über einen anderen Zug. Die Kolonne setzte sich aus drei Zügen zusammen, der erste wurde von Lalo Sardiñas kommandiert, der die Vorhut anführte und gleichzeitig stellvertretender Abteilungskommandeur war; die beiden anderen Züge führten Ramiro Valdés und Ciro Redondo. Diese Kolonne, die man das »Bauernaufgebot« nannte, bestand aus etwa fünfundsiebzig Mann, die ungleichartig gekleidet und ungleichartig bewaffnet waren, trotzdem war ich sehr stolz auf sie. Noch viel stolzer, der Revolution noch enger verbunden, wenn das überhaupt möglich war, noch inniger von dem Wunsch beseelt, beweisen zu können, dass ich die Verleihung der Offizierstressen verdient hatte, sollte ich mich einige Nächte später fühlen …

Wir schickten einen Glückwunsch- und Anerkennungsbrief an »Carlos«, das war der Deckname von Frank País, der damals seine letzten Tage erlebte. Diesen Brief unterschrieben alle Offiziere der Guerillaarmee, die dazu in der Lage waren (die Bauern der Sierra waren in dieser Kunst nicht allzu versiert, und sie machten schon einen wichtigen Teil der Guerilla aus). Der Brief wurde in Spalten unterschrieben, und als die Dienstgrade der Unterzeichner in der zweiten Spalte eingetragen wurden, ordnete Fidel einfach an: »Setz bei ihm Comandante ein«, als mein Dienstgrad aufgeführt werden sollte. Auf diese zwanglose und fast beiläufige Art wurde ich zum Comandante der zweiten Kolonne der Guerillaarmee ernannt, die später Kolonne Nummer vier heißen sollte.

Es war in einem Bauernhaus, ich erinnere mich jetzt nicht, in welchem, wo diese herzliche Botschaft der Guerilleros an den Bruder aus der Stadt niedergeschrieben wurde, der seit Langem so heldenhaft kämpfte, um uns mit allem Notwendigen zu versorgen und unsere bedrängte Lage sogar von Santiago her zu erleichtern.

Die Dosis Eitelkeit, die wir alle in uns tragen, bewirkte, dass ich mich an jenem Tag als der stolzeste Mensch der Welt fühlte. Das Symbol meiner Ernennung, ein kleiner Stern, wurde mir von Celia zusammen mit einer jener Armbanduhren überreicht, die man in Manzanillo bestellt hatte. Mit meiner neu aufgestellten Kolonne bestand meine erste Aufgabe darin, Sánchez Mosquera zu umzingeln, aber dieser »viehischste« von allen Häschern hatte sich schon aus dem Gebiet entfernt.

Wir mussten etwas tun, um dieses halb unabhängige Leben zu rechtfertigen, das wir in dem neuen Gebiet führen würden – unser Marschziel lag in der Region von El Hombrito –, und wir begannen, uns Heldentaten auszumalen.

Wir mussten uns vorbereiten, um den heranrückenden ruhmreichen Jahrestag des 26. Juli würdig zu feiern, und Fidel gab mir freie Hand; ich sollte tun, was ich konnte, jedoch die Vorsicht nicht außer Acht lassen. Bei unserer letzten Zusammenkunft war auch ein neuer Arzt anwesend, der sich der Guerilla gerade angeschlossen hatte; er hieß Sergio del Valle, heute ist er Chef des Generalstabs unserer Revolutionsarmee, und damals übte er seinen Beruf so gewissenhaft aus, wie es die Bedingungen in der Sierra erlaubten.

Wir mussten beweisen, dass wir am Leben waren, denn im flachen Land und in den Städten hatte man uns einige Schlappen zugefügt. Die Waffen, mit denen eine weitere, von der Zuckerfabrik Miranda ausgehende Front eröffnet werden sollte, waren in die Hände der Polizei gefallen, die viele tapfere

Führer, unter ihnen Faustino Pérez, gefangen genommen hatte. Fidel hatte sich dagegen ausgesprochen, unsere Kräfte zu teilen, aber wegen der nachdrücklichen Bitten der Vertreter aus dem flachen Land und den Städten hatte er nachgegeben. Von jenem Zeitpunkt an war die Richtigkeit seiner These bewiesen, und wir konzentrierten uns nunmehr ganz darauf, unsere Position in der Sierra Maestra zu verstärken, um damit den ersten Schritt zur Ausweitung der Operationsbasis unserer Guerillaarmee zu vollziehen.

DER ANGRIFF AUF BUEYCITO

Gemeinsam mit den ersten Anzeichen eines unabhängigen Lebens begannen auch die Probleme in der Guerilla. Jetzt galt es, eine strenge Disziplin durchzusetzen, die Führungskräfte auszubilden und in irgendeiner Form einen Generalstab aufzustellen, um den Erfolg bei den neuen Gefechten zu sichern, was angesichts der geringen Disziplin der Kämpfer keine leichte Aufgabe war.

Die Abteilung war gerade erst aufgestellt, als sich ein allgemein geschätzter Compañero von uns trennte: Leutnant Maceo, der mit einem Auftrag nach Santiago ging und den wir nicht mehr wiedersehen sollten, denn er fiel dort im Kampf.

Wir nahmen auch einige Beförderungen vor, Compañero William Rodríguez wurde zum Leutnant ernannt, ebenso Raúl Castro Mercader. So versuchten wir, unsere kleine Guerillatruppe zu formieren. Eines Morgens mussten wir die unangenehme Neuigkeit erfahren, dass ein Mann mit seinem Gewehr desertiert war, eine Waffe vom Kaliber 22, die in Anbetracht unseres damaligen erbärmlichen Ausrüstungsstandes eine Kostbarkeit darstellte; der Deserteur war unter dem Namen »der Chinese Wong« bekannt, er gehörte zur Vorhut und hatte sich sicherlich zu seiner Siedlung abgesetzt, die in den Ausläufern der Sierra Maestra lag. Zwei Männer wurden zu seiner Verfolgung abkommandiert, doch wie um uns in dieser Sache die Hoffnung auf Erfolg zu nehmen, kehrten gerade die beiden Compañeros Israel Pardo und Banderas zu unserer Guerillatruppe zurück, nachdem sie ergebnislos frühere Deserteure gesucht hatten. Israel sollte wegen seiner Geländekenntnisse und seiner großen physischen Widerstandskraft von nun an Sonderaufgaben an meiner Seite übernehmen.

Wir begannen, einen sehr ehrgeizigen Plan auszuarbeiten, der darin bestand, bei Einbruch der Nacht zuerst Estrada Palma anzugreifen, dann sofort zu den nahe gelegenen Dörfern Yara und Veguitas zu marschieren, die kleinen Garnisonen einzunehmen und auf dem gleichen Weg wieder ins Gebirge zurückzukehren. Auf diese Weise konnten wir drei Kasernen bei einem einzigen Angriff einnehmen, indem wir den Überraschungseffekt ausnutzten. Wir machten ein paar Schießübungen, wobei wir an Munition sparten und feststellten, dass alle Waffen gut funktionierten, ausgenommen das leichte Maschinengewehr vom Typ Madzen, das sehr alt und sehr verschmutzt war. Wir leiteten an Fidel eine kleine schriftliche Mitteilung über unseren Plan weiter und baten ihn, dass er uns schriftlich die Annahme oder Ablehnung des Plans übermittelte. Wir erhielten keine Antwort von Fidel, doch durch das Radio erfuhren wir am 27. Juli vom Angriff auf Estrada Palma, den, der offiziellen Verlautbarung zufolge, zweihundert Mann unter dem Befehl Raúl Castros durchgeführt hatten.

Die Zeitschrift *Bohemia* veröffentlichte in ihrer damals einzigen unzensierten Ausgabe eine Reportage, die die von unseren Truppen in Estrada Palma verursachten Schäden zeigte, wo die alte Kaserne eingeäschert war und man von Fidel Castro, von Celia Sánchez und einer ganzen Schar von Revolutionären erzählte, die aus den Bergen gekommen wären. Bei alldem vermischten sich Wahrheit und Mythos, wie es in solchen Fällen geschieht, und die Journalisten konnten beides nicht auseinanderhalten; in Wirklichkeit hatten an dem Angriff nicht zweihundert Mann teilgenommen, sondern viel weniger, und die Aktion leitete Comandante Guillermo García (der damals noch Hauptmann war). Es war einfach so, dass es zu keinen Kampfhandlungen kommen konnte, weil sich Barreras gerade rechtzeitig zurückgezogen hatte, wobei er sich von der logischen Überlegung leiten ließ, dass am 26. Juli mit schweren Angriffen zu rechnen war, und er wahrscheinlich kein Vertrauen zu der Stärke seiner eigenen Position hatte. Praktisch handelte es sich bei der Aktion in Estrada Palma um ein Expeditionsunternehmen. Auf jeden Fall verfolgten die Truppen des Heeres am folgenden Tag unsere Guerillakämpfer, und da wir noch nicht den genügenden Grad an Organisation hatten, wurde ein Mann gefangen genommen, der schlafend in einem Gebiet nahe bei San Lorenzo zurückgeblieben war, wie ich mich zu erinnern glaube.

Nachdem wir diese Meldung erhalten hatten, beschlossen wir, schnell unsere Position zu wechseln und zu versuchen, in den Tagen unmittelbar nach dem 26. Juli eine andere Kaserne anzugreifen und das allgemeine Klima weiter für den Aufstand günstig zu halten.

Als wir in Richtung auf die Sierra Maestra marschierten, holte uns in der Nähe eines La Jeringa genannten Ortes einer der beiden Männer ein, die den Deserteur verfolgt hatten. Er teilte uns mit, dass der gemeinsam mit ihm für diesen Auftrag abkommandierte Compañero ihm zuerst gesagt hätte, er wäre ein guter Freund des Chinesen Wong und könnte ihn nicht verraten; später hätte er ihn zur Fahnenflucht aufgefordert und dann erklärt, er würde nicht zur Guerillatruppe zurückkehren. Der Compañero befahl ihm anzuhalten, doch der Deserteur ging weiter, deshalb habe er geschossen und ihn getötet. Ich rief unsere ganze Truppe auf dem Hügel zusammen, der vor dem Schauplatz dieses makabren Ereignisses lag, und erklärte unseren Guerilleros, was sie bald sehen würden und welche Bedeutung das hätte; warum Desertieren mit dem Tod bestraft würde und warum man jeden, der die Revolution verriete, bestrafen müsse. In einer Reihe, tiefes Schweigen bewahrend, gingen wir dorthin, viele Compañeros waren noch fassungslos, weil sie sich zum ersten Mal einem Toten gegenübersahen, und wir zogen an der Leiche jenes Mannes vorbei, der versucht hatte, seinen Kampfposten zu verlassen, wozu ihn vielleicht mehr die Rücksichtnahme auf seine persönliche Zuneigung zu dem ersten Deserteur und eine in jener Zeit natürliche politische Unreife als ein bewusster Verrat an der Revolution verleitet hatte. Natürlich waren die Zeiten hart, und man war allgemein der Ansicht, dass diese Strafe als exemplarisch zu gelten hatte. Es lohnt sich nicht, hier die Namen der an diesem Drama Beteiligten zu nennen; sagen wir nur, dass der gefallene Deserteur ein junger Mann war, ein einfacher Bauer aus jener Gegend.

Wir kamen wieder durch einige Gebiete, die wir schon aus früherer Zeit kannten. Am 30. Juli nahm Lalo Sardiñas Verbindung zu einem alten Freund auf, einem Kaufmann aus der Bergwerksregion, der Armando Oliver hieß. Wir vereinbarten einen Treff in einem Haus, das sich in der Nähe des Gebietes von California befand; und dort trafen wir uns mit ihm und mit Jorge Abich, dem wir unsere Absicht mitteilten, Minas und Bueycito anzugreifen. Es war ein gefährlicher Schritt, dieses Geheimnis anderen Leuten zugänglich zu machen, aber Lalo Sardiñas kannte diese Compañeros und vertraute ihnen.

Armando informierte uns, dass Casillas sonntags diese Gegend besuchte, weil er dort, den eingewurzelten Gepflogenheiten der Militärs getreu, eine Geliebte hatte. Wir waren trotzdem eher geneigt, schnell anzugreifen, bevor unsere Anwesenheit in diesem Gebiet bekannt würde, als zu versuchen, einen glücklichen Coup durchzuführen und diesen Offizier gefangen zu nehmen, der wegen seiner Verbrechen berüchtigt war. Wir einigten uns, dass wir den Angriff in der nächsten Nacht, am 31. Juli, beginnen würden. Armando Oliver sollte die Aufgabe übernehmen, Lastwagen, ortskundige Führer und einen Bergarbeiter für uns zu finden, der die Brücken sprengen sollte, die die Landstraße von Bueycito mit der von Manzanillo nach Bayamo verbinden. Am folgenden Tag um zwei Uhr nachmittags begannen wir den Marsch; wir brauchten ein paar Stunden, bis wir auf den Kamm der Sierra Maestra gelangten, wo wir alle Rucksäcke versteckten und den Weg mit unserer Feldausrüstung fortsetzten. Wir hatten eine lange Strecke zurückzulegen und kamen an einer Reihe von Häusern vorüber, in einem von ihnen wurde ein Fest gefeiert; wir mussten alle Festteilnehmer auf uns aufmerksam machen und »ihnen die Leviten lesen«, damit sie ihre Verantwortung für den Fall klar und deutlich begriffen, wenn etwas davon bekannt würde, dass wir zu jener Zeit hier vorübergekommen waren; danach setzten wir unseren Marsch in größter Eile fort. Natürlich war die Gefahr bei einem solchen Zusammentreffen nicht sehr groß, denn es gab damals in der Sierra Maestra kein Telefon und auch keine anderen Nachrichtenverbindungen, und der Informant hätte zu Fuß laufen müssen, um vor uns anzukommen.

Wir kamen zum Haus des Compañeros Santiesteban, der uns seinen kleinen Lieferwagen zur Verfügung stellte und dazu noch zwei weitere Lastwagen, die uns Armando Oliver geschickt hatte. Auf diese Weise, nachdem die ganze Truppe aufgestiegen war, Lalo Sardiñas im ersten Lastwagen, Ramiro mit mir im zweiten und Ciro mit seinem Zug im dritten, setzten wir unseren Weg bis zum Dorf Minas fort, was etwa drei Stunden dauerte. In Minas hatte die Armee alle Wachen eingezogen, sodass unsere ganze Aufgabe darin bestand, Vorsichtsmaßnahmen zu ergreifen, damit niemand nach Bueycito durchkommen konnte; hier blieb die Gruppe zurück, die die Nachhut bildete und unter dem Befehl von Leutnant Vilo Acuña stand, der heute Comandante unserer Rebellenarmee ist; und mit den übrigen marschierten wir weiter bis in die Nähe von Bueycito.

Am Ortseingang hielten wir einen Kohlelastwagen an und schickten ihn mit einem Mann voran, um zu sehen, ob Wachen aufgestellt waren, denn manchmal kontrollierte ein Armeeposten am Eingang von Bueycito alles, was aus der Sierra kam;

in jenem Augenblick war niemand da, alle Wachen schliefen seelenruhig.

Wir fassten einen einfachen, wenn auch etwas ehrgeizigen Plan: Lalo Sardiñas sollte die Kaserne an der Westseite angreifen, Ramiro sie mit seinem Zug völlig umzingeln, Ciro sollte sich mit dem Maschinengewehr der Stabsgruppe bereithalten, um sie von vorn anzugreifen, und Armando Oliver würde unbekümmert mit seinem Auto angefahren kommen und plötzlich die Posten mit den Scheinwerfern anstrahlen. In diesem Augenblick sollten Ramiros Männer in die Kaserne eindringen und alle gefangen nehmen; zur gleichen Zeit musste man die notwendigen Maßnahmen durchführen, um alle Wachsoldaten festzunehmen, die in ihren eigenen Häusern schliefen. Die Gruppe des Leutnants Noda, der später beim Angriff auf Pino del Agua fiel, erhielt den Auftrag, jeden Verkehr auf der Landstraße zu unterbinden, bis das Feuer eröffnet würde, und William wurde losgeschickt, um die Brücke zu sprengen, die Bueycito mit dem Anschluss an die Hauptstraße verbindet, damit die Repressionsstreitkräfte etwas länger aufgehalten werden könnten.

Der Plan konnte nicht durchgeführt werden, denn er war zu schwierig für Männer, die das Gelände nicht kannten und keine große Erfahrung hatten. Ramiro verlor in der Nacht einen Teil seiner Leute und kam etwas zu spät, und der Wagen konnte nicht abfahren; in einem bestimmten Augenblick bellten die Hunde laut, während wir die Leute in ihre Positionen brachten.

Als ich über die Hauptstraße des Dorfes ging, trat aus einem Haus ein Mann heraus; ich rief ihn mit »Halt, wer da« an, und der Mann, der glaubte, ich sei ein Kamerad, gab sich zu erkennen: »Guardia Rural.« Als ich mein Gewehr auf ihn anlegte, sprang er ins Haus, schloss rasch die Tür, und man hörte drinnen ein Geräusch von umgeworfenen Tischen und Stühlen sowie von zerbrochenen Fensterscheiben, während hinten jemand lautlos heraussprang; es war fast ein stillschweigendes Abkommen zwischen dem Posten und mir, denn ich hielt Schießen nicht für angebracht, wo es jetzt darauf ankam, die Kaserne einzunehmen, und er wieder warnte seine Kameraden nicht durch einen Schrei.

Wir bewegten uns weiter voran und suchten die Positionen für die letzten Männer, als der den Kaserneneingang bewachende Posten vorrückte, weil er sich über die zahlreichen bellenden Hunde wunderte und wahrscheinlich auch weil er den Lärm gehört hatte, der bei meinem Zusammentreffen mit dem Soldaten entstanden war. Wir prallten beinahe aufeinander und blieben nur wenige Meter voneinander entfernt stehen; ich hatte dieThompson angelegt und er eine Garand. Mein Begleiter war Israel Pardo. Ich forderte den Mann zum Stehenbleiben auf, und er, der die Garand bereits schussbereit erhoben hatte, machte eine Bewegung, die für mich genügte: Ich drückte auf den Abzug und hatte die Absicht, das Magazin in seinem Körper zu entleeren; aber beim ersten Schuss versagte die Waffe, und ich stand wehrlos da. Israel Pardo schoss, sein schadhaftes kleines Gewehr, Kaliber 22, funktionierte jedoch auch nicht. Ich weiß nicht genau, wie es Israel gelang, mit dem Leben davonzukommen, meine Erinnerungen beziehen sich nur auf mich selbst; mitten durch die hageldicht niederprasselnden Schüsse, die der Soldat aus seiner Garand abgab, rannte ich mit einer Geschwindigkeit davon, die ich niemals wieder erreicht habe, und ich entkam, war bereits im Freien, bog um die Ecke, gelangte auf die Seitenstraße und brachte dort das Maschinengewehr in Ordnung; trotzdem hatte der Soldat unabsichtlich das Zeichen zum Angriff gegeben, denn seine Schüsse waren als erste zu hören. Als der Soldat von allen Seiten Schüsse hörte, versteckte er sich eingeschüchtert hinter einem Pfeiler, und dort fanden wir ihn, als der Kampf nach nur wenigen Minuten zu Ende war.

Während Israel den Kontakt herstellen wollte, hörte die

Schießerei auf, und schon wurde die Kapitulation gemeldet. Als Ramiros Leute die ersten Schüsse hörten, überkletterten sie die Umzäunung und griffen die Kaserne von hinten an, indem sie eine Holztür unter niedrig liegendes Feuer nahmen.

In der Kaserne befanden sich zwölf Soldaten, von denen sechs verwundet wurden. Wir hatten einen Toten zu beklagen, es war Compañero Pedro Rivero, der sich uns erst kürzlich angeschlossen hatte, seinen Brustkorb hatte eine Kugel durchschlagen; außerdem waren drei von uns leicht verwundet. Wir steckten die Kaserne in Brand, nachdem wir alle Gebrauchsgegenstände herausgeschafft hatten, die uns nützlich sein konnten; dann fuhren wir in den Lastwagen ab, wobei wir den Sergeanten dieser Kaserne und einen Denunzianten namens Oran als Gefangene mitnahmen.

Unterwegs boten uns die Ortseinwohner kühles Bier und Limonade an, denn es war inzwischen schon Tag geworden. Die kleine Holzbrücke in der Nähe der Hauptstraße war gesprengt. Als wir mit dem letzten Wagen hinübergefahren waren, sprengten wir eine weitere kleine Holzbrücke, die über einen Bach führte. Den Bergmann, der diese Sprengung durchführte, hatte Oliver zu uns gebracht, er gehörte nun schon zu unserer Truppe und wurde zu einem wertvollen neuen Mitkämpfer; sein Name war Cristino Naranjo, er erreichte den Grad eines Comandante und wurde einige Zeit nach dem Sieg der Revolution ermordet.

Wir rückten weiter vor und kamen nach Minas. Dort machten wir halt, um eine kleine Versammlung durchzuführen. Es gehörte zur Komödie, dass einer der Abich, Kaufmann in diesem Gebiet, uns im Namen des Volkes bat, den Sergeanten und den Denunzianten freizulassen. Wir erklärten ihm, dass wir sie nur gefangen hielten, um mit ihrem Leben zu garantieren, dass es keine Repressalien gegen die Bevölkerung geben würde, doch da sie so inständig um ihre Freilassung baten, willigten wir ein. Auf diese Weise wurden die beiden Gefangenen zurückgeschickt, und das Volk hatte eine Sicherheitsgarantie. Bevor wir den Ort in Richtung zur Sierra verließen, beerdigten wir den gefallenen Compañero auf dem Dorffriedhof. Lediglich einige vereinzelte Aufklärungsflugzeuge flogen in großer Höhe über uns; deshalb kehrten wir in einem Wirtshaus ein, das auf dem Weg zu unserem Ziel lag, um die drei Verwundeten zu versorgen: Einer hatte einen Streifschuss an der Schulter abbekommen, der allerdings eine klaffende Wunde hinterlassen hatte, und seine Behandlung erwies sich als die verhältnismäßig schwierigste; der andere hatte eine kleine Verletzung an der Hand, die von einer Kleinkaliberwaffe stammte, und der dritte hatte eine Beule am Kopf, die ihm von den Hufen der zur Kaserne gehörenden Maulesel geschlagen worden war, als sie verwundet oder durch das Gewehrfeuer aufgeschreckt wurden und in die verschiedensten Richtungen ausschlugen, und bei dieser Gelegenheit, so sagte jener Compañero, hätten sie ihm ein Stück Mauerwerk auf den Kopf geworfen. In Alto de California wurden die Waffen verteilt, nachdem wir die Lastwagen dort stehen gelassen hatten. Obwohl meine Teilnahme am Kampf bescheiden und gar nicht heldenhaft gewesen war, denn den wenigen Schüssen hatte ich die hintere Seite meines Körpers präsentiert, vergab ich an mich selbst ein leichtes Maschinengewehr vom Typ Browning, das kostbarste Stück der Kaserne, und trennte mich von der alten Thompson und ihren äußerst gefährlichen Kugeln, die niemals im richtigen Moment losgingen. Die besten Waffen wurden den besten Kämpfern zugeteilt, und es wurden diejenigen aus der Truppe entlassen, die sich im Kampf am schlechtesten geführt hatten, wozu auch die »Eingeweichten« gehörten, eine Gruppe von Männern, die sich in den Fluss stürzten, als sie die ersten Schüsse gehört hatten. Unter den Männern, die sich damals im Kampf am besten geführt hatten, können wir Hauptmann Ramiro Valdés nennen, der den Angriff leitete, und Leutnant Raúl Castro Mercader, der zusammen mit einigen seiner Leute entscheidenden Anteil an diesem kleinen Gefecht hatte.

Als wir wieder das Gebirge erreicht hatten, erfuhren wir, dass der Belagerungszustand und die Zensur eingeführt worden waren, und außerdem erfuhren wir in jenem Augenblick von dem großen Verlust, den die Revolution erlitten hatte, denn man hatte Frank País in den Straßen von Santiago ermordet. So endete eines der reinsten und ruhmreichsten Leben im Dienst der kubanischen Revolution, und in jenem August zog das Volk von Santiago, von Havanna und ganz Kuba auf die Straße und führte einen spontanen Streik, den sogenannten August-Streik, durch. Die Regierung verschärfte ihre verdeckte Zensur zu einer totalen Nachrichtensperre, und wir traten in eine neue Epoche ein, die durch das Schweigen der pseudooppositionellen Schwätzer und die hemmungslosen Mordanschläge charakterisiert war, die die Batista-Leute in ganz Kuba verübten. Das ganze Land befand sich im Kriegszustand.

Mit Frank País verloren wir einen der wertvollsten Kämpfer, jedoch bewiesen die Reaktionen, die seine Ermordung heraufbeschwor, dass sich neue Kräfte dem Kampf anschlossen und dass der Kampfgeist des Volkes wuchs.

DAS GEFECHT VON EL HOMBRITO

Die neu aufgestellte Kolonne bestand erst einen Monat, und schon begannen wir, erste Grundlagen für ein standortfestes Leben in der Sierra Maestra zu schaffen. Wir waren in dem Tal, das El Hombrito[1] genannt wird, weil ein paar riesige übereinanderliegende Felsplatten auf dem Gipfel der Sierra Maestra von der Ebene aus gesehen der Gestalt eines kleinen Männchens ähneln. Unsere Truppe war noch sehr unerfahren, man musste die Männer ausbilden, bevor man sie härteren Anstrengungen aussetzte, doch die Erfordernisse unseres Revolutionskrieges machten es notwendig, in jedem Augenblick kampfbereit zu sein. Wir hatten die Verpflichtung, den Truppen den Weg zu versperren, die in das Gebiet einfallen könnten, das einen bestimmten Teil der Sierra Maestra umfasste und sich schon als freies Territorium Kubas herausbildete.

Am 29. August, genauer gesagt, in der Nacht des 29. August, informierte uns ein Bauer, dass eine große Truppe in die Sierra Maestra hinaufwollte; sie beabsichtige, ebenjenen Weg nach El Hombrito zu benutzen, der auf der einen Seite wieder ins Tal hinabführt und auf der anderen bis Altos de Conrado reicht und dabei die Sierra Maestra überquert. Wir ließen uns schon nicht mehr von falschen Nachrichten, die man uns des Öfteren überbrachte, ins Bockshorn jagen, und deshalb nahm ich den Mann als Geisel fest, damit er die Wahrheit sagte, wobei ich ihm mit fürchterlichen Strafen drohte, wenn er lügen sollte, aber er schwor immer und immer wieder, dass er recht hätte, dass die Soldaten auf dem Landgut von Julio Zapatero seien, ein paar Kilometer vor der Sierra Maestra.

1 El Hombrito: »Das Männchen«

Wir marschierten in der Nacht weiter, um einen neuen Standort für unsere Truppe zu erreichen. Der von Lalo Sardiñas geführte Zug sollte die Ostseite unserer Stellung in dem Savannenstreifen besetzen, der mit niedrigem, verdorrtem Farnkraut bestanden war. Dieser Zug sollte die feindliche Kolonne, wenn wir sie zum Halten gebracht hatten, unter Feuer nehmen. Ramiro Valdés und die Männer, deren Waffen geringere Feuerkraft besaßen, sollten auf der Westseite »akustische Feindseligkeiten« eröffnen, um Unruhe zu verbreiten. Obwohl sie schwach bewaffnet waren, war ihre Position weniger gefährlich, denn die Soldaten mussten eine tiefe Schlucht durchqueren, um zu ihnen zu gelangen.

Der Pfad, auf dem sie in die Berge kommen mussten, führte an der Hügelseite entlang, wo Lalo im Hinterhalt lag. Ciro sollte sie schräg von der Seite her angreifen, und ich hatte eine kleine Kolonne zu führen, die aus den bestbewaffneten Schützen bestand, und musste mit dem ersten Schuss den Feuerbefehl geben. Die beste Gruppe stand unter dem Befehl von Leutnant Raúl Mercader, der zu Ramiros Zug gehörte; deshalb wurde sie als Stoßtrupp eingesetzt, um die Früchte des Sieges einzusammeln. Der Plan war sehr einfach: An einer kleinen Biegung des Weges, wo dieser einen Winkel von fast neunzig Grad bildete, um einen Felsen zu umgehen, sollte ich ungefähr zehn oder zwölf Männer vorüberlassen und auf den letzten schießen, sobald er an der Felskuppe vorbei war, an der sich die Wegbiegung befand, sodass die Männer von den übrigen getrennt wurden; darauf sollten die anderen schnell von den Schützen liquidiert werden, die Gruppe von Raúl Mercader würde vorrücken, sich der Waffen der Gefallenen bemächtigen, und wir würden uns unverzüglich zurückziehen, geschützt vom Feuer des Nachhuttrupps, den Leutnant Vilo Acuña führte.

Von einer Kaffeepflanzung aus, in der Stellung, die wir Ramiro Valdés zugewiesen hatten, beobachteten wir am frühen

Morgen das Haus Julio Zapateros, das da unten am Bergabhang lag. Als die Sonne aufging, waren erste Bewegungen von Männern zu sehen, die herauskamen, hineingingen und die üblichen Verrichtungen nach dem Wecken ausführten. Kurze Zeit später setzten sich einige ihre Helme auf, und damit war die Behauptung des Bauern bewiesen, dass die Kolonne dort lag. Alle unsere Leute waren schon auf ihren Kampfposten.

Ich ging zu meinem Posten, während wir beobachten konnten, wie sich die Kolonnenspitze mühsam den Berg hinaufarbeitete. Das Warten wurde in jenen Augenblicken endlos, und mein Finger spielte am Abzug meiner neuen Waffe, einem Browning-Maschinengewehr, das schussfertig war und nun zum ersten Mal gegen den Feind in Aktion treten sollte. Endlich hieß es, dass sie sich näherten, außerdem waren ihre unbekümmerten Rufe und ihr lautes Gebrüll zu hören. Der Erste kam an der Felskuppe vorüber, der Zweite, der Dritte, doch leider marschierten sie sehr weit auseinandergezogen, und ich rechnete aus, dass nicht genügend Zeit bleiben würde, um das ausgewählte Dutzend vorüberzulassen. Als ich den sechsten zählte, hörte ich vorn einen Schrei, und einer der Soldaten hob überrascht den Kopf; unverzüglich eröffnete ich das Feuer, und der sechste Mann fiel zu Boden; sofort begannen alle zu feuern, und bei der zweiten Salve des automatischen Gewehrs verschwanden die sechs Männer vom Weg.

Ich gab Raúl Mercaders Gruppe den Befehl zum Angriff, während ein paar Freiwillige ebenfalls vorstürmten und das Feuer von beiden Seiten auf den Feind eröffnet wurde. Leutnant Orestes von der Vorhut, Raúl Mercader selbst und andere rückten vor, und von der Felskuppe aus nahmen sie die feindliche Kolonne unter Beschuss; diese war eine Kompanie stark und stand unter dem Befehl des Majors Merob Sosa. Rodolfo Vázques nahm dem von mir verwundeten Soldaten die Waffe ab; es stellte sich zu unserem größten Leidwesen heraus, dass es ein Sanitäter war, der nur einen 45er Revolver der Guardia

Rural mit zehn oder zwölf Kugeln bei sich trug. Die anderen fünf waren entwischt, sie hatten sich nach rechts vom Weg hinabgestürzt und waren durch ein unterhalb des Felsens liegendes Bachbett geflüchtet. Kurz darauf waren die ersten Bazookas zu hören, die von der feindlichen Truppe abgeschossen wurden; die Soldaten hatten sich etwas von der riesigen Überraschung erholt, dass sie auf ihrem Marsch unerwartet auf Widerstand gestoßen waren.

Das Maschinengewehr vom Typ Maxim war außer meinem eigenen Maschinengewehr die einzige Waffe, die eine gewisse Feuerkraft besaß, doch es hatte nicht funktioniert, und Julio Pérez, der es bedienen sollte, kam mit der Handhabung dieser Waffe nicht zurecht.

Ramiro Valdés, Israel Pardo und Joel Iglesias waren auf ihrer Seite mit ihren fast kindlichen Waffen gegen den Feind losgestürmt, während die Gewehre höllischen Lärm machten und in alle Richtungen schossen, wodurch sie die Verwirrung der Soldaten vergrößerten. Ich gab den beiden seitlich postierten Zügen den Befehl zum Rückzug, und als sie diesen Befehl auszuführen begannen, traten auch wir den Rückzug an und ließen den Nachhuttrupp mit dem Auftrag zurück, weiter Feuerschutz zu geben, bis Lalo Sardiñas' ganzer Zug vorüber war, da wir eine zweite Widerstandslinie vorgesehen hatten.

Als wir uns zurückgezogen hatten, holte uns Vilo Acuña ein, der seinen Auftrag erfüllt hatte und uns mitteilte, dass Hermes Leyva, der Vetter von Joel Iglesias, gefallen sei. Während unserer Absetzbewegung stieß ein Zug zu uns, den Fidel geschickt hatte, nachdem ich ihm gemeldet hatte, dass ein Zusammenstoß mit überlegenen Kräften nahe bevorstand. Diesen Zug führte Hauptmann Ignacio Pérez. Wir entfernten uns bis auf etwa tausend Meter von dem Kampfgebiet, und dort legten wir einen neuen Hinterhalt, wo wir die Soldaten erwarteten. Diese hatten die kleine Hochebene erreicht, auf der sich der Kampf abgespielt hatte; und vor unseren Augen verbrannten die Soldaten den Leichnam Hermes Leyvas; auf diese Weise nahmen sie Rache. Wir in unserem ohnmächtigen Zorn mussten uns damit begnügen, sie aus der Ferne mit Gewehren und ein paar MG-Salven zu beschießen, worauf sie mit Bazookas antworteten.

In jenem Augenblick erfuhr ich, dass der Ausruf des Soldaten, der meinen übereilten Schuss provoziert hatte, gewesen war: »Das ist ein harter Brocken!«, und das sollte sich wahrscheinlich darauf beziehen, dass er schon beinahe den Berggipfel erreicht hatte. Dieses Gefecht zeigte uns die geringe Kampferfahrung unserer Truppe, die nicht in der Lage war, gezieltes Feuer auf Feinde abzugeben, die selbst in einer so geringen Entfernung wie bei diesem Gefecht vorbeimarschierten, wo es nicht mehr als zehn oder zwanzig Meter Distanz zwischen der Spitze der feindlichen Kolonne und unseren Stellungen gegeben haben mag. Trotz alledem war es für uns ein sehr großer Sieg, wir hatten die Kolonne von Merob Sosa ganz zum Stehen gebracht; diese zog sich bei Einbruch der Nacht zurück, und wir hatten einen kleinen Erfolg über sie errungen, wobei wir als äußerst bescheidenen Lohn eine kleine Handfeuerwaffe erbeuteten, die uns jedoch das Leben eines wertvollen Kämpfers gekostet hatte. All das hatten wir mit einer Handvoll Waffen erreicht, die nur bedingt einsatzfähig waren, und das gegen eine vollständige Kompanie von mindestens hundertvierzig Mann, der alles zur Verfügung stand, was für einen modernen Krieg notwendig ist, und die eine riesige Anzahl Bazookas verschoss und wahrscheinlich auch Granatwerfer gegen unsere Stellungen eingesetzt hatte, jedoch dabei ebenso plan- und ziellos wie unsere eigenen Leute verfuhr, als diese die Spitze der feindlichen Vorhut beschossen.

Nach diesem Gefecht wurden einige Beförderungen ausgesprochen. Alfonso Zayas erhielt wegen seines tapferen Verhaltens in diesem Kampf den Grad eines Leutnants, und es gab noch einige andere Beförderungen, an die ich mich in diesem Moment nicht erinnere. In jener Nacht oder am folgenden Tag, nachdem sich die Soldaten abgesetzt hatten, führten wir eine Besprechung mit Fidel durch. Fidel schilderte uns voller Freude, wie er einen Angriff gegen die Batista-Kräfte im Gebiet von Las Cuevas unternommen hatte, er unterrichtete mich auch vom Tod einiger wertvoller Compañeros, die in diesem Kampf gefallen waren: Juventino Alarcón aus Manzanillo, der sich als einer der Ersten der Guerilla angeschlossen hatte, Pastor, Yayo Castillo, Oliva, der Sohn eines Leutnants der Batista-Armee, ein großer Kämpfer und ein tüchtiger Junge wie sie alle.

Der Kampf, den Fidel ausgefochten hatte, war viel wichtiger als unserer gewesen, da es sich nicht um einen Hinterhalt gehandelt hatte, sondern um einen Angriff auf ein Lager mit verhältnismäßig gut ausgebauten Verteidigungsstellungen. Obwohl die Vernichtung der feindlichen Kräfte nicht gelungen war, wurden ihnen ziemlich hohe Verluste zugefügt; am Tag darauf zogen sie sich aus dieser Stellung zurück. Einer der Helden dieses Kampftages war der Schwarze Pilón, ein tapferer Kämpfer unserer Truppe, von dem erzählt wird, dass er an eine Hütte kam, wo es »einen Haufen von sonderbaren Rohren gab mit ein paar Kästchen daneben«, was anscheinend Bazookas gewesen waren, die der Feind bereits aufgegeben hatte, doch da wir jene Waffe nur dem Namen nach kannten und Felix (der Schwarze Pilón) über sie am allerwenigsten Bescheid wusste, ließ er sie dort stehen, und dann musste er sich wegen einer Beinverletzung aus dem Kampf zurückziehen. So verpassten wir eine günstige Gelegenheit, uns Waffen anzueignen, die für den Angriff auf kleine Befestigungen des Feindes sehr wirkungsvoll gewesen wären.

Unser Gefecht löste eine neuartige Gegenreaktion aus; einen oder zwei Tage später wurde ein Bericht des Heeres bekannt, in dem man von fünf oder sechs Toten sprach. Später erfuhren wir, dass außer unserem Compañero, dessen Leichnam sie geschändet hatten, die Ermordung von vier oder fünf Bauern zu beklagen war; diese Bauern waren, wie der verbrecherische Merob Sosa annahm, für den Hinterhalt verantwortlich gewesen, weil sie die Anwesenheit unserer Truppen in dieser Gegend nicht gemeldet hatten. Ich erinnere mich der Namen von Abigaíl, Calixto, Pablito Lebón (ein von Haitianern abstammender Kubaner) und an González, die alle mit unserem Kampf überhaupt nichts oder zumindest nur sehr wenig zu tun hatten, denn sie wussten zwar, dass wir uns dort ziemlich in der Nähe befanden, und sie sympathisierten wie alle Bauern mit unserer Sache, doch an der Operation, die wir vorbereitet hatten, waren sie vollkommen unschuldig, da wir die Praktiken der Offiziere des Batista-Heeres kannten und unsere Absichten vor den Bauern verbargen, und wenn einer von ihnen an einem Hinterhalt vorüberkam, hielten wir ihn fest, bis es vorbei war. Die unglücklichen Bauern wurden in ihren Hütten umgebracht, und die Hütten steckte man dann in Brand.

Dieses Gefecht lehrte uns, wie leicht es unter bestimmten Umständen war, feindliche Kolonnen auf dem Marsch anzugreifen, und darüber hinaus gelangten wir zu der festen Überzeugung, dass es taktisch vorteilhaft ist, immer die Spitze der marschierenden Truppe unter Beschuss zu nehmen, um zu versuchen, den Ersten oder die Ersten zu töten, damit wir so erreichten, dass keiner weiter vorwärts wollte und die feindlichen Kräfte gelähmt waren. Diese Taktik bildete sich allmählich immer klarer heraus, und zum Schluss wurde sie so systematisch angewandt, dass das feindliche Heer tatsächlich aufhörte, in die Sierra Maestra einzudringen, und es kam zu Tumulten, weil die Soldaten nicht zur Vorhut gehören wollten. Aber noch fehlten ziemlich viele Kämpfe, ehe das Wirklichkeit wurde.

Einstweilen konnten wir mit Fidel von diesen unseren kleinen Heldentaten sprechen, die trotzdem groß waren wegen des beträchtlichen Kräfteunterschieds, den es zwischen unseren spärlich bewaffneten Soldaten und den perfekt ausgerüsteten Repressionsstreitkräften gab.

Von nun an ist mehr oder weniger deutlich der Moment abzusehen, da die Batista-Truppen endgültig die Sierra verlassen und sie nur noch einer sehr sporadisch betritt, was als große Kühnheit gilt: Sánchez Mosquera, der draufgängerischste, der mörderischste und einer der räuberischsten von allen militärischen Führern, die Batista in seinen Diensten hatte.

EL PATOJO

Bei der Berichterstattung über die Ereignisse in Guatemala wurde auch der Tod von einigen Patrioten erwähnt, darunter der von Julio Roberto Cáceres Valle.

Bei der mühseligen Tätigkeit des Revolutionärs im Rahmen der Klassenkämpfe, die den ganzen Kontinent erschüttern, ist der Tod ein häufiges Ereignis. Aber die Nachricht vom Ableben eines guten Freundes, mit dem sowohl schwierige Stunden wie auch schöne Träume geteilt wurden, ist für den Empfänger dennoch stets schmerzlich, und Julio Roberto war ein sehr guter Freund von mir. Er war von kleiner Statur und zierlich, deshalb nannten wir ihn »El Patojo«. In Guatemala wird damit umgangssprachlich ein kleiner Junge bezeichnet.

El Patojo war in Mexiko dabei, als der Plan für das revolutionäre Projekt reifte. Er hatte sich sogar als Freiwilliger angeboten, aber Fidel wollte nicht noch mehr Ausländer bei diesem Kampf für die nationale Befreiung beteiligen, an dem mir die Ehre des Mitwirkens zuteilkam.

Wenige Tage nach dem Sieg der Revolution verkaufte El Patojo seine wenigen Habseligkeiten und schaute mit einem Koffer bei mir vorbei. Er arbeitete bei verschiedenen Behörden und erreichte es, Leiter der Personalabteilung der Industrialisierungsabteilung des INRA (Nationales Institut für Agrarreform) zu werden. Er war nie mit seiner Arbeit zufrieden. El Patojo suchte etwas anderes, er wollte die Befreiung seines Landes. Wie wir alle hatte auch er sich sehr stark verändert. Aus dem verängstigten Jungen in Guatemala, der die damalige Niederlage nicht erklären konnte, war der bewusste Revolutionär geworden.

Ich lernte ihn bei einer Eisenbahnfahrt kennen. Wenige

Monate nach dem Sturz von Arbenz flüchteten wir aus Guatemala in Richtung Tapachula, um von dort aus nach Mexiko-Stadt zu reisen. El Patojo war mehrere Jahre jünger als ich, aber wir schlossen sehr schnell eine Freundschaft, die sich als dauerhaft erwies. Wir reisten zusammen von Chiapas nach Mexiko-Stadt und hatten beide die gleichen Probleme: Wir besaßen kein Geld, waren besiegt worden und mussten nun in einer gleichgültigen bis feindlichen Umgebung unseren Lebensunterhalt verdienen.

El Patojo verfügte über kein Geld, und ich hatte wenige Pesos. Ich kaufte mir einen Fotoapparat, und so widmeten wir uns illegal dem Geschäft, in den Parkanlagen Fotos zu machen. Wir arbeiteten mit einem Mexikaner zusammen, der ein kleines Fotolabor für das Entwickeln der Fotos besaß. Wir lernten ganz Mexiko-Stadt von einem Ende bis zum anderen kennen bei langen Spaziergängen, um unsere schlechten Fotos auszuliefern. Wir versuchten alle möglichen Kunden davon zu überzeugen, dass das Foto des kleinen Jungen entzückend gut geraten sei und dass es sich wirklich lohnen würde, einen mexikanischen Peso für dieses Wunderwerk zu bezahlen. So konnten wir mehrere Monate unseren Lebensunterhalt verdienen, aber dann haben wir uns nach und nach in verschiedene Richtungen entwickelt, bis die Zwänge des revolutionären Lebens uns trennten. Ich erwähnte bereits, dass Fidel ihn nicht dabeihaben wollte, und zwar nicht, weil er ihn für unfähig hielt, sondern weil er aus unserer Truppe keinen Flickenteppich der Nationalitäten machen wollte.

El Patojo arbeitete als Journalist, studierte dann Physik an der Universität von Mexiko, gab sein Studium auf, um es danach wieder aufzunehmen, ohne jedoch große Fortschritte zu machen. Er verdiente sich sein Brot an mehreren Stellen und mit verschiedenen Tätigkeiten, ohne jeweils um etwas zu bitten. Selbst heute kann ich nicht sagen, ob jener sensible und ernsthafte Junge entweder unendlich schüchtern war oder zu stolz, um einige Schwächen und persönliche Probleme einzuräumen und bei einem Freund um Hilfe nachzufragen. El Patojo war sehr introvertiert, hochintelligent und sehr gebildet. Er bildete sich ständig weiter und stellte seine akzentuierte Sensibilität mehr und mehr in den Dienst des Volkes. Er war Mitglied der Kommunistischen Partei Guatemalas PGT geworden, hatte die Parteidisziplin verinnerlicht und reifte zu einem herausragenden Kader heran. Von seiner Empfindlichkeit und seinem Stolz war wenig übrig geblieben. Die Revolution reinigt die Menschen und verbessert sie, so wie der erfahrene Landwirt bei seinen Pflanzen die Mängel korrigiert und die guten Qualitäten verstärkt.

Nach seiner Ankunft in Kuba lebten wir im gleichen Haus, so wie es sich für alte Freunde gehört. Aber das ehemalige gegenseitige Vertrauen konnte bei diesem neuen Leben nicht bestehen. Ich konnte manchmal seine Wünsche nur erahnen, wenn ich bemerkte, mit welcher Intensität er die Sprache einer indianischen Ethnie seiner Heimat erlernte. Eines Tages sagte er mir, dass er aufbrechen würde, denn die Zeit sei gekommen, um seine Pflicht zu erfüllen.

El Patojo verfügte über keinerlei militärische Ausbildung. Er war nur zu der Meinung gelangt, dass die Pflicht ihn ruft und dass er in seiner Heimat mit der Waffe in der Hand kämpfen müsse, um in irgendeiner Weise einen ähnlichen Kampf wie unseren Guerillakampf zu führen. Damals führten wir einige der wenigen ausführlichen Gespräche. Ich beschränkte mich darauf, ihn eindringlich auf die folgenden drei Punkte aufmerksam zu machen: ständige Mobilität, ständiges Misstrauen, ständige Wachsamkeit. Mobilität heißt, niemals an einem Ort bleiben, nie zwei Nächte in demselben Haus verbringen, nie versäumen, sich von einem Ort zum anderen zu bewegen. Misstrauen bedeutet, prinzipiell nicht dem eigenen Schatten trauen, nicht den befreundeten Bauern, nicht den Informanten, nicht den Wegführern, nicht den Kontaktleuten;

also allen und allem misstrauen, bis ein befreites Gebiet vorhanden ist. Wachsamkeit ständige Wachen, ständige Erkundungen, Aufbau eines Lagers nur an sicheren Orten und ganz besonders darauf achten, nie unter einem Dach zu schlafen, wo man umzingelt werden kann. Das waren, kurz auf einen Nenner gebracht, die wichtigsten Erfahrungen aus unserem Guerillakrieg. Es war das Einzige, was ich zusammen mit einem Händedruck meinem Freund mit auf den Weg geben konnte. Sollte ich ihm abraten? Mit welchem Recht, denn wir hatten ja auch einen Versuch unternommen, der als undurchführbar galt. Und jetzt wusste er, dass es möglich gewesen war.

El Patojo reiste ab, und nach einiger Zeit erreichte uns die Nachricht seines Todes. Wie immer hoffte man anfänglich, dass der Name falsch geschrieben sei, dass es eine Verwechselung gegeben habe, aber dann wurde der Leichnam von seiner Mutter identifiziert. Nun gab es keinen Zweifel mehr an seinem Tod. Er starb nicht allein, sondern mit einer Gruppe von Compañeros, jeder von ihnen wie er tapfer, selbstlos und vielleicht sogar so intelligent wie er, mir persönlich waren sie aber nicht bekannt.

Es bleibt wieder einmal der bittere Beigeschmack der Niederlage und die nie beantwortete Frage: Warum haben sie nicht die Erfahrungen berücksichtigt? Warum haben sie nicht die einfachsten Lehren berücksichtigt? Wir haben gründlich und beharrlich die Umstände des Todes von El Patojo untersucht. Wir kennen immer noch nicht die genauen Details, aber es steht fest, dass das Gebiet schlecht ausgesucht war, dass die Kämpfer nicht genügend ausgebildet waren und dass die Wachsamkeit vernachlässigt wurde. Die repressive Armee hat sie überrascht, mehrere getötet und die Gruppe versprengt, dann wurden sie verfolgt und aufgerieben. Einige wurden gefangen genommen und andere, wie El Patojo, im Kampf getötet. Nach dem Verlust der Guerillaeinheit wurde auf die anderen eine Menschenjagd veranstaltet, so wie es uns kurz nach Alegría de Pío ergangen ist.

Erneut ist junges Blut für die Befreiung Amerikas geflossen. Erneut wurde ein Gefecht verloren, und wir müssen uns Zeit nehmen, unsere gefallenen Compañeros zu beweinen, während die Macheten geschärft werden. Angesichts der wertvollen und tragischen Erfahrung der hoch geschätzten Toten müssen wir uns fest vornehmen, keine Fehler zu wiederholen, den Tod eines jeden mit zahlreichen siegreichen Gefechten zu rächen und die endgültige Befreiung zu erreichen.

Als El Patojo Kuba verließ, sagte er mir, dass er nichts hinterlässt, nicht einmal einen Gruß an jemanden. Er hatte wenig Kleidung oder andere persönliche Dinge. Dennoch: Alte gemeinsame Freunde aus Mexiko brachten mir einige seiner Gedichte, die er in einem Notizbuch aufgezeichnet hatte. Es sind die letzten Verse eines Revolutionärs, darüber hinaus ein Liebeslied an die Revolution, an die Heimat und an eine Frau. An diese Frau, die El Patojo in Kuba kennen und lieben gelernt hatte, richtet sich der Schluss seines Gedichtes wie ein Imperativ:

> Nimm, es ist nur ein Herz,
> Halte es in deiner Hand
> Und wenn der Tag anbricht,
> Öffne deine Hand,
> sodass die Sonne es erwärme …

El Patojos Herz ist bei uns geblieben und wartet darauf, dass die geliebten und freundlichen Hände eines ganzen Volkes dieses Herz eines Tages an der Sonne wärmen werden, die zweifellos eines Tages über Guatemala und ganz Amerika aufgehen wird.

Im Industrieministerium hinterließ er zahlreiche Freunde. Dort trägt heute zur Erinnerung an ihn und zu seinen Ehren eine bescheidene Statistikschule den Namen »Julio Roberto Cáceres Valle«. Zu einem späteren Zeitpunkt, wenn Guatemala frei sein wird, werden dort sicherlich eine Schule, eine Fabrik, ein Krankenhaus seinen verehrten Namen tragen, überall dort, wo für eine neue Gesellschaft gekämpft und gearbeitet wird.

DAS KUBANISCHE TAGEBUCH DES **CHE GUEVARA** – TEIL II

EINE REVOLUTION BEGINNT

Die Geschichte der militärischen Aggression vom 10. März 1952 – des von Fulgencio Batista geleiteten unblutigen Staatsstreichs – beginnt natürlich nicht am Tage des Militärputsches selbst. Ihre Wurzeln müsste man in einer weit zurückliegenden Periode der Geschichte Kubas suchen: noch lange vor der Intervention des amerikanischen Botschafters Sumner Welles[1] im Jahre 1933; sogar noch vor der Enmienda Platt[2] aus dem Jahre 1901; vor der Landung des Kriegshelden Narciso López[3], der als direkter Abgesandter der nordamerikanischen Annexionspolitiker auftrat – bis man dann die letzte Wurzel dieses Problems zu Zeiten von John Quincy Adams[4] findet, der zu Beginn des neunzehnten Jahrhunderts den Leitgedanken der Kubapolitik seines Landes ankündigte: Kuba sei wie ein Apfel, der, sobald er einmal von Spanien losgelöst wäre, unabwendbar in die Hände Uncle Sams fallen müsste. Es handelt sich um Glieder einer langen Kette von Aggressionen im kontinentalen Maßstab, die sich nicht allein gegen Kuba richten.

---

1 Sumner Welles: Während der Dreißigerjahre US-Botschafter in Kuba, berüchtigt wegen seiner Einmischungen in das politische Leben des Landes. Er »entdeckte« und förderte den späteren Diktator Batista.

2 Enmienda Platt: Nach einem US-Senator benannter Anhang der kubanischen Verfassung von 1901, womit den USA das Recht zur Intervention eingeräumt wurde, wann immer es die US-Regierung für angemessen hielt.

3 Narciso López: General, der in mehreren Feldzügen für den Anschluss Kubas an die USA kämpfte. Er wurde 1851 von den spanischen Kolonialherren gefangen genommen und hingerichtet.

4 John Quincy Adams: Von 1825 bis 1829 sechster Präsident der USA; wirkte an der Formulierung der Monroe-Doktrin (1823) mit, die Lateinamerika zur Interessensphäre der USA erklärte.

Diese Flut und Ebbe, dieses Auf- und Niederschäumen der imperialen Angriffswellen wird durch den Sturz demokratischer Regierungen oder die Bildung neuer Regierungen gekennzeichnet, die unter dem unaufhaltsamen Druck der Volksmassen entstehen. Ähnliche Merkmale hat die Geschichte in ganz Lateinamerika: Die diktatorischen Regierungen vertreten die Interessen einer kleinen Minderheit und kommen durch einen Staatsstreich an die Macht; die demokratischen, auf eine breite Massenbasis gestützten Regierungen müssen sich unter großen Schwierigkeiten durchsetzen und sind oftmals, noch bevor sie die Macht übernehmen, durch eine Reihe von vorangegangenen Zugeständnissen gebunden und gebrandmarkt, die sie machen mussten, um ihrer Sache den Erfolg zu sichern. Und obwohl die kubanische Revolution in diesem Sinne eine Ausnahme für ganz Amerika darstellt, war es notwendig, auf die Vorgeschichte dieses ganzen Entwicklungsprozesses hinzuweisen, denn dem Autor dieser Zeilen, der von den Wogen der Amerika erschütternden sozialen Bewegungen hin und her geworfen wurde, bot sich infolge dieser Zustände eine günstige Gelegenheit, einen anderen im Exil lebenden Amerikaner kennenzulernen: Fidel Castro.

In einer jener kalten mexikanischen Nächte machte ich seine Bekanntschaft, und ich erinnere mich, dass sich unsere erste politische Diskussion um internationale Politik drehte. Nach wenigen Stunden in derselben Nacht – im Morgengrauen – war ich einer der zukünftigen Expeditionsteilnehmer. Doch ich möchte erklären, wie und warum ich den jetzigen Regierungschef Kubas in Mexiko kennenlernte. Es war 1954, das Jahr, als die demokratischen Regierungen von der Macht verdrängt wurden, als die letzte revolutionäre amerikanische Demokratie, die sich in diesem Gebiet gehalten hatte – die von Jacobo Arbenz Guzmán[5] –, einer kaltblütig geplanten Aggression zum Opfer fiel, die von den Vereinigten Staaten von Nordamerika hinter dem Rauchvorhang ihrer kontinentalen Propaganda angezettelt wurde. Deren sichtbarer Kopf war der US-Außenminister Foster Dulles, der durch ein merkwürdiges Zusammentreffen auch Rechtsanwalt und Aktionär der United Fruit Company war, des wichtigsten imperialistischen Unternehmens in Guatemala.

Aus diesem Land kehrten wir geschlagen zurück, durch das Leid mit allen Guatemalteken vereint; wir erhofften und suchten den Weg, um jenem angstgepeinigten Land wieder eine Zukunft zu geben. Und Fidel kam nach Mexiko, um hier auf neutralem Boden seine Männer für den großen Tag der Aktion vorzubereiten. Gleich nach dem Angriff auf die Moncada-Kaserne in Santiago de Cuba war es zu einer inneren Spaltung gekommen, bei der alle halbherzigen Elemente ausschieden, all jene, die sich danach aus dem einen oder anderen Grund politischen Parteien oder revolutionären Gruppen anschlossen, die weniger Opfermut verlangten. Schon rückten neue Kämpfer in die Reihen der sogenannten »Bewegung des 26. Juli« auf, jener Bewegung, die den Tag des Angriffs auf die Moncada-Kaserne 1953 zu ihrem Namen machte. Denjenigen, die mit der Ausbildung dieser Neuankömmlinge beauftragt waren, fiel eine äußerst schwere Aufgabe zu, da in Mexiko die Prinzipien illegaler Arbeit streng beachtet werden mussten und man gegen die mexikanische Regierung, gegen die Agenten des nordamerikanischen FBI und Batistas zu kämpfen hatte, wobei diese drei Gegner in unterschiedlichen Kombinationen zusammenwirkten und Geld sowie Schachern um persönliche Vorteile eine große Rolle spielten. Außerdem musste man gegen die Spione Trujillos[6] und gegen die Schwie-

---

5 Jacobo Arbenz Guzmán: Von 1951 bis 1954 Präsident Guatemalas, führte zahlreiche bürgerlich-demokratische Reformen durch und wurde durch einen von den USA gelenkten Putsch gestürzt.

6 Spione Trujillos: Gemeint sind hier Héctor Bienvenido Trujillo und sein Bruder Rafael Leonidas Trujillo, von 1930 bis 1961 Diktatoren in der Dominikanischen Republik.

rigkeiten kämpfen, die sich aus der schlechten Auswahl der Menschen – vor allem in Miami – ergaben; und nachdem wir all diese Schwierigkeiten überwunden hatten, mussten wir etwas ungeheuer Wichtiges erreichen: wegkommen ... und dann ... ankommen, und alles Übrige, was uns in jenem Augenblick noch leicht erschien. Heute können wir richtig einschätzen, was das an Anstrengungen, an Opfertaten und Menschenleben gekostet hat.

Fidel Castro, unterstützt von einer kleinen Gruppe von Vertrauten, widmete sich mit ganzem Einsatz und dem ihm eigenen außerordentlichen Arbeitseifer der Aufgabe, die Kämpfer zu organisieren, die nach Kuba gehen sollten. Fast niemals gab er Unterricht in militärischer Taktik, weil ihm dafür zu wenig Zeit zur Verfügung stand. Wir anderen konnten ziemlich viel bei General Alberto Bayo[7] lernen. Als ich am ersten Unterricht teilnahm, war mein fast augenblicklicher Eindruck, dass ein Sieg möglich sein würde, was mir noch sehr zweifelhaft erschienen war, als ich mich dem Comandante[8] der Rebellen angeschlossen hatte, mit dem mich von Anfang an eine Art romantisch-abenteuerlicher Sympathie und die Einsicht verbanden, dass es der Mühe wert ist, für ein so reines Ideal an einer fremden Küste zu sterben.

So vergingen ein paar Monate. Allmählich nahm unsere Schussgenauigkeit zu, und einige taten sich als Meisterschützen hervor. Wir fanden eine Farm in Mexiko, wo unter der Leitung von General Bayo – während ich als Personalchef tätig war – die letzten Vorbereitungen getroffen wurden, um im März 1956 aufzubrechen. In jenen Tagen aber machten zwei mexikanische Polizeiabteilungen, die beide von Batista bezahlt

---

7 Alberto Bayo: Offizier der spanischen Armee, kämpfte auf der Seite der Republikaner und unterrichtete als Guerillaexperte Fidel Castro und seine Anhänger 1955 und 1956 in Mexiko.

8 Comandante: Major, in der Rebellenarmee der höchste Dienstgrad

wurden, Jagd auf Fidel Castro, und eine von ihnen hatte den ökonomischen Erfolg, ihn festzunehmen, wobei sie den – ebenfalls ökonomisch motivierten – absurden Fehler beging, ihn nach seiner Verhaftung nicht zu töten. Innerhalb weniger Tage wurde ein großer Teil seiner Kampfgefährten gefasst; auch unsere Farm, die sich in der Umgebung von Mexiko-Stadt befand, fiel in die Hände der Polizei, und uns alle warf man ins Gefängnis.

Das verzögerte den Beginn des letzten Teils der ersten Kampfetappe. Manche waren siebenundfünfzig – voller Ungeduld abgezählte –Tage im Gefängnis, wobei ständig die Drohung auf uns lastete, dass man uns ausliefern würde (Comandante Calixto García und ich können das bezeugen). Doch keinen einzigen Augenblick verloren wir unser persönliches Vertrauen zu Fidel Castro. Und Fidel unternahm einige Aktionen, die, so könnte man fast sagen, seine revolutionäre Haltung im Interesse der Freundschaft aufs Spiel setzten. Ich erinnere mich, dass ich ihm besonders meinen Fall darlegte: ein Ausländer, der sich illegal in Mexiko aufhielt und dem man eine ganze Reihe von Anklagepunkten zur Last legte. Ich sagte ihm, dass die Revolution auf gar keinen Fall meinetwegen aufgehalten werden dürfte und dass er mich zurücklassen könnte; dass ich die Situation verstünde und dass ich versuchen würde, an der Stelle zu kämpfen, wo sie mich hinschicken würden, und dass man sich einzig darum bemühen sollte, mich in ein nahe gelegenes Land und nicht nach Argentinien zu schicken. Ich erinnere mich auch Fidels scharfer Antwort: »Ich lasse dich nicht im Stich.« So geschah es auch, denn man musste kostbare Zeit und Geld aufwenden, um uns aus dem mexikanischen Gefängnis herauszuholen. Diese persönliche Haltung Fidels gegenüber Leuten, die er schätzt, ist der Schlüssel zum Verständnis jener fanatischen Treue, die er bei den ihm nahestehenden Menschen bewirkt, einer Treue, bei der sich die gemeinsamen Prinzipien mit menschlicher Gemeinsamkeit verbinden, was aus dieser Rebellenarmee einen unteilbaren Block macht.

Die Tage vergingen, wir arbeiteten in der Illegalität, versteckten uns, wo wir konnten, vermieden es so weit wie möglich, uns in der Öffentlichkeit zu zeigen, gingen kaum auf die Straße. Nach einigen Monaten kamen wir dahinter, dass es einen Verräter in unseren Reihen gab, dessen Namen wir nicht kannten und der eine Waffenladung verkauft hatte. Wir wussten auch, dass er die Jacht und einen Sender verkauft hatte, obwohl der »gesetzliche Vertrag« zum Verkauf noch nicht ausgefertigt war. Diese erste Übergabe von Teilen unserer Ausrüstung bezweckte, den kubanischen Behörden zu zeigen, dass der Verräter tatsächlich mit unseren Geheimnissen vertraut war. Das aber wurde auch unsere Rettung, weil es uns den Verrat bewies. Von diesem Augenblick an musste eine fieberhafte Aktivität entwickelt werden: Die Granma wurde in außerordentlicher Geschwindigkeit ausgerüstet; wir trugen so viel Lebensmittel zusammen, wie wir besorgen konnten, was gewiss recht wenig war, außerdem Uniformen, Gewehre, Ausrüstungsgegenstände sowie zwei Panzerbüchsen, für die fast keine Munition vorhanden war. Schließlich, in der zweiten Morgenstunde des 25. November 1956, begannen Fidels Worte, die der offiziösen Presse als Zielscheibe des Spottes gedient hatten, Wirklichkeit zu werden: »Im Jahre 1956 werden wir frei oder Märtyrer sein.«

Ohne Lichter, inmitten einer höllischen Zusammenballung von Materialien aller Art und Menschen, verließen wir den Hafen von Tuxpan.[9] Wir hatten sehr schlechtes Wetter, und obwohl jegliches Auslaufen von Schiffen verboten war, blieb es in der Flussmündung ruhig. Wir durchquerten die Ausfahrt des yukatekischen Hafens, und wenig später wurden die Lich-

9 Tuxpan: kleiner Hafen am Golf von Mexiko in dem mexikanischen Bundesstaat Vera Cruz

ter gesetzt. Wir begannen, wie irrsinnig nach Medikamenten gegen die Seekrankheit zu suchen, doch wir fanden keine; wir sangen die kubanische Nationalhymne und die Hymne des 26. Juli, was insgesamt vielleicht fünf Minuten dauerte, und danach bot das ganze Schiff einen tragikomischen Anblick: Männer, in deren Gesichtern sich die Angst spiegelte und die sich den Bauch hielten. Die einen hatten den Kopf in einen Eimer gesteckt, und andere lagen in den sonderbarsten Positionen unbeweglich auf dem Boden, die Kleidung von Erbrochenem beschmutzt. Außer zwei oder drei Seeleuten und vier oder fünf anderen Männern wurden alle dreiundachtzig Mann Besatzung seekrank. Doch am vierten oder fünften Tag besserte sich der allgemeine Zustand ein wenig. Wir entdeckten, dass das angebliche Leck des Schiffes gar keins war, sondern ein in der Toilette geöffneter Wasserhahn. Alles Unnötige hatten wir schon über Bord geworfen, um den Ballast zu verringern.

Zur ausgewählten Fahrtroute gehörte, den Süden Kubas weiträumig zu umfahren, vor Jamaika und den Inseln des Großen Cayman[10] in Küstennähe zu kreuzen, bis wir irgendwo in der Nähe des Ortes Niquero in der Provinz Oriente landen wollten. Die Pläne wurden reichlich langsam in die Tat umgesetzt: Am 30. hörten wir im Rundfunk die Nachricht vom Aufstand in Santiago de Cuba, den unser großer Frank País[11] ausgelöst hatte, wobei er von der Annahme ausging, den Aufstand mit der Landung unserer Expedition zeitlich koordiniert zu haben. Am nächsten Tag, dem 1. Dezember, nahmen wir in der Nacht direkten Kurs auf Kuba und hielten verzweifelt Ausschau nach dem Leuchtturm von Cabo Cruz; es man-

---

10 Inseln des Großen Cayman: drei Inseln (Gran Cayman, Little Cayman, Cayman Brac) südlich von Kuba.

11 Frank País: Er leitete von Santiago de Cuba aus die Bewegung des 26. Juli in den Städten. Wurde am 30. 7.1957 von Soldaten Batistas ermordet.

gelte uns an Trinkwasser, Treibstoff und Nahrungsmitteln. Um zwei Uhr morgens, in der tiefschwarzen, stürmischen Nacht, wurde die Lage beunruhigend. Die Wachen gingen auf und ab und suchten einen Lichtstreifen, der nicht am Horizont auftauchen wollte. Roque, ein ehemaliger Leutnant der Kriegsmarine, stieg wieder einmal auf das kleine Oberdeck, um nach dem Licht von Cabo Cruz zu spähen, dabei strauchelte er und stürzte ins Wasser. Als wir nach einer Weile die Fahrt fortsetzten, sahen wir schon das Leuchtfeuer, aber die asthmatische Fortbewegungsart unseres kleinen Schiffes ließ die letzten Stunden der Reise endlos werden. Es war schon Tag, als wir in Kuba in der Nähe des Ortes Belic am Strand von Las Coloradas landeten.

Ein Küstenschiff sah uns und meldete diese Entdeckung telegrafisch an die Batista-Armee weiter. Nachdem wir gerade erst in aller Eile an Land gelangt waren, wobei wir nur das Allernotwendigste mitgenommen hatten, drangen wir sofort in die Sümpfe ein und wurden dabei bereits von feindlichen Flugzeugen angegriffen. Da wir durch den mit Mangrovendickicht bedeckten Morast liefen, wurden wir von den Flugzeugen natürlich weder gesichtet noch unter Beschuss genommen, doch schon war uns das Heer der Diktatur auf den Fersen.

Wir brauchten mehrere Stunden, um aus dem Sumpf herauszukommen, in den wir durch die Unerfahrenheit und die Verantwortungslosigkeit eines Compañeros geraten waren, der sich als Kenner dieses Gebietes ausgegeben hatte. Stolpernd gelangten wir auf festen Boden, wir waren ohne Orientierung und bildeten ein Heer von Schatten, von Gespenstern, die weiterliefen, als ließen sie sich von irgendeinem dunklen Mechanismus in ihrer Seele leiten. Sieben Tage ohne Unterbrechung Hunger und Seekrankheit während der Überfahrt, dazu drei weitere schreckliche Tage an Land lagen nun hinter uns. Genau zehn Tage nach der Abfahrt aus Mexiko, nach einem nächtlichen Marsch, den die Schwächeanfälle, Ermüdungserscheinungen und Erholungspausen der Truppe gehemmt hatten, erreichten wir im Morgengrauen des 5. Dezember eine Stelle, die paradoxerweise unter dem Namen Alegría de Pío[12] bekannt ist. Es war dies ein kleines Waldstück, an dessen einer Seite eine Zuckerrohrpflanzung lag und das sich nach der anderen zu einigen Lichtungen öffnete, während weiter in der Ferne dichter Wald begann. Der Ort war schlecht für einen Lagerplatz geeignet, aber wir machten Rast, um den Tag vergehen zu lassen und den Marsch in der nahe bevorstehenden Nacht wieder aufnehmen zu können.

Zuerst veröffentlicht in »O Cruzeiro«, 16. Juni, 1. Juli und 16. Juli 1959 als einleitendes Fragment von »Eine Revolution beginnt«.

12 Alegría de Pío: »Píos Freude«

OHNE ORIENTIERUNG

Am Tage nach dem Überraschungsangriff von Alegría de Pío marschierten wir durch Berge, in denen sich die rote Erde mit dem »Diente de perro«[1] genannten Gestein abwechselte, während wir vereinzelte Salven aus allen Richtungen vernahmen, ohne irgendeine besonders stark herauszuhören. Chao, ein Veteran des Spanienkrieges, meinte, diese Art zu marschieren würde uns unvermeidlich in irgendeinen feindlichen Hinterhalt treiben, und schlug vor, einen geeigneten Ort zu suchen, wo man die Nacht abwarten könnte, um dann weiterzumarschieren.

Wir waren praktisch ohne Wasser. Mit der einzigen Büchse Milch, die wir besessen hatten, war das Missgeschick passiert, dass Benítez, dem ihre Aufbewahrung übertragen worden war, sie verkehrt herum in seine Uniformtasche gesteckt hatte, was bedeutet, mit den kleinen Öffnungen zum Aussaugen nach unten, sodass, als wir unsere Ration zu uns nehmen wollten – aus einem leeren Vitaminröhrchen, das wir mit Kondensmilch und einem Schluck Wasser füllten –, wir mit Schmerzen sahen, dass alles in Benítez' Tasche und Uniform ausgelaufen war.

Wir konnten in einer Art Höhle lagern, die eine weite Sicht nach einer Seite bot, aber den Nachteil hatte, dass man ein feindliches Vorrücken von der anderen Seite nicht beobachten konnte. Trotzdem dachten wir mehr daran, nicht gesehen zu werden, als uns zu verteidigen, und wir beschlossen, uns während des Tages dort aufzuhalten, jedoch ausdrücklich mit der

1 Diente de perro: »Hundezahn«, in Kuba Bezeichnung für poröses Gestein, das zahlreiche scharfe Kanten aufweist.

von allen fünf übernommenen Verpflichtung, bis zu unserem Tode zu kämpfen. Die wir diesen Pakt schlossen, hießen: Ramiro Valdés, Juan Almeida, Chao, Benítez und der Autor dieses Berichts. Alle haben wir die schreckliche Erfahrung der Niederlage und den späteren Kampf überlebt.

In der Nacht marschierten wir los. Ich stellte fest, welches, nach meinen Kenntnissen auf diesem Gebiet, der Polarstern sein müsste, und während einiger Tage richteten wir uns nach ihm; wir marschierten nach Osten und kamen in die Sierra Maestra. (Lange Zeit danach sollte ich erfahren, dass der Stern, der uns nach Osten geführt hatte, nicht der Polarstern gewesen war und dass wir rein zufällig ungefähr diese Richtung genommen hatten, bis wir eines Morgens zu ein paar Steilhängen ganz dicht vor der Küste gelangten.)

Unten sah man das Meer; von ihm trennte uns ein scharf abfallender Felsen von etwa fünfzig Meter Höhe, und in der Tiefe zeigte sich vor allem das verführerische Bild eines Wassergrabens, der offenbar mit Süßwasser gefüllt war. Unsere größte Qual war der Durst; in dieser Nacht waren zahlreiche Krebse zu sehen, und vom Hunger getrieben, töteten wir einige, aber da wir kein Feuer machen konnten, schlürften wir ihre Weichteile roh, was einen beängstigenden Durst zur Folge hatte.

Nach langem Suchen fanden wir einen begehbaren Pass, den wir auf der Suche nach dem Wasser hinabsteigen konnten, doch in der Mühsal des Auf und Ab hatten wir den von oben gesichteten Graben aus dem Blickfeld verloren, und wir konnten den Durst nur dank der kleinen Mengen von zurückgebliebenem Regenwasser lindern, das sich in den Vertiefungen des »Diente de perro« gesammelt hatte, dort suchten wir es und saugten es mittels eines kleinen Asthma-Inhalators heraus; wir nahmen jeder nur ein paar Tropfen Flüssigkeit zu uns.

Lustlos liefen wir langsam weiter, ohne eine feste Richtung einzuhalten; hin und wieder zog ein Flugzeug über das Meer.

Zwischen den Felsenriffen zu klettern war sehr ermüdend, und einige schlugen vor, dicht an die Steilküste gedrängt zu gehen, aber das hatte einen großen Nachteil: Man hätte uns sehen können. Schließlich streckten wir uns im Schatten einiger Sträucher aus und warteten, bis die Sonne nicht mehr so hoch am Himmel stand. Bei Einbruch der Dunkelheit fanden wir einen kleinen Strand und badeten uns.

Ich unternahm einen Versuch, etwas nachzuahmen, was ich in irgendwelchen populärwissenschaftlichen Publikationen oder in irgendeinem Roman gelesen hatte, wo erklärt wurde, dass Süßwasser, mit einem Drittel Meerwasser gemischt, ein sehr gutes Trinkwasser ergibt und man dadurch eine größere Menge Flüssigkeit erhält; wir verfuhren so mit dem Wasserrest, der in einer Feldflasche verblieben war, und das Ergebnis war erbärmlich; ein salziges Gesöff, das mir die Kritik aller Compañeros einbrachte. Durch das Bad etwas erfrischt, liefen wir weiter. Es war Nacht, und ich glaube mich zu erinnern, dass der Mond ziemlich hell schien. Almeida und ich, die wir an der Spitze marschierten, entdeckten auf einmal, dass in einer dieser kleinen Hütten, die die Fischer am Meeresufer bauen, um sich vor Wind und Wetter zu schützen, Schatten von schlafenden Menschen zu sehen waren. Wir glaubten, es seien Soldaten, doch wir waren schon zu nahe, um zurückzuweichen, und rasch liefen wir weiter vorwärts; Almeida ging hin, um die Schlafenden aufzufordern, sich zu ergeben, als uns eine angenehme Überraschung bereitet wurde: Es waren drei Teilnehmer der Granma-Expedition, Camilo Cienfuegos, Pancho Gonzáles und Pablo Hurtado. Sofort begannen wir, unsere Meinungen, Erfahrungen und Nachrichten über das wenige auszutauschen, was jeder Einzelne von den anderen oder vom Kampf wusste. Während Camilos Gruppe uns mit einem Stück Zuckerrohr bewirtete, das sie vor der Flucht herausgerissen hatten und das den Magen mit etwas Süßem und Saftigem über den Hunger hinwegtäuschte, verzehrten sie unbekümmert die Krebse. Sie hatten eine Form gefunden, den Durst zu lindern, indem sie das Wasser direkt mit einem Röhrchen oder einem hohlen Stock aus den kleinen Erdlöchern schlürften.

Wir setzten unseren Weg alle gemeinsam fort. Acht war jetzt die Zahl der Kämpfer, die von der Granma-Expedition übrig blieben, und wir hatten keine Nachrichten, ob es mehr Überlebende gab. Logischerweise dachten wir, dass es noch mehr Gruppen wie die unsere geben musste, aber wir hatten nicht einmal eine Ahnung, wo wir uns befanden; alles, was wir wussten, war, dass, wenn wir mit dem Meer zu unserer Rechten marschierten, wir uns Richtung Osten bewegten, das heißt hin zur Sierra Maestra, jenem Gebiet, in dem wir uns in Sicherheit bringen mussten. Die Tatsache entging uns nicht, dass die Steilküste und das Meer uns jede Möglichkeit zur Flucht vollkommen abschnitten, falls wir auf eine feindliche Truppe stießen. Ich erinnere mich jetzt nicht, ob wir ein oder zwei Tage an der Küste entlanggingen; ich weiß nur, dass wir ein paar kleine Früchte eines Feigenkaktus aßen, die am Ufer wuchsen, eine oder zwei pro Kopf, was den Hunger nicht beruhigte, und dass der Durst quälend war, denn die wenigen Wassertropfen mussten aufs Äußerste rationiert werden.

Eines Morgens kamen wir schon äußerst erschöpft an das Meeresufer und dämmerten vor uns hin; wir warteten darauf, dass zu erkennen wäre, welchen Weg wir hier hindurch nehmen könnten, denn es machte den Eindruck, dass die Steilküste plötzlich scharf abfiel.

Kaum wurde es hell, erkundeten wir das Gelände, und vor unseren Augen tauchte ein großes Palmenhaus auf, das dem Anschein nach irgendeinem wohlhabenden Bauern gehörte. Meine Meinung war sofort, wir sollten uns nicht einem Haus dieser Art nähern, denn vermutlich würden die Bewohner unsere Feinde sein, oder vielleicht hielt es die Armee besetzt. Benítez äußerte eine genau entgegengesetzte Meinung, und schließlich liefen wir beide zu dem Haus.

Ich blieb draußen, während er durch einen Stacheldrahtzaun kletterte (uns begleitete noch jemand, an den ich mich nicht erinnere), plötzlich gewahrte ich im Halbdunkel deutlich die Gestalt eines uniformierten Mannes mit einem Karabiner M-1 in der Hand; ich dachte, unsere letzten Minuten seien gekommen, zumindest für Benítez, den ich schon nicht mehr warnen konnte, weil er dem Manne näher war als mir; Benítez erreichte fast den Soldaten und kehrte dann auf demselben Weg zurück. Hierauf sagte er mir in aller Naivität, dass er umgekehrt sei, weil er einen »Señor mit einer Flinte« gesehen habe und es ihm nicht ratsam erschienen wäre, ihn etwas zu fragen.

Tatsächlich, Benítez und wir alle konnten wieder entkommen, aber unsere Odyssee endete damit nicht. Nachdem wir einen vorsichtigen Bogen gemacht hatten, versuchten wir, die Steilküste zu erklettern, die hier viel niedriger war, denn wir hatten das Ojo de Buey[2] genannte Gebiet erreicht, wo sich ein kleiner Fluss ins Meer ergießt und dadurch eine Öffnung in den Felsen gebohrt hatte.

Das Tageslicht überraschte uns, bevor wir die Hügelkette hinter uns lassen konnten, und es gelang uns nur, eine Höhle zu erreichen, von der aus man das gesamte Panorama vollkommen überblicken konnte: Dieses lag in absoluter Ruhe vor uns; von einem Schiff der Kriegsmarine wurden Männer an Land gebracht, während andere an Bord gingen; wie es schien, handelte es sich um eine Ablösungsoperation. Wir konnten ungefähr dreißig zählen, und später erfuhren wir, dass es die Leute Laurents waren, des gefürchteten Mörders der Kriegsmarine, der, nachdem er seinen makabren Auftrag, eine Gruppe von Compañeros umzubringen, ausgeführt hatte, gerade seine Männer ablöste.

Vor Benitez' erschrockenen Augen erschienen die »Señores

2 Ojo de Buey: »Ochsenauge«

mit den Flinten« in ihrer ganzen tragischen Realität. Die Lage war ziemlich übel; für den Fall, dass wir entdeckt würden, gab es nicht die geringste Rettungschance, und es wäre uns nur die Möglichkeit geblieben, dort bis zum Ende zu kämpfen.

Wir verbrachten den Tag, ohne einen Bissen zu uns zu nehmen; wir rationierten das Wasser streng, das wir im Okular eines Zielfernrohres verteilten, damit das Maß für jeden Einzelnen von uns genau das gleiche war, und in der Nacht nahmen wir den Marsch von Neuem auf, um uns aus diesem Gebiet zu entfernen, in dem wir einen der angstvollsten Tage des Krieges erlebt hatten, von Durst und Hunger gepeinigt, im Bewusstsein unserer Niederlage und der drohenden Nähe einer greifbaren und unausweichlichen Gefahr, sodass wir uns wie in die Enge getriebene Ratten vorkamen.

Nach einigem Hin und Her stießen wir auf jenen Bach, der in das Meer mündete, oder auf einen seiner Zuflüsse; auf dem Boden ausgestreckt, tranken wir lange und gierig wie Pferde, bis unser Magen ohne Nahrungsstoffe sich weigerte, noch mehr Wasser aufzunehmen. Wir füllten die Feldflaschen und setzten unseren Marsch fort. Im Morgengrauen gelangten wir auf die Spitze eines kleinen, mit ein paar Bäumen bewachsenen Hügels. Dort verteilten wir uns, um Widerstand leisten zu können und um uns so gut wie möglich zu verstecken; und den ganzen Tag über sahen wir Kleinflugzeuge in sehr geringer Höhe über unseren Köpfen vorüberfliegen, sie waren mit Lautsprechern ausgerüstet, die unverständliche Töne von sich gaben, die aber Almeida und Benítez, Veteranen des Angriffs auf die Moncada-Kaserne, als eine Aufforderung zur Kapitulation verstanden. Aus dem Wald waren hin und wieder ein paar nicht zu verstehende Schreie zu hören.

In dieser Nacht zogen wir weiter, bis wir in die Nähe eines Hauses kamen, aus dem man den Klang einer Kapelle hörte. Wieder einmal kam es zu einer erregten Diskussion. Ramiro, Almeida und ich waren der Ansicht, dass man keinesfalls eine

Tanzveranstaltung oder so etwas Ähnliches besuchen dürfte, weil die Bauern unverzüglich unsere Anwesenheit in der Gegend bekannt machen würden, sei es auch lediglich aus natürlicher Unbedachtsamkeit; Benítez und Camilo Cienfuegos meinten, man müsse auf alle Fälle hingehen und essen. Schließlich wurde Ramiro und mir die Aufgabe übertragen, zu diesem Haus zu gehen, um Neuigkeiten zu erfahren und etwas zu essen zu besorgen. Als wir in seine Nähe kamen, brach die Musik ab, und entfernt hörte man die Stimme eines Mannes, der etwa so sprach: »Jetzt wollen wir auf alle unsere Waffenkameraden anstoßen, die so Großartiges geleistet haben« usw. usw. Das genügte uns: So schnell und unauffällig wie möglich traten wir den Rückzug an, um unsere Kameraden zu unterrichten, zu welcher Art Menschen die gehörten, die sich auf diesem Fest vergnügten.

Wir setzten unseren Weg fort, aber die Männer wollten immer weniger laufen. In jener Nacht oder vielleicht in der folgenden lehnten fast alle Compañeros den Weitermarsch ab, und wir mussten also an die Tür eines Bauern klopfen, der an einer Landstraße in der Ortschaft Puercas Gordas wohnte. Das war neun Tage nach dem Überraschungsangriff.

Wir wurden freundlich aufgenommen, und in jener Dorfhütte wurde sogleich ein ununterbrochenes Festessen organisiert. Stunde um Stunde verbrachten wir mit Essen, bis uns das Tageslicht überraschte und wir nicht mehr aufbrechen konnten. Am Morgen kamen neugierige und hilfsbereite Bauern, die von unserer Anwesenheit erfahren hatten und uns kennenlernen wollten, um uns etwas zu essen oder irgendein Geschenk zu bringen.

Das kleine Haus, in dem wir uns aufhielten, verwandelte sich bald in eine Hölle: Almeida war der Erste, den das Feuer des Durchfalls packte, und bald zeigten acht rücksichtslose Eingeweide ihren Mangel an Dankbarkeit, indem sie jenen kleinen Raum verpesteten; einige von uns mussten sogar erbrechen. Pablo Hurtado, geschwächt durch die tagelangen Märsche und Strapazen, die Seekrankheit, den pausenlosen Hunger und Durst, konnte nicht aufstehen.

Wir beschlossen, in der Nacht weiterzumarschieren. Die Bauern erzählten, sie hätten Nachricht, dass Fidel am Leben sei und dass sie uns in Gebiete führen könnten, in denen er sich vermutlich mit Crescencio Pérez aufhielte, aber wir müssten die Uniformen und die Waffen zurücklassen. Almeida und ich behielten zwei Maschinenpistolen vom Typ Star bei uns; die acht Gewehre und alle Munition blieben im Haus des Bauern in Verwahrung, während wir uns in eine Gruppe von drei und eine andere von vier Mann teilten, um uns bei den Bauern einzuquartieren und von da aus in mehreren Etappen die Sierra Maestra zu erreichen.

Unsere Gruppe bestand, wenn ich mich recht erinnere, aus Pancho Gonzáles, Ramiro Valdés, Almeida und mir; die andere aus Camilo, Benítez und Chao; Pablo Hurtado blieb krank im Haus zurück.

Kaum waren wir fort, als der Hausherr schon der Versuchung nicht widerstehen konnte, die Neuigkeit einem Freund mitzuteilen, um mit ihm zu diskutieren, wo sie die Waffen verstecken sollten; dieser überzeugte ihn, dass sie sie verkaufen könnten, indem sie mit einem Dritten in Verbindung traten, und dieser verriet es der Armee, und wenige Stunden, nachdem wir die erste gastliche Stätte auf Kuba verlassen hatten, besetzte sie der Feind, nahm Pablo Hurtado gefangen und erbeutete alle Waffen.

Wir waren im Haus eines Adventisten, der Argelio Rosabai hieß und den alle unter dem Namen *Der Pastor* kannten. Als dieser Compañero die unglückliche Nachricht erfuhr, nahm er rasch Verbindung mit einem anderen Bauern aus der Gegend auf, der sich dort gut auskannte und der, wie er sagte, mit den Rebellen sympathisierte. In jener Nacht holten sie uns dort weg und brachten uns in einen anderen, zuverlässigeren

Unterschlupf. Der Bauer, den wir an jenem Tag kennenlernten, hieß Guillermo García; er ist heute Oberbefehlshaber der Westarmee und Mitglied der Nationalen Leitung unserer Partei.

Danach waren wir in einigen anderen Bauernhäusern: bei Carlos Mas, der später in die Armee aufgenommen wurde, bei Perucho und anderen Compañeros, an deren Namen ich mich nicht erinnere. An einem Morgengrauen, nachdem wir die Landstraße von Pilón überquert hatten und ganz ohne Führer marschierten, kamen wir zum Gut von Mongo Pérez, dem Bruder Crescencios, wo sich alle überlebenden und – bis dahin – in Freiheit gebliebenen Angehörigen unserer an Land gegangenen Expeditionstruppe befanden; nämlich Fidel Castro, Universo Sánchez, Faustino Pérez, Raúl Castro, Ciro Redondo, Efigenio Ameijeiras, René Rodríguez und Armando Rodríguez. Wenige Tage später stießen Morán, Crespo, Julito Díaz, Calixto García, Calixto Morales und Bermúdez zu uns.

Unsere kleine Truppe besaß keine Uniformen und keine Waffen, denn die zwei Pistolen waren alles, was wir aus dem Zusammenbruch retten konnten, und Fidel machte uns sehr heftige Vorwürfe.

Während des ganzen Feldzuges und noch heute erinnern wir uns seiner mahnenden Worte: »Ihr habt für den Fehler, den ihr begangen habt, nicht gebüßt, denn das Zurücklassen der Gewehre wird unter diesen Umständen mit dem Leben bezahlt; die einzige Hoffnung zu überleben, falls das Heer auf euch gestoßen wäre, bestand in euren Waffen. Sie zurückzulassen war ein Verbrechen und eine Dummheit.«

PINO DEL AGUA

Nach dem Zusammentreffen mit Fidel am 29. August marschierten wir einige Tage, manchmal gemeinsam, dann wieder durch einige Entfernung getrennt, aber mit dem Ziel, gemeinsam durch das Gebiet des Sägewerks von Pino del Agua zu kommen. Zu jenem Zeitpunkt hatte man uns gemeldet, dass in Pino del Agua keine feindliche Truppe oder höchstens nur eine kleine Garnison stationiert sei.

Fidels Plan sah so aus: Wenn es eine kleine Garnison gäbe, sie zu überrumpeln. Andernfalls würden wir uns alle dort kurz zeigen und er dann mit seiner Truppe in das Gebiet von Chivirico weiterziehen. Wir sollten in einem Hinterhalt das Batista-Heer erwarten, das in solchen Fällen sofort kommen würde, um seine Stärke zu beweisen und die revolutionäre Stimmung abzubauen, die unsere Anwesenheit unter den Bauern erzeugte.

Während der Tage vor unserem Eintreffen in Pino del Agua, auf dem Marsch von Dos Brazos del Guayabo, wo wir uns getroffen hatten, bis zum Kampfgebiet, kam es zu einigen Ereignissen, deren Hauptbeteiligte im späteren Verlauf der Revolution eine Rolle spielen sollten.

Eines dieser Ereignisse war die Desertion von Manolo und Popo Beatón, zwei Bauern aus der Gegend, die sich der Guerilla kurz vor El Uvero angeschlossen hatten, dort mitkämpften und jetzt unser Lager verließen. Diese beiden Individuen wurden später wieder in die Guerilla aufgenommen, da Fidel ihnen ihren Verrat verzieh, doch niemals überwanden sie ihre halb nomadische und banditenhafte Lebensweise, und aus irgendeinem persönlichen Motiv ermordete einer von ihnen, Manolo, den Comandante Cristino Naranjo nach dem Sieg der Revolution. Danach gelang es ihm, aus La Cabaña[1] zu fliehen, wo er inhaftiert war, und er stellte eine kleine Guerillatruppe gerade in jenem Gebiet der Sierra Maestra auf, wo er während der Revolution gekämpft hatte. Neben anderen Verbrechen hatte er die Ermordung Pancho Tamayos zu verantworten, eines tapferen Compañeros, der sich von den ersten Tagen an der Revolution angeschlossen hatte. Schließlich nahm eine aus Bauern gebildete Truppe ihn und seinen Bruder Popo gefangen, und beide wurden in Santiago standrechtlich erschossen.

Wir hatten auch einen unangenehmen Unglücksfall: Ein Compañero namens Roberto Rodríguez wurde wegen Gehorsamsverweigerung entwaffnet. Er war sehr undiszipliniert, und der Leutnant der Gruppe, der er angehörte, nahm seine Entwaffnung aufgrund des Disziplinarrechts vor. Roberto Rodríguez entriss darauf einem Compañero den Revolver und erschoss sich. Es gab einen kleinen Streit, weil ich es ablehnte, dass wir ihm bei seinem Begräbnis die militärischen Ehren erweisen sollten, und weil die übrigen Kämpfer ihn als einen unter vielen Gefallenen ansahen, und wir argumentierten, dass ein Selbstmord unter Bedingungen wie den unseren eine verwerfliche Handlung sei, gleichgültig, ob der Compañero im Übrigen gute Eigenschaften besessen hätte. Nach dem Versuch einer Befehlsverweigerung wurde nur eine Totenwache für den verstorbenen Compañero gehalten, ohne ihm die militärischen Ehren zu erweisen.

Einen oder zwei Tage vorher hatte er mir einen Teil seiner Lebensgeschichte erzählt, und es war zu erkennen, dass es sich bei ihm um einen Jungen von übertriebener Sensibilität handelte, der ungeheure Anstrengungen unternahm, um sich dem harten Leben des Guerillakampfes und außerdem der militärischen Disziplin anzupassen, wobei sich das schlecht mit

---

1 La Cabaña: Festung in Havanna, erbaut von 1763 bis 1774, dient heute noch als Militärstützpunkt und Gefängnis.

seiner schwachen Konstitution und seinem Drang zum Ungehorsam vertrug.

Zwei Tage später schickten wir eine kleine Abteilung nach Minas de Bueycito, um einen Beweis unserer Stärke zu geben, denn jener Tag war der 4. September. Die kleine Abteilung wurde von Hauptmann Ciro Redondo geführt und brachte einen feindlichen Soldaten als Gefangenen mit zurück, der Leonardo Baró hieß. Dieser Baró spielte eine wichtige Rolle für die Kräfte der Konterrevolution; er war während einer langen Zeit unser Gefangener, bis er mir eines Tages einen pathetischen Bericht über die Krankheit seiner Mutter gab und ich seinen Worten glaubte; ich versuchte, ihn bei der gleichen Gelegenheit zu überzeugen, dass er eine politisch wirksame Aktion unternehmen sollte. Ich schlug ihm vor, er könnte mit dem Bus zu seiner Mutter nach Havanna fahren und dann in einer Botschaft um Asyl bitten, wobei er sagen sollte, dass er nicht mehr gegen uns kämpfen wolle und das Batista-Regime anklage. Er entgegnete, dass er nicht das Regime anklagen könne, für das seine Brüder kämpften, und wir vereinbarten, dass er einfach erklären sollte, er wolle nicht mehr kämpfen, wenn er um Asyl bitten würde.

Wir schickten ihn mit vier Compañeros los, die den äußerst strengen Befehl hatten, dass er unterwegs von niemandem gesehen werden dürfte, obwohl er schon viele Bauern kannte, die uns im Lager besucht hatten. Außerdem sollten die vier Compañeros, die seine Begleitung übernommen hatten, die ganze Strecke bis in die Nähe von Bayamo zu Fuß zurücklegen, wo sie ihn allein lassen und auf einem anderen Weg zurückkehren konnten.

Jene Männer befolgten die Anweisungen nicht, sie ließen sich von vielen Leuten sehen, führten sogar eine Versammlung im Beisein des Soldaten durch, der schon als Freigelassener und angeblich Sympathisierender auftrat, und sie benutzten auf ihrem Weg nach Bayamo einen Jeep. Unterwegs wurden sie von der Batista-Armee abgefangen, und die vier Compañeros wurden ermordet. Niemals erfuhren wir genau, ob Baró an diesem Verbrechen beteiligt war oder nicht; es steht jedoch fest, dass er sich sofort in Minas de Bueycito niederließ, sich unter den Befehl des Mörders Sánchez Mosquera stellte und begann, solche Bauern zu identifizieren, die dort ihre Einkäufe erledigten und mit unserer Guerillatruppe in Verbindung gestanden hatten. Zahllos sind die Opfer, die mein Irrtum das kubanische Volk kostete.

Wenige Tage nach dem Sieg der Revolution wurde Baró gefangen genommen und hingerichtet.

Kurz darauf gingen wir nach San Pablo de Yao, wo wir unter dem allgemeinen Jubel des Volkes einzogen. Wir hatten den Ort für einige Stunden friedlich besetzt (eine feindliche Truppe war dort nicht stationiert), und wir begannen, Verbindungen zu den Einwohnern herzustellen. Wir machten uns mit einigen Leuten des Ortes bekannt und luden alle verfügbaren Waren auf Lastwagen, die wir bei den gleichen Kaufleuten erhielten, bei denen wir auch die Waren auf Kredit kauften, denn in jener Zeit zahlten wir mit Gutscheinen. Damals lernten wir Lidia Doce kennen, die später unsere teure Kampfgefährtin und Verantwortliche für die gesamte Außenkommunikation der Kolonne war, bis sie in Havanna den Tod fand.

Die Aufgabe, die Waren von Yao heraufzutransportieren, war sehr schwierig, denn der Weg, der von San Pablo de Yao nach Pico Verde über das Gelände des Bergwerks La Cristina hinaufführt, ist sehr steil, und nur Lastwagen mit doppeltem Differenzialgetriebe und nicht allzu schwerer Ladung können ihn bewältigen; unsere versagten unterwegs, und wir mussten die ganze Ladung auf Mauleseln und auf unserem eigenen Rücken tragen.

In diesen Tagen trennten sich auch aus den verschiedensten Gründen mehrere Männer von uns. Ein Compañero, ein guter Kämpfer, wurde aus der Guerilla ausgeschlossen, weil er sich während der Expedition nach Yao betrunken hatte, als er Wache hatte, und damit die ganze Kolonne in Gefahr brachte. Ein anderer, Jorge Sotús, legte sein Kommando als Zugführer nieder und ging im Auftrag Fidels nach Miami. Es war in Wirklichkeit so, dass Sotús sich niemals an das Leben in der Sierra anpassen konnte, und die Leute mochten ihn wegen seines despotischen Charakters nicht. Seine spätere Laufbahn weist auch zahlreiche Höhen und Tiefen auf. In Miami war seine Haltung schwankend, wenn nicht sogar verräterisch; er kehrte zu unseren Streitkräften zurück und wurde amnestiert, man verzieh ihm seine früheren Verfehlungen. In der Epoche von Hubert Matos wurde er zum Verräter, und man verurteilte ihn zu zwanzig Jahren Gefängnis; er floh mit der Beihilfe eines Gefängniswärters und gelangte nach Miami. Als er ein Boot für einen Piratenüberfall auf kubanisches Territorium ausrüstete, kam er bei einem Unfall anscheinend durch elektrischen Strom ums Leben.

Ein anderer Compañero, der sich in jenen Tagen von uns trennte, war Marcelo Fernández, ein Koordinator unserer Bewegung in den Städten, der uns verließ, um wieder in seinen Basiszentren zu arbeiten, nachdem er eine ziemlich lange Zeit in der Sierra Maestra geblieben war.

Nach diesen Zwischenfällen nahmen wir unseren Marsch wieder auf und näherten uns Pino del Agua, wo wir am 10. September ankamen. Pino del Agua liegt auf dem Kamm der Maestra, es ist eine kleine Siedlung, die rings um ein Sägewerk errichtet wurde. In jener Zeit wurde sie von einem Spanier verwaltet, und dort lebten ein paar Arbeiter; von der feindlichen Armee gab es keine Spur. Die ganze Truppe besetzte in jener Nacht die Siedlung, und Fidel ließ seine Marschrichtung den Ortseinwohnern gegenüber durchblicken, wobei er damit rechnete, dass etwas davon bis zum Heer durchsickern würde.

Wir unternahmen ein kleines Ablenkungsmanöver, und während Fidels Kolonne ihren Marsch für jeden sichtbar nach

Santiago fortsetzte, machten wir in der Nacht kehrt und legten uns in den Hinterhalt, um das feindliche Heer zu erwarten. Unsere Versorgung mit allen lebenswichtigen Dingen sollte, wenn der Feind nicht zu lange auf sich warten ließe, wie immer in den Händen des alten Tamayo liegen, der in jenem Cuevas de Peladero genannten Gebiet lebte.

Wir verteilten unsere Truppe so, dass wir alle Wege überwachen konnten. Unsere Kontrolle reichte auf der einen Seite bis zu eben dem Weg, der von Ayao nach Pico Verde einmündet, mehrere Meilen vor Pino del Agua, und bis zu einem anderen, direkteren Weg, der in die Sierra Maestra hinaufführt und nicht von Lastwagen befahren werden kann. Die Gruppe von Pico Verde war klein und in ihrer Mehrzahl nur mit Gewehren bewaffnet; sie hatte den Auftrag, im Notfall Alarm zu geben, denn dieser Weg war gut für den Rückzug geeignet, und wir wollten ihn nach der Aktion benutzen. Efigenio Ameijeiras wurde damit beauftragt, einen der Zugangswege für die Nachhut zu überwachen, der auch aus dem Gebiet von Pico Verde kam. Lalo Sardiñas blieb mit einem Zug in dem Gebiet von El Zapato und überwachte eine Reihe von Holzfällerwegen, die am Ufer des Flusses Peladero enden. Das war eine übertriebene Vorsichtsmaßnahme, denn der Feind hätte einen sehr langen Marsch durch die Sierra zurücklegen müssen, um bis zu diesem Weg zu kommen, und es gehörte nicht zu seinen Methoden, in Kolonnen durch das Gebirge zu marschieren. Ciro Redondo war mit seinem ganzen Zug beauftragt, den Zugang über La Siberia zu verteidigen. In diesem Gebiet liegt die Verbindung zwischen El Uvero und Pino del Agua, das sind zwei Sägewerke, die untereinander durch einen Weg verbunden sind, der über den Ciro zugewiesenen Standort am Rande der Sierra Maestra führt.

Wir hatten unsere Truppe an der Seite des Weges verteilt, der von Guisa aufsteigt, auf einem waldbestandenen Felsen, sodass wir die Lastwagen überraschen und die Feuerkraft an der Stelle konzentrieren konnten, wo ihre Durchfahrt am wahrscheinlichsten war. Der gewählte Ort erlaubte es, die Lastwagen aus großer Entfernung zu sichten. Der Plan war einfach: Wir würden sie von beiden Seiten beschießen, den ersten Lastwagen in einer Kurve zum Halten bringen und das Feuer gegen alle nachfolgenden eröffnen, um sie ebenfalls zum Halten zu zwingen; wir dachten, dass wir drei oder vier Wagen überrumpeln könnten, wenn die Überraschung gelänge. Der Zug, der diese Aktion durchführen sollte, war am besten bewaffnet und hatte Männer als Verstärkung erhalten, die Hauptmann Raúl Castro Mercader unterstanden.

Ungefähr sieben Tage lagen wir geduldig im Hinterhalt, ohne dass wir die Truppen kommen sahen. Am siebenten, als ich mich in unserem kleinen Stab aufhielt, wo das Essen für die ganze im Hinterhalt liegende Truppe zubereitet wurde, meldete man mir, dass der Feind sich näherte. Da es an dieser Stelle sehr starke Steigungen gibt, hört man, noch bevor irgendetwas zu sehen ist, das Brummen der Lastwagen, die die schroffe Steigung erklimmen.

Unsere Truppe bereitete sich auf den Kampf vor. An der wichtigsten Stelle wurden die Männer unter dem Befehl des Hauptmanns Ignacio Pérez postiert, die den ersten Lastwagen anhalten sollten, und seitlich dazu die übrigen, die auf die verschiedenen Wagen schießen würden. Zwanzig Minuten vor dem Kampf setzte ein Wolkenbruch ein, was in der Sierra zu den alltäglichen Dingen gehört, und dieser Regen weichte uns bis auf die Knochen durch, aber die feindlichen Soldaten machten sich wegen des Wassers noch größere Sorgen als wegen eines möglichen Überfalls, und das war uns bei unserem Überraschungsangriff nützlich. Derjenige, der das Feuer eröffnen sollte, hatte ein Thompson-Maschinengewehr; er eröffnete mit ihm auch tatsächlich das Feuer, doch geschah das so, dass niemand getroffen wurde; die Schießerei wurde allgemein, und die Soldaten im ersten Lastwagen, die durch diese Aktion eher erschreckt und überrascht als verwundet wurden, sprangen auf den Weg und verschwanden hinter dem Felsen, nachdem sie einen wertvollen Kämpfer, den Dichter unserer Kolonne, getötet hatten, dem wir den Namen *Crucito* gegeben hatten und der José de la Cruz hieß.

Den Kampf kennzeichneten sonderbare Szenen; ein feindlicher Soldat flüchtete sich in der Straßenbiegung unter den Lastwagen und ließ seinen Kopf von niemandem sehen.

Es waren ein oder zwei Minuten vergangen, als ich an den Ort des Geschehens kam – und feststellte, dass sich viele infolge eines falschen Befehls zurückzogen, was bei Gefechten häufig vorkam. Arquímedes Fonseca hatte sich an einer Hand verwundet, als er das Maschinengewehr rettete, was dessen Bedienungsmann im Stich gelassen hatte. Man musste allen die Anweisungen geben, dass sie die Kampfhandlungen wiederaufnehmen sollten, außerdem mussten die von Lalo Sardiñas und Efigenio Ameijeiras geführten Truppenteile zusammenwirken, um den Schlag konzentriert durchzuführen. Auf der Landstraße stand ein Guerillero namens Tatín, der in dem Moment, als ich die Landstraße erreichte, mit herausfordernder Stimme zu mir sagte: »Da steckt er, unter dem Lastwagen, vorwärts, vorwärts, hier sieht man, was ein richtiger Mann ist.« Ich nahm meinen Mut zusammen, im Allerinnersten durch diese Äußerung beleidigt, die einen Zweifel an mir aufkommen ließ, aber als wir versuchten, uns dem unbekannten Soldaten zu nähern, der mit seinem automatischen Gewehr unter dem Lastwagen hervorschoss, mussten wir einsehen, dass der Preis, mit dem wir unser Draufgängertum beweisen konnten, zu hoch sein würde; weder mein Herausforderer noch ich selbst bestanden die Prüfung. Der Soldat zog sich mit seinem Maschinengewehr kriechend zurück und rettete sich davor, gefangen genommen oder getötet zu werden.

Es waren fünf Armeelastwagen; sie transportierten eine Kompanie. Die von Leutnant Antonio López geführte Gruppe erfüllte restlos ihren Auftrag, niemanden mehr durchzulassen, nachdem der Kampf begonnen hatte, und dort war der dritte Lastwagen zum Halten gebracht worden. Einige Soldaten leisteten jedoch energischen Widerstand und machten uns das weitere Vorrücken unmöglich. Die von Lalo Sardiñas und Efigenio Ameijeiras geführten Verstärkungen trafen ein, rückten auf die Lastwagen vor und brachen den Widerstand.

Die Soldaten flüchteten den Weg abwärts, die einen ohne jede Ordnung und andere in zwei Lastwagen, die sie gerettet hatten, während sie alle anderen Ausrüstungsgegenstände zurückließen.

Von Gilberto Cardero wurden wir über ihre Stärke und über einige ihrer Absichten informiert. Während eines Streifzuges unserer Truppe in anderen Gebieten war dieser Compañero gefangen genommen worden; er lebte eine Zeit lang als ihr Gefangener, und sie hatten ihn in der Absicht mitgebracht, dass er Fidel mit dem Inhalt eines Fläschchens vergiften sollte, den er ihm ins Essen zu schütten hätte. Als Cardero die Schüsse hörte, sprang er wie alle Soldaten vom Lastwagen, aber anstatt vor den Schüssen zu fliehen, stellte er sich uns sofort und schloss sich wieder unserer Truppe an, wobei er uns seine Odyssee erzählte. Als wir uns des ersten Lastwagens bemächtigten, fanden wir in ihm zwei Tote und einen Verwundeten, der in seiner Agonie noch Kampfbewegungen andeutete. Einer von unseren Leuten gab ihm den Gnadenschuss, ohne dass ihm die Möglichkeit zugestanden wurde, sich zu ergeben, wozu er auch nicht mehr fähig war, da er bereits halb bewusstlos war. Diese vandalische Handlung beging ein Kämpfer, dessen Familie von der Batista-Armee ermordet worden war. Ich machte ihm wegen jener Tat heftige Vorwürfe, ohne zu ahnen, dass mich ein anderer verwundeter Soldat belauschte, der sich mit einigen Decken eingehüllt hatte und still auf dem Wagenboden liegen geblieben war. Als er das und die Entschuldigungen hörte, die unser Compañero abgab, machte sich der feindliche Soldat bemerkbar und bat, ihn nicht zu töten; sein

Bein hatte einen Schuss abbekommen und war gebrochen; er blieb an einer Wegseite liegen, während der Kampf um die anderen Lastwagen weiterging. Jedes Mal, wenn ein Kämpfer an dem Mann vorbeilief, schrie er: »Töte mich nicht, töte mich nicht, Che sagt, die Gefangenen werden nicht getötet.« Als der Kampf zu Ende war, brachten wir ihn zum Sägewerk und behandelten seine Wunde, und er blieb dort, damit er später zurückgeschickt werden konnte.

In den anderen Lastwagen hatte es wenige Verluste für den Feind gegeben, aber wir hatten eine große Menge Waffen erbeutet.

Das endgültige Ergebnis des Kampfes war: ein automatisches Gewehr vom Typ Browning, fünf Garands, ein Dreibein-Maschinengewehr mit der dazugehörigen Munition und ein weiteres Garand-Gewehr, das von Efigenios Truppe beiseitegeschafft wurde. Efigenio gehörte der Truppe Fidels an und behauptete, dass die Teilnahme seines Zugs am Kampf entscheidend gewesen wäre, und deshalb müsse er einige von den eroberten Waffen bekommen. Aber Fidel hatte jene Truppe gerade deshalb unter meinen Befehl gestellt, damit sie uns im Kampf um die Gewinnung neuer Waffen helfen sollte, sodass ich die Proteste nicht beachtete und die Kampfbeute unter den Leuten meiner Kolonne verteilte, ausgenommen das eine Gewehr, das nicht in unsere Bestandsaufnahme eingegangen war.

Die Browning wurde Leutnant Antonio López übergeben, dem Befehlshaber einer jener Gruppen, die sich im Kampf am besten geführt hatten, und die Garands erhielten Leutnant Joel Iglesias und Virelles, ein Teilnehmer an der Expedition der Corinthia[2], der sich unserer Truppe angeschlossen hatte,

---

2 Corinthia: Im Mai 1957 landete in Kuba mit der Jacht Corinthia eine Gruppe junger Revolutionäre mit dem Ziel, den Kampf der Bewegung des 26. Juli zu unterstützen. Die Batista-Armee vernichtete diese Gruppe fast vollständig.

der Soldat Oñate und zwei andere, an die ich mich nicht erinnere. Die drei erbeuteten Lastwagen wurden verbrannt, um dem Feind größtmöglichen Schaden zuzufügen, denn sie mitzunehmen war uns unmöglich.

Während wir uns im Dorf sammelten, flogen ein paar Kleinflugzeuge vorüber, die über unseren Angriff informiert worden waren; wir nahmen sie jedoch unter Beschuss und vertrieben sie.

Einer der Brüder Pardo, Mingolo, hatte sich auf den Weg gemacht, um Fidel die Meldung zu überbringen, dass sich die Soldaten näherten – wenn ich das richtig im Gedächtnis behalten habe –, doch wir beschlossen, noch einen anderen loszuschicken, der die Ergebnisse des Kampfes melden sollte (und außerdem Cardero, damit er von seinem Abenteuer berichten konnte).

Wir ließen Ciro melden, dass er seine Position aufgeben sollte, da der Kampf schon zu Ende war und wir uns zurückziehen würden. Der Melder, Mongo Martínez, ging mit diesem Auftrag los.

Nach einer Weile hörten wir ein paar Schüsse; eine Gruppe unserer Schützen hatte einen Soldaten entdeckt, der so lief, als würde er sich verstecken; sie forderten ihn zum Stehenbleiben auf, und als er versuchte, Widerstand zu leisten, hatten sie auf ihn geschossen. Der Mann floh und ließ sein Gewehr zurück; sie übergaben uns eine Springfield als Zeichen ihres Sieges. Uns beunruhigte die Tatsache, dass es noch immer versprengte Soldaten in jenem Gebiet gab, das Gewehr aber nahmen wir in unsere Bestandsliste auf.

Nach zwei oder drei Tagen stieß Mongo Martínez wieder zu unserer Kolonne und meldete, dass einige feindliche Soldaten ihm in die Quere gekommen wären und ihn mit Flinten beschossen hätten, sodass er fliehen musste, weil er verwundet war. In seinem Gesicht waren deutlich Spuren der Schrotladungen zu erkennen, die Schüsse hatten es buchstäblich eingepudert; sein Gewehr war die Springfield, die unsere Schützen dem Feind abgenommen hatten. Das Ergebnis war, dass der verwundete Compañero eine Abkürzung benutzte, weil er glaubte, die Batista-Soldaten seien in der Nähe, und sich im Wald verirrt hatte, ohne Ciro Redondo von unserem Gefecht und dem Befehl zum Rückzug zu unterrichten. Ciro, der von Weitem den Lärm des Kampfes gehört hatte, schickte am nächsten Tag einen Melder, und so übermittelten wir ihm den Befehl zum zweiten Mal.

Während die B-26[3] tief über dem Sägewerk flogen und Opfer suchten, frühstückten wir ruhig in den verschiedenen Gebäuden, tranken Schokolade, die uns die Hausherrin servierte, obwohl sie die B-26, die fast die Dächer streiften, nicht mit großer Freude vorüberfliegen sah. Die Maschinen entfernten sich, und als wir uns in aller Ruhe zum Rückzug fertig machten, sahen wir auf dem Weg nach La Siberia, den Ciro bis wenige Stunden zuvor überwacht hatte, vier mit Soldaten beladene Lastwagen auftauchen. Es war eine andere Gruppe, die in entgegengesetzter Richtung zur ersten fuhr, um sich mit dieser zu vereinigen, und der wir einen ähnlichen Hinterhalt hätten legen können, aber es war schon zu spät; ein großer Teil unserer Truppe hatte sich auf sichere Positionen zurückgezogen. Wir gaben zwei Schüsse in die Luft ab, die das Zeichen zum Rückzug waren, und marschierten ruhig los.

In diesem Kampf, der wegen seiner Auswirkungen wichtig war, da er in ganz Kuba bekannt wurde, töteten wir drei Soldaten des Heeres und verwundeten einen (den Gefangenen, der wieder freigelassen wurde) und machten außerdem einen weiteren Gefangenen, den Efigenios Zug am nächsten Tag festgenommen hatte, als er das Gebiet zum letzten Mal durchkämmte; es war der Gefreite Alejandro, den wir mitnahmen

3 B-26: zweimotoriger Bomber aus US-Produktion

und der bis zum Kriegsende in unserer Kolonne blieb und als Koch arbeitete. An jener Stelle wurde *Crucito* begraben, den die Truppe in fassungsloser Trauer verabschiedete, denn sie hatte in ihm einen großen Compañero und ihren Bauerndichter verloren. *Crucito* führte regelmäßig erbitterte poetische Duelle mit Calixto Morales durch, den er den »Kuckuck der Sierra« nannte, im Gegensatz zu sich selbst, der »Nachtigall der Maestra«.

Bei diesem Gefecht zeichneten sich aus: Leutnant Efigenio Ameijeiras, Hauptmann Lalo Sardiñas, Hauptmann Victor Mora, Leutnant Antonio López und seine Gruppe, der damalige Soldat Dermidio Escalona und ebenfalls der Soldat Arquímedes Fonseca, dem das Dreibein-Maschinengewehr übergeben wurde; er sollte es bedienen, sobald die Schusswunde an seiner Hand ausgeheilt war. Auf unserer Seite hatten wir einen Leichtverletzten und einen Toten, weiterhin hatten sich einige Prell- oder Platzwunden durch Streifschüsse geholt, wozu auch Mongos Schroteinschüsse gehörten.

Wir zogen uns von Pino del Agua auf verschiedenen Wegen zurück und gingen wieder in das Gebirge von Pico Verde, um uns zu reorganisieren und die Ankunft des Compañero Fidel zu erwarten, der schon von unserem Gefecht erfahren hatte.

Die Auswertung des Kampfes ergab, dass er zwar ein politischer und militärischer Erfolg gewesen war, unsere Schwächen sich jedoch als ungeheuer groß erwiesen. Der Überraschungsfaktor hätte gründlich genutzt werden müssen, um die Insassen der drei ersten Wagen fast ganz zu vernichten; außerdem war, nachdem das Gefecht begonnen hatte, ein falscher Befehl zum Rückzug gegeben worden, der uns die Kontrolle über die Leute verlieren ließ und ihren Kampfeseifer minderte, und es war wenig Einsatzbereitschaft festzustellen, als die Wagen erobert werden sollten, die von wenigen Soldaten verteidigt wurden. Dann setzten wir uns unnötig Gefahr aus, indem wir eine Nacht im Sägewerk blieben, und der endgültige Rückzug vollzog sich in ziemlicher Unordnung. All das zeigte, wie dringend notwendig es war, die Kampfvorbereitung und die Disziplin unserer Truppe zu verbessern, eine Aufgabe, der wir uns in den folgenden Tagen widmeten.

EINE UNANGENEHME EPISODE

Gleich nach dem Gefecht von Pino del Agua widmeten wir uns der Aufgabe, den gesamten organisatorischen Apparat unserer Guerillatruppe zu verbessern, die zu jenem Zeitpunkt durch einige Einheiten Fidels verstärkt wurde, um sie als Kampfverband noch effektiver zu machen.

Die von Leutnant López geführte Gruppe, die sich in Pino del Agua ausgezeichnet hatte und deren Mitglieder alle sehr pflichtbewusste Jungen waren, wurde in eine Kommission für Disziplin gewählt, deren Aufgabe es sein sollte, die Einhaltung der festgelegten Normen für Wachsamkeit, Disziplin im Allgemeinen, Sauberkeit des Lagers und revolutionäre Moral zu überwachen und durchzusetzen. Doch die Kommission hatte ein kurzes Leben und löste sich wenige Tage nach ihrem Entstehen unter tragischen Umständen wieder auf.

In jener Zeit befanden wir uns in dem Gebiet des La Botella genannten Hügels in einem kleinen Lager, das wir gewöhnlich als Durchgangsstation benutzten, und wir führten die Hinrichtung eines früheren Deserteurs der Kolonne durch, dessen Name Cuervo war. Einige Monate zuvor war er unter Mitnahme seines Gewehrs geflohen; vom späteren Verbleib der Waffe wussten wir nichts, aber umso mehr von den Aktivitäten dieses Subjektes, denn unter dem Vorwand, für die revolutionäre Sache zu kämpfen und Denunzianten zu richten, plünderte er einfach einen Teil der Bevölkerung der Sierra aus, vielleicht im Einverständnis mit dem Heer.

Da er ein Deserteur war, ging die Verhandlung sehr schnell zu Ende, und wir nahmen seine physische Liquidierung vor. Das Verfahren, gesellschaftsfeindliche Individuen hinzurichten, die im Schutze der in dieser Gegend herrschenden Zwangssituation Übeltaten begingen, musste unglücklicherweise in der Sierra Maestra häufig angewendet werden.

Wir erfuhren, dass Fidel seinen Streifzug durch die Gegend von El Sonador beendet hatte, nachdem er bis Chivirico gelangt war, und dass er in unser altes Operationsgebiet zurückgekehrt war; deshalb marschierten wir zum Peladero, um zu versuchen, so schnell wie möglich mit ihm Verbindung aufzunehmen.

In jener Zeit lebte in der Küstenzone ein Kaufmann namens Juan Balansa, dessen Verbindungen zur Diktatur und zu den Großgrundbesitzern allgemein bekannt waren, obwohl man von ihm nicht sagen konnte, dass er als aktiv feindliches Element gegen unsere Guerilla auftrat. Darüber hinaus besaß Juan Balansa einen Maulesel, der in der ganzen Gegend hochberühmt war wegen seiner Widerstandskraft und Leistungsfähigkeit und den wir diesem Kaufmann als Kriegssteuer abnahmen.

Den Maulesel beschafften wir uns in dem Pinalito genannten Gebiet, in der Nähe des Flusses Peladero, zu dessen Ufer wir über fast senkrecht abfallende Felsen hinabsteigen mussten. Wir standen vor der Entscheidung, ihn entweder zu schlachten und das Fleisch in Stücken mitzunehmen oder ihn im feindlichen Territorium zurückzulassen oder aber zu versuchen, dass das Tier so weit lief, wie es konnte. Wir entschlossen uns zu diesem Versuch, da es sehr schwierig war, das Tier zu töten und das Fleisch zu transportieren; es stieg in entschlossener und sicherer Gangart über Stellen hinunter, wo man sich an Schlingpflanzen festhalten und hinabgleiten oder sich, so gut es ging, an Bodenvorsprüngen anklammern musste, als sogar das kleine Maskottchen, das wir mitführten – ein Hündchen –, auf den Armen der Kämpfer getragen werden musste. Der Maulesel lieferte Beweise für seine außerordentliche gymnastische Begabung.

Er wiederholte seine Heldentat, als wir den Peladero an einer mit großen Steinen bedeckten Stelle überquerten. Er sprang haarsträubend von Felsen zu Felsen, und das rettete ihm das Leben. Später ritt ich auf ihm, und er war mein erstes ständiges Reittier, bis er bei einem der zahlreichen Zusammenstöße, die wir in der Sierra hatten, in Sánchez Mosqueras Hände fiel.

Am Ufer des Peladero kam es zu der unangenehmen Episode, die die Auflösung der Kommission für Disziplin zur Folge hatte. Diese Kommission ging gerade gegen den Widerstand einer Reihe von Compañeros vor, die mit dem Aufstellen disziplinarischer Normen nicht einverstanden waren, was dazu zwang, drastische Maßnahmen zu ergreifen.

Eine Gruppe aus dem Nachhuttrupp spielte allen Mitgliedern der Kommission einen schlechten Streich, indem sie diese zur Untersuchung eines ihrer Meinung nach sehr großen Problems eilig zu Hilfe rief, und das Problem war ein Schmutzhaufen, den sie zur Verhöhnung ihrer Compañeros dort hingesetzt hatte. Als Folge dieses üblen Streichs wurden mehrere Mitglieder der Gruppe festgenommen. Dazu gehörte Humberto Rodríguez, der dadurch einen traurigen Ruhm erworben hatte, dass er sich mit Vorliebe als Henker anbot, wenn wir die schmerzliche Aufgabe zu erfüllen hatten, einen Verbrecher hinzurichten. Humberto Rodríguez sollte nach dem Sieg der Revolution zusammen mit einem anderen Soldaten einen Gefangenen ermorden, wonach beide aus dem Gefängnis La Cabaña flohen.

Zwei oder drei Compañeros wurden gemeinsam mit Humberto eingesperrt; unter den Bedingungen des Guerillakampfes bedeutete die Arreststrafe nichts allzu Schlimmes, doch wenn es ein ernstes Vergehen war, wendete man das zusätzliche Strafverfahren an, dem Rechtsverletzer einen oder mehrere Tage lang kein Essen zu geben, und das war schon eine empfindliche Strafe. Zwei Tage nach dem Zwischenfall, als die Hauptbeteiligten noch im Arrest saßen, wurde uns gemeldet, dass Fidel in der Nähe sei, in dem El Zapato genannten Gebiet, und ich ging dorthin, um ihn zu empfangen und mit ihm zu sprechen. Wir waren erst seit wenigen Minuten zusammen, als Ramiro Valdés mit der Meldung kam, dass Lalo Sardiñas, während er impulsiv einen undisziplinierten Compañero bestrafen und ihm mit der Pistole einen Schlag auf den Kopf geben wollte, versehentlich einen Schuss abfeuerte und den anderen auf der Stelle tötete. Es gab Anzeichen für eine beginnende Meuterei in der Truppe. Sofort erschien ich am Unglücksort und stellte Lalo unter Bewachung; die allgemeine Stimmung war ihm gegenüber sehr feindselig, und die übrigen Truppenangehörigen forderten, dass er vor ein Schnellgericht käme und hingerichtet würde.

Wir begannen mit der Zeugenvernehmung und der Beweisaufnahme. Die Meinungen gingen auseinander, einige behaupteten geradewegs, es wäre ein vorsätzlicher Mord, und andere, es sei ein Unfall gewesen. Unabhängig davon war es eine Tatsache, dass die körperliche Züchtigung eines Compañero in der Guerilla etwas Unerlaubtes darstellte und dass Lalo Sardiñas sich bereits mehrmals dazu hatte hinreißen lassen. Die Situation war kompliziert; Compañero Sardiñas war ein Kämpfer von großem Mut, ein anspruchsvoller Verteidiger der Disziplin und ein Mann mit großem Opfergeist. Diejenigen, die erbittert die Todesstrafe forderten, waren durchaus nicht die Besten der Gruppe. Eine Reihe von Faktoren spielte eine entscheidende Rolle, dazu gehörte mit an erster Stelle der Kampf um die Durchsetzung der Disziplin.

Die Zeugenvernehmungen gingen bis in die Nacht weiter. Fidel kam zu unserem Lager; er war gegen die Anwendung der Todesstrafe, doch er hielt es nicht für klug, eine derartige Entscheidung zu treffen, ohne die Meinung aller Kämpfer zu hören. Es folgte darauf ein Abschnitt des Prozesses, in dem Fidel und mir die Aufgabe zufiel, Verteidiger eines Angeklagten zu sein, der sich gleichmütig, ohne das geringste Zeichen von Furcht, anhörte, wie über sein Schicksal beraten wurde. Nach vielen impulsiven Reden, in denen sein Tod gefordert wurde, war ich an der Reihe, das Wort zu ergreifen; ich bat, man solle über dieses Problem gründlich nachdenken. Ich versuchte zu erklären, dass der Tod des Compañeros den Kampfbedingungen der Kriegssituation selbst zugeschrieben werden müsste und dass letzten Endes der Diktator Batista der Schuldige wäre. Aber für diese feindselig eingestellten Zuhörer klangen meine Worte sehr wenig überzeugend.

Die Nacht war schon hereingebrochen; wir hatten ein paar Kiefernfackeln und einige Kerzen angezündet, um die Diskussion fortsetzen zu können. Dann sprach Fidel über eine Stunde, er erklärte, warum seiner Meinung nach Compañero Sardiñas nicht hingerichtet werden dürfte. Und er schilderte, welche Fehler wir alle hatten, die Disziplinlosigkeiten und andere Verstöße, die wir täglich begingen, die Schwächen, die zu solchen Fehlern führten, und schließlich erklärte er, wie Lalo seine verwerfliche Tat begangen hatte, um das Ansehen der Disziplin zu schützen, und dass man dies immer bedenken müsse. Seine Stimme und seine persönliche Anwesenheit in jenem Wald, den die Fackeln erleuchteten, hatten etwas Pathetisches, und es war zu sehen, dass viele Männer aufgrund der Meinungsäußerung unseres Führers ihren eigenen Standpunkt änderten.

Seine enorm große Überzeugungskraft wurde in jener Nacht auf die Probe gestellt.

Trotz seiner Beredsamkeit war nicht alles geklärt, schließlich kamen wir zu der Überzeugung, dass wir über die beiden möglichen Entscheidungen abstimmen lassen sollten: sofortige Todesstrafe durch Erschießen oder Degradierung und nachfolgende Bestrafung.

Viele Kräfte, die von erregten Gemütern genährt wurden, rangen in den Bergen bei dieser kleinen Wahl miteinander, in der das Leben eines Mannes auf dem Spiel stand. Die Wahl musste unterbrochen werden, weil einige zweimal abstimmten und weil Propaganda gemacht wurde, die die aufgestellten Bedingungen verdrehte. Man erklärte zum zweiten Mal, welches die beiden möglichen Entscheidungen bei dieser Wahl waren, und alle wurden gebeten, ihren Willen klar und deutlich zu äußern.

Ich hatte die Aufgabe, in einem kleinen Notizbuch die Zahl der abgegebenen Stimmen zu berechnen. Lalo hatten viele von uns gern; wir erkannten seine Schuld an, doch wir wünschten, dass sein Leben gerettet würde, weil es von großem Wert für die Revolution war. Ich erinnere mich, dass Oniria, ein junges Mädchen, das sich unserer Kolonne angeschlossen hatte, sie war damals fast noch ein Kind, mit ängstlicher Stimme fragte, ob auch sie als Kämpfer der Kolonne wählen dürfe. Man erlaubte es ihr, und nachdem alle abgestimmt hatten, begann die Auszählung.

In kleine Tabellen, ähnlich denen, die man in der Medizin für Laboranalysen benutzt, trug ich die Ergebnisse dieser seltsamen Abstimmung ein. Die Stimmen waren äußerst gleichmäßig verteilt, und nach einigen Schwankungen ergab das Gesamtresultat, dass von den hundertsechsundvierzig Mitgliedern unserer Guerilla, die ihre Stimme abgegeben hatten, sechsundsiebzig der Meinung waren, man solle sich für eine andere Bestrafung entscheiden, und siebzig hatten die Todesstrafe gefordert. Lalo war gerettet.

Damit war die Angelegenheit nicht beendet. Am nächsten Tag beschloss eine Gruppe, die mit der Mehrheitsentscheidung nicht einverstanden war, sich von der Guerilla zu trennen. Darunter befanden sich zahlreiche Elemente von sehr geringem menschlichem Wert, aber auch tüchtige Jungen. Paradoxerweise zogen sich der Leutnant, der die Kommission für Disziplin führte, und mehrere Mitglieder dieser Gruppe unzufrieden aus der Rebellenarmee zurück. Ich erinnere mich an einige Namen: ein Compañero hieß Curro, ein anderer Pardo Jiménez, der, obwohl er der Neffe eines Ministers der Batista-Regierung war, am Kampf teilnahm. Auch Antonio López ging fort. Ich kenne das weitere Schicksal dieser Compañeros nicht; gemeinsam mit ihnen gingen jedoch auch drei Brüder Cañizares, deren Zukunft nicht heroisch war. Einer starb in der Schweinebucht, und ein zweiter wurde dort beim Invasionsversuch der Söldnertruppen gefangen genommen. Jene Männer, die die Mehrheit nicht respektierten und ihren Widerspruch dadurch bekundeten, dass sie aus dem Kampf ausschieden, stellten sich später in den Dienst des Feindes und kamen als Verräter zurück, um auf unserem Boden gegen uns zu kämpfen.

Es hatten sich schon Kräfte herausgebildet, die der Entwicklung unseres Revolutionskrieges neue Wesensmerkmale gaben. Die Führungskräfte und die Kämpfer gelangten allmählich zu einem höheren Bewusstsein; es wurde unsere ureigenste Überzeugung, dass eine Agrarreform und tiefe, vollständige Veränderungen in der sozialen Struktur unbedingt herbeigeführt werden mussten, um die grundlegende Veränderung des Landes zu erreichen. Doch diese Herausbildung eines höheren Bewusstseins bei den meisten und den Besten führte zu Zusammenstößen mit einer Reihe von Elementen, die nur aus Abenteuerlust in den Kampf gegangen waren, oder vielleicht auch, um dabei nicht nur Lorbeeren zu ernten, sondern ebenso zu Wohlstand zu gelangen.

Einige andere Unzufriedene schieden ebenfalls aus, an deren Namen ich mich in diesem Augenblick nicht erinnere; einen aber habe ich bis heute im Gedächtnis behalten: Roberto, der später dem lächerlichen Conte Agüero eine ganz verlogene und sehr lange Geschichte erzählte, die dieser in der Zeitschrift *Bohemia* veröffentlichte. Lalo Sardiñas wurde seines Kommandos enthoben und verurteilt, sich dadurch zu rehabilitieren, dass er allein mit einer kleinen Patrouille gegen den Feind kämpfen sollte. Ein Leutnant aus unserer Truppe, Joaquín de la Rosa, der ein Onkel Lalos war, entschloss sich, mit ihm zu gehen. Als Ersatz für Hauptmann Sardiñas gab Fidel mir einen seiner besten Kämpfer: Camilo Cienfuegos, der zum Hauptmann und Führer der Vorhut unserer Kolonne wurde.

Wir mussten uns sofort in Marsch setzen, um die Versuche einiger Straßenräuber zu unterbinden, die unter dem Schutz des Namens unserer Revolution ihre Verbrechen an jenen Orten verübten, wo unsere ersten Kämpfe stattgefunden hatten, und die außerdem die Umgebung von Caracas und El Lomón verunsicherten. Die erste Aufgabe Camilos in unserer Kolonne war es, einen Eilmarsch zu unternehmen, um alle diese Elemente zu verhaften, damit sie später abgeurteilt werden konnten.

KAMPF GEGEN DAS BANDITENUNWESEN

Die Bedingungen in der Sierra erlaubten bereits ein freies Leben auf einem mehr oder weniger ausgedehnten Territorium. Dieses Gebiet war gewöhnlich nicht vom Heer besetzt, und die Soldaten drangen meistens nicht einmal einen Fußbreit darin ein. Wir hatten jedoch kein genügend umfassendes und strenges Verwaltungssystem organisiert, mit dem das ungestörte Auftreten von Männern zu verhindern gewesen wäre, die sich in Gruppen zusammenschlossen und unter dem Vorwand revolutionärer Aktionen Plünderungen vornahmen, als Banditen auftraten und eine ganze Reihe von kriminellen Handlungen begingen.

Darüber hinaus waren die politischen Bedingungen in der Sierra noch ziemlich labil; die politische Reife ihrer Bewohner hatte nur einen sehr oberflächlichen Charakter, und die Anwesenheit eines drohenden feindlichen Heeres in geringer Entfernung machte es unmöglich, diese Mängel zu überwinden.

Der feindliche Belagerungsring wurde wieder enger, und es gab Anzeichen für ein geplantes neues Vorrücken auf die Sierra; das machte die Bewohner dieses Gebietes nervös, und die schwächsten suchten schon nach einer Möglichkeit, sich vor der gefürchteten Invasion der Batista-Mörder zu retten. Sánchez Mosquera hatte sein Quartier in der Siedlung Minas de Bueycito aufgeschlagen, und ein neuer feindlicher Einfall war eindeutig vorauszusehen.

Trotzdem errichteten wir im Oktober 1957 im Tal von El Hombrito die Grundlagen eines freien Territoriums und kamen zu den ersten Ansätzen einer industriellen Produktion in der Sierra: ein Backofen, der damals eingeweiht wurde. In der gleichen Gegend von El Hombrito gab es ein Lager, das wie eine Vorprüfung für den Eintritt in die Guerilla war, wo Gruppen von jungen Männern, die sich unserer Truppe anschließen wollten, unter der Aufsicht einiger Bauern lebten, die das Vertrauen der Guerilla genossen. Der Befehlshaber dieser Gruppe hieß Arístidio, er hatte unserer Kolonne bis ein paar Tage vor dem Gefecht von El Uvero angehört, an dem er nicht teilnahm, weil er gestürzt war und sich dabei eine Rippe gebrochen hatte; später zeigte er wenig Neigung, weiter in der Guerilla zu bleiben.

Dieser Arístidio war typisch für jene Bauern, die sich der Revolution anschlossen, ohne klar zu wissen, was das bedeutete, und als er sich selber über die Lage Gedanken machte, hielt er es für angebrachter, in »Deckung« zu gehen. Er verkaufte seinen Revolver für ein paar Pesos und begann, in der Gegend herumzuerzählen, er wäre nicht so dumm, dass man ihn ruhig in seinem Haus festnehmen könnte, wenn die Guerilla abziehen würde, und er würde Verbindung zum Heer aufnehmen. Mehrere Versionen dieser Äußerungen Arístidios gelangten bis zu mir. Die Revolution erlebte damals schwere Augenblicke, und in Anwendung der Befugnisse, die ich als Chef eines Operationsgebietes hatte, vollstreckten wir nach einer kriegsgerichtlichen Untersuchung das Todesurteil an dem Bauern Arístidio.

Heute fragen wir uns, ob er tatsächlich so schuldig war, dass er den Tod verdiente, und ob man nicht ein Leben für die Etappe des revolutionären Aufbaus hätte retten können. Der Krieg ist schwer und hart, und in solchen Perioden, in denen der Feind seine Aggressivität verstärkt, kann man nicht einmal die kleinsten Anzeichen von Verrat dulden. Arístidio hätte sein Leben Monate vorher infolge der viel größeren Schwäche des Guerilla-Heeres oder Monate danach infolge einer relativ größeren Stärke vielleicht retten können, doch ihn traf das Missgeschick, dass seine Schwächen als revolutionärer Kämpfer gerade in jenem Moment auftraten, da wir genügend stark waren, um eine Handlungsweise wie die seine drastisch zu bestrafen, und nicht so stark, um sie auf andere Weise zu sühnen, weil wir kein Gefängnis und auch keine andersartigen Möglichkeiten hatten, ihn in Gewahrsam zu nehmen.

Vorübergehend verließen wir dieses Gebiet und verlegten unsere Truppen in Richtung auf Los Cocos am Fluss Magdalena, wo wir uns mit Fidel vereinigen und eine ganze Bande gefangen nehmen sollten, die von dem Chinesen Chang geführt wurde und ihr Unwesen in der Gegend von Caracas trieb. Camilo, der mit der Vorhut früher abmarschiert war, hatte schon mehrere Gefangene gemacht, als wir in diesem Gebiet eintrafen, wo wir insgesamt etwa zehn Tage blieben. Dort, in einem Bauernhaus, wurde der Chinese Chang vor Gericht gestellt und zum Tode verurteilt, weil er als Anführer einer Bande mehrere Bauern ermordet, andere gefoltert und sich des Namens und des Eigentums der Revolution bemächtigt hatte, um Schrecken in der ganzen Gegend zu verbreiten. Zusammen mit dem Chinesen Chang wurde ein Bauer zum Tode verurteilt, der ein junges Mädchen vergewaltigt hatte, wobei er die Autorität als Kurier der Rebellenarmee missbraucht hatte. Gemeinsam mit ihnen wurde ein großer Teil der Mitglieder dieser Bande verurteilt; sie bestand aus einigen Jungen, die aus den Städten kamen; und im Übrigen aus Bauern, die sich von dem freien und gleichzeitig bequemen Leben ohne Unterwerfung unter irgendeine Ordnung, wie es ihnen der Chinese Chang geboten hatte, verführen ließen.

Die meisten wurden freigesprochen, und wir beschlossen, an drei von ihnen eine symbolische Bestrafung vorzunehmen. Zuerst wurden der Bauer, der das Mädchen vergewaltigt hatte, und der Chinese Chang hingerichtet; beide waren gefasst, sie wurden an Baumstämme gebunden, und der Erste, der Notzuchtverbrecher, starb, ohne dass man ihm die Augen verbinden musste, das Gesicht den Gewehren zugewandt, mit Hochrufen auf die Revolution. Der Chinese Chang sah dem Tod in aller Ruhe entgegen, doch er bat darum, dass ihm Pater Sardiñas die Sterbesakramente reiche, der sich in jener Zeit weit vom Lager entfernt aufhielt. Man konnte ihm diesen Wunsch daher nicht erfüllen, und darauf bat Chang, man möge schriftlich bestätigen, dass er um einen Priester gebeten hatte, als ob jenes öffentliche Zeugnis ihm im Jenseits als mildernder Umstand angerechnet werden könnte.

Dann wurde die symbolische Erschießung von drei der Jungen vorgenommen, die den größten Anteil an den Gewalttaten des Chinesen Chang hatten, aber bei denen Fidel meinte, dass man ihnen eine Chance geben sollte. Ihnen wurden die Augen verbunden, und sie mussten die harte Strafe einer vorgetäuschten Erschießung aushalten. Als die drei merkten, dass sie nach den Schüssen in die Luft noch am Leben waren, gab mir einer von ihnen einen reichlich sonderbaren und spontanen Beweis seines Jubels und seiner Dankbarkeit, nämlich einen schallenden Kuss, als stünde er seinem Vater gegenüber. Augenzeuge und Berichterstatter über diese Ereignisse war der CIA-Agent Andrew Saint George, dessen in der Zeitschrift *Look* veröffentlichte Reportage ihm in den Vereinigten Staaten einen Preis für die sensationellste Reportage des Jahres einbrachte.

Dieses System, das hier zum ersten Mal in der Sierra angewendet wurde, mag heute barbarisch erscheinen, nur ist zu beachten, dass es keine andere mögliche Strafe für jene Männer gab, denen man das Leben bewahren konnte, die aber eine Reihe von ziemlich ernsten Vergehen zu verantworten hatten. Die drei traten in die Rebellenarmee ein, und über zwei von ihnen wurde mir berichtet, dass sie sich während der ganzen Aufstandsperiode glänzend geführt haben. Einer gehörte lange Zeit meiner Kolonne an, und bei Diskussionen unter den Soldaten, wenn Kriegstaten beurteilt wurden und jemand einige anzweifelte, die er schilderte, sagte er immer mit besonderem Nachdruck: »Ich habe wirklich keine Angst vor dem Tod, und Che kann das bezeugen«, womit er an die Episode seiner Erschießung erinnerte.

Zwei oder drei Tage darauf wurde auch eine andere Gruppe gefangen genommen, deren Hinrichtung für uns schmerzlich war. Zu ihr gehörten ein Bauer namens Dionisio und sein Schwager Juan Lebrigio, zwei jener Männer, die unsere Guerilla als Erste unterstützt hatten. Dionisio, der uns geholfen hatte, den Verräter Eutimio Guerra zu entlarven, und der uns in einem der schwierigsten Momente der Revolution Beistand leistete, hatte ebenso wie sein Schwager unser Vertrauen völlig missbraucht. Sie hatten sich alle Nahrungsmittel angeeignet, die uns die Organisationen in den Städten schickten, und sie hatten verschiedene Lagerplätze eingerichtet, wo Rinder wahllos abgeschlachtet wurden; auf diesem Wege waren sie dann sogar zu Mördern herabgesunken.

In dieser Zeit wurde die ökonomische Situation eines Mannes in der Sierra prinzipiell an der Zahl seiner Frauen gemessen, und Dionisio folgte dieser Gewohnheit und hielt sich selbst für einen Potentaten, weil die Revolution ihm Macht gegeben hatte. Er richtete sich drei Häuser ein, in denen er jeweils eine Frau und ein reichlich gefülltes Warenlager hatte. Während der Gerichtsverhandlung, als Fidel ihn empört wegen seines Verrats an der Revolution und wegen seiner Unmoral anklagte, weil er drei Frauen mit dem Geld des Volkes ausgehalten hatte, behauptete er mit bäuerlicher Naivität, dass es nicht drei, sondern zwei gewesen wären, denn die eine Frau sei seine eigene (was stimmte). Zusammen mit ihnen wurden zwei von Masferrer geschickte Spione erschossen, die überführt und geständig waren, und außerdem ein Junge namens Echevarría; diese drei sollten besondere Aufgaben in der Bewegung erfüllen. Echevarría, der zu einer Familie von Kämpfern der Rebellenarmee gehörte und dessen einer Bruder mit der Granma gekommen war, hatte eine kleine Truppe aufgestellt und mit ihr auf unsere Ankunft gewartet; aus unerklärlichen Gründen war er der Versuchung erlegen und hatte bewaffnete Raubüberfälle im Guerilla-Territorium durchgeführt.

Der Fall Echevarría hatte etwas Pathetisches, denn er sah zwar seine Verfehlungen ein, aber er wollte dennoch nicht hingerichtet werden; er flehte, man sollte ihm erlauben, im ersten Kampf zu sterben, er schwor, dass er dabei den Tod suchen würde, aber er wollte seine Familie nicht entehren. Nachdem ihn das Gericht zum Tode verurteilt hatte, schrieb Echevarría, den wir *El Bizco*[1] nannten, einen langen und rührenden Brief an seine Mutter, in dem er ihr die Gerechtigkeit der Strafe erklärte, die an ihm vollstreckt wurde, und ihr ans Herz legte, der Revolution treu zu sein. Als Letzter wurde ein pittoreskes Individuum erschossen, das wir *El Maestro* genannt hatten und der in einer schweren Zeit mein Begleiter gewesen war, als ich krank und allein in seiner Gesellschaft durch das Gebirge herumirren musste. Später hatte er sich von der Guerilla getrennt, indem er eine Krankheit als Vorwand benutzte, und auch er hatte ein unmoralisches Leben geführt, wobei er seine Heldentaten damit krönte, dass er sich für mich ausgab und den Arzt spielte, als er versuchte, ein junges Bauernmädchen zu missbrauchen, das wegen einer Krankheit, unter der es litt, seine ärztlichen Dienste in Anspruch nehmen wollte. Sie alle bekannten sich vor ihrem Tod zur Revolution, ausgenommen die beiden Spione Masferrers, und obwohl ich nicht bei diesen Ereignissen anwesend war, hat man mir doch erzählt, dass Pater Sardiñas, der diesmal bei uns war, als er einem der Verurteilten die Sterbesakramente geben wollte, von diesem zur Antwort bekam: »Schauen Sie, Pater, sehen Sie, ob das ein anderer braucht, denn ehrlich gesagt glaube ich nicht allzu sehr an so etwas.«

---

1 El Bizco: »Der Schieler«

Das waren die Männer, mit denen die Revolution gemacht wurde. Anfangs Rebellen gegen jede Ungerechtigkeit, einsame Rebellen, die sich allmählich daran gewöhnten, ihre eigenen Bedürfnisse zu befriedigen, und die einen auf gesellschaftliche Veränderungen orientierten Kampf nicht begriffen. Wenn die Revolution eine Minute ihre Kontrollaufgaben vernachlässigte, ließen sie sich Verfehlungen zuschulden kommen, die sie mit erschreckender Selbstverständlichkeit zum Verbrechen führten. Dionisio oder Juan Lebrigio waren nicht schlimmer als andere Gelegenheitsverbrecher, denen die Revolution verzieh und die sogar noch heute in unserer Armee dienen, aber der damalige Augenblick verlangte es, mit harter Hand durchzugreifen und eine exemplarische Bestrafung vorzunehmen, um jede sich anbahnende Undiszipliniertheit abzufangen und die Anarchiebestrebungen abzuwürgen, die sich in diesen Gebieten ausbreiteten, in denen keine stabile Verwaltung funktionierte. Ja noch mehr, Echevarría hätte ein Held der Revolution, ein ausgezeichneter Kämpfer werden können wie zwei seiner Brüder, die Offiziere der Rebellenarmee waren, aber zu seinem Unglück wurde er zu diesem Zeitpunkt straffällig und musste für seine Straftat in der geschilderten Art büßen. Wir waren im Zweifel, ob wir seinen Namen in diesen Erinnerungen erwähnen sollten oder nicht, doch seine Haltung war so würdig, so revolutionär, er sah dem Tod so standhaft ins Auge und erkannte die Gerechtigkeit seiner Bestrafung so klar an, dass wir meinen, sein Ende war nicht ehrlos; es war ein zwar tragisches, aber wertvolles Beispiel, das die Notwendigkeit begreiflich machte, dass unsere Revolution rein bleiben musste und nicht durch das Banditentum befleckt werden durfte, an das uns die Männer Batistas gewöhnt hatten.

An diesen Gerichtsverhandlungen nahm als Verteidiger zum ersten Mal ein Mann teil, der wegen einiger Meinungsverschiedenheiten, die ihn mit den Führern der Bewegung des 26. Juli in den Städten entzweit hatten, in die Sierra geflüchtet war. Er war Rechtsanwalt und wurde Landwirtschaftsminister der Revolutionsregierung, bis er zu dem Zeitpunkt zurücktrat, als das Gesetz über die Agrarreform unterzeichnet wurde (das die anderen Regierungsmitglieder unterschrieben, er allerdings wollte sich damit nicht kompromittieren): Sorí Marín.

Nachdem wir die schmerzliche Pflicht erfüllt hatten, Frieden und Moral in dem ganzen Gebiet wiederherzustellen, das von der Rebellenarmee verwaltet werden sollte, traten wir den Rückmarsch in unser Operationsgebiet von El Hombrito an, dazu teilten wir die Kolonne in drei Züge. Der die Vorhut bildende Zug stand unter dem Befehl von Camilo Cienfuegos und hatte als Leutnants: Orestes, der heute Comandante ist, damals übernahm er die Spitze der Vorhut; Boldo, Leyva und Noda. Der folgende Zug wurde von Hauptmann Raúl Castro Mercader befehligt, und seine Leutnants waren: Alfonso Zayas, Orlando Pupo und Paco Cabrera. Unsere Kommandantur bestand aus einem kleinen Stab, den Ramiro Valdés anführte, und Joel Iglesias war Leutnant. Joel war noch keine ganzen sechzehn Jahre alt, und seinem Befehl unterstanden Männer, die älter als dreißig waren; er redete sie respektvoll mit »Sie« an, wenn er ihnen Befehle gab, während sie ihm mit »du« antworteten, aber diszipliniert seinen Befehlen gehorchten. Der die Nachhut bildende Zug wurde von Ciro Redondo geführt, und er hatte als Leutnants: Vilo Acuña, Félix Reyes, William Rodríguez und Carlos Mas.

Ende Oktober 1957 setzten wir uns wieder in El Hombrito fest und begannen mit den Arbeiten, die das Gebiet zu einer zuverlässig von unserer Armee gesicherten Zone machen sollten. Aus Havanna waren zwei Studenten gekommen, der eine war angehender Ingenieur, und der andere studierte Veterinärmedizin, und mit ihnen begannen wir, die Pläne für ein kleines Wasserkraftwerk aufzustellen, das wir am Fluss El Hombrito aufbauen wollten. Außerdem schufen wir die Voraussetzungen für das Erscheinen der Mambí-Zeitung[2]. Dafür gab es einen alten Vervielfältigungsapparat, den man aus der Stadt hergebracht hatte; auf ihm wurden die ersten Nummern von *El Cubano Libre*[3] abgezogen, dessen hauptamtliche Redakteure und Drucker die Studenten Geonel Rodríguez und Ricardito Medina waren.

Dort, unter dem Schutz der offenherzigen und freigebigen Einwohner von El Hombrito, und vor allem von unserer guten Freundin unterstützt, der »alten« Chana, wie wir sie alle nannten, begannen wir, unser sesshaftes Leben zu organisieren. Wir bauten endlich den Backofen, den wir in einer verlassenen Hütte einrichteten, damit die Luftwaffe kein neues Gebäude entdecken sollte. Darüber hinaus ließen wir eine ungeheuer große Fahne der Bewegung des 26. Juli mit den Worten »Glückliches Jahr 1958« anfertigen; sie wurde an einem der höchsten Felsen von El Hombrito angebracht, damit sogar die Einwohner von Minas de Bueycito sie sehen konnten. Wir unternahmen inzwischen Märsche durch dieses Gebiet, um eine wirkliche öffentliche Autorität durchzusetzen, und wir bereiteten uns darauf vor, dem bereits nahe bevorstehenden Einmarsch Sánchez Mosqueras standzuhalten, indem wir die Zugangswege nach El Hombrito in jenen Sektoren befestigten, wo ein Eindringen am wahrscheinlichsten war.

---

2 Mambí: Bezeichnung für den gegen die spanische Kolonialmacht kämpfenden kubanischen Rebellen (Plural Mambises)

3 El Cubano Libre: »Der freie Kubaner«

DAS ERMORDETE HÜNDCHEN

Für die schwierigen Bedingungen der Sierra Maestra war dies ein ruhmreicher Tag. Durch Agua Revés, eines der steilsten und unzugänglichsten Täler im Turquino-Becken, verfolgten wir geduldig die Truppe Sánchez Mosqueras. Der starrköpfige Mörder ließ hinter sich eine Spur aus verbrannten Hütten zurück und verbreitete düstere Trauer in der ganzen Region, aber sein Weg musste ihn notgedrungen zu einem der zwei oder drei Punkte der Sierra hinaufführen, wo Camilo auf ihn warten sollte. Das konnte auf dem Nevada-Gipfel sein oder auf einer anderen Berghöhe, die wir den »Gipfel des Hinkenden« nannten und die jetzt »Gipfel des Todes« heißt.

Camilo war mit etwa zwölf Mann, einem Teil seiner Vorhut, in großer Eile abmarschiert, und jene geringe Zahl sollte auf drei verschiedene Stellen verteilt werden, um eine Kolonne von etwas über hundert Soldaten aufzuhalten. Mein Auftrag war es, Sánchez Mosquera in den Rücken zu fallen und ihn zu umzingeln. Unsere Hauptabsicht war, ihn einzukreisen, und deshalb sahen wir mit viel Geduld und Abstand zu, wie die feindliche Nachhut die Hütten verwüstete und in Brand steckte; wir waren weit entfernt, aber wir konnten die Rufe der Soldaten hören. Wir wussten nicht, wie viele sie insgesamt waren. Unsere Kolonne marschierte mühsam über die Hänge, während der Feind am Grund des engen Tales vorrückte.

Alles hätte sich vorzüglich entwickelt, wenn nicht unser neues Maskottchen gewesen wäre, ein kleines Jagdhündchen, das erst wenige Wochen alt war. Obwohl Félix ihm mehrmals drohend befohlen hatte, es solle zu unserem Operationszentrum zurückkehren – einem Haus, in dem die Köche zurückgeblieben waren –, lief der junge Hund weiter der Kolonne nach.

In jenem Teil der Sierra Maestra ist das Überqueren der Berghänge äußerst mühsam, weil es keine Pfade gibt. Wir kamen durch ein »Pelúa« genanntes unwegsames Dickicht, eine Stelle, wo die alten, abgestorbenen Bäume einer »Tumba« – eines Holzschlages – von neuer Vegetation überwuchert waren, und das Vorwärtskommen wurde äußerst mühsam. Wir sprangen zwischen Baumstümpfen und Gestrüpp hin und her und versuchten, den Kontakt zu unseren Gästen nicht zu verlieren. Die kleine Kolonne bewahrte Schweigen auf ihrem Marsch, wie es in solchen Fällen notwendig war, kaum ein abgeknickter Zweig störte das gewohnte Rauschen des Waldes; doch plötzlich wurde es durch das verzweifelte und nervöse Gebell des Hündchens unterbrochen. Das Tierchen war zurückgeblieben und bellte aus Leibeskräften, um seine Herren zu rufen, damit sie es aus seiner beängstigenden Lage befreiten. Jemand holte das Tierchen, und wieder liefen wir weiter; doch als wir in einem Bachgrund ausruhten und ein Wachposten die Bewegungen des feindlichen Heeres belauerte, begann der Hund wieder sein hysterisches Gejaule. Er gab sich nun nicht mehr mit lauten Hilferufen zufrieden, er hatte Angst, dass man ihn zurückließ, und er bellte verzweifelt.

Ich erinnere mich an meinen scharfen Befehl: »Félix, dieser Hund heult nicht noch einmal, du übernimmst es, das zu erledigen. Erdrossele ihn. Er darf nicht wieder bellen.« Félix schaute mich mit ausdruckslosen Augen an. Im Kreis aller von Erschöpfung gezeichneten Truppenangehörigen bildeten er und das Hündchen eine Art Mittelpunkt. Ganz langsam nahm er einen Strick, legte ihn um den Hals des Tierchens und begann, ihn zusammenzuziehen. Das liebevolle Schwanzwedeln ging plötzlich in Zuckungen über, um allmählich mit einem lang anhaltenden Klagelaut zu verlöschen, der aus dem peinigenden Würgegriff um seine Kehle hervordringen konnte. Ich weiß nicht, wie lange es dauerte, doch uns allen kam die Zeit sehr lang vor, bis alles zu Ende war. Nach einer letzten nervösen Bewegung hörte der Hund auf zu zappeln. Er blieb leblos liegen, sein Köpfchen war auf die zu Boden gefallenen Baumäste herabgesunken.

Wir setzten unseren Marsch fort, ohne den Zwischenfall überhaupt zu erwähnen. Sánchez Mosqueras Truppe hatte einen Vorsprung gewonnen, und kurz darauf waren einige Schüsse zu hören. Rasch stiegen wir den Abhang hinab und suchten in diesem schwierigen Gelände den besten Weg, um die Nachhut zu erreichen; wir wussten, dass Camilo den Kampf eröffnet hatte. Wir brauchten ziemlich lange, bis wir an das letzte Haus vor der Anhöhe kamen; wir ergriffen bei unserem Marsch zahlreiche Vorsichtsmaßnahmen, weil wir jeden Moment damit rechneten, auf den Feind zu stoßen. Der Schusswechsel war heftig gewesen, aber er hatte nicht lange gedauert. Alle waren wir in gespannter Erwartung. Auch das letzte Haus war verlassen. Keine Spur von der Soldateska. Zwei Kundschafter stiegen zum »Gipfel des Hinkenden« empor, und bald kamen sie mit der Meldung zurück: »Oben ist ein Grab. Wir haben es geöffnet und einen beerdigten Casquito[1] gefunden.« Sie brachten auch die Papiere des Toten mit, die sie in seinen Hemdtaschen gefunden hatten. Es hatte also einen Kampf und einen Toten gegeben. Der Tote gehörte zu ihnen, aber mehr wussten wir nicht.

Entmutigt und langsam machten wir uns auf den Rückweg. Bei zwei Erkundungspatrouillen wurde eine breite Spur auf beiden Seiten des Kammgebietes der Maestra gefunden, aber sonst nichts. Bei unserem Rückmarsch benutzten wir nun schon den Talweg, doch wir kamen nur langsam vorwärts.

In der Nacht kamen wir zu einem Haus, das ebenfalls leer war. Es lag in der Siedlung Mar Verde, und dort konnten wir ausruhen. Rasch wurden ein Schwein und etwas Maniok zubereitet; kurz darauf war das Abendessen fertig. Jemand sang

1 Casquito: »Kleiner Helm«, Spitzname für die Batista-Soldaten

ein Lied und spielte dazu auf einer Gitarre, denn diese war wie alle Haushaltsgegenstände liegen geblieben, als die Bauernhäuser schlagartig verlassen wurden.

Ich weiß nicht, ob das Lied sentimental war oder ob es die Nacht war oder die Erschöpfung … Sicher ist, dass Félix, der auf dem Boden sitzend aß, einen Knochen wegwarf. Ein Hund aus dem Haus kam zutraulich näher und hob ihn auf. Félix legte ihm die Hand auf den Kopf, und der Hund schaute ihn an; Félix schaute ihn nun auch an, und dann trafen sich unsere Blicke, die etwas Schuldbewusstes hatten. Wir wurden plötzlich still. In uns regte sich eine kaum nach außen dringende Gemütsbewegung. Vor uns allen erstand das ermordete Hündchen wieder mit seinem zutraulichen, spitzbübischen und etwas vorwurfsvollen Blick, obwohl es uns durch die Augen eines anderen Hundes anschaute.

DAS GEFECHT VON MAR VERDE

Kurz vor Morgengrauen, um fünf oder halb sechs Uhr früh, stand ich auf, nachdem ich ruhig geschlafen hatte. Mich weckte der sechste Sinn, den ich im Soldatenleben entwickelt hatte und den an jenem Tag die Müdigkeit und ein behagliches Bauernbett in der Ortschaft Mar Verde eingeschläfert hatten. Wir frühstückten in aller Ruhe, während wir auf Nachrichten von den zahlreichen Meldern warteten, die wir losgeschickt hatten, damit sie Verbindung zu den Guerillagruppen aufnehmen sollten.

Als die Sonne gerade erst aufgegangen war, kam einer der wenigen Bauern, die in diesem Gebiet geblieben waren, und überbrachte eine sonderbare und beunruhigende Meldung. Er hatte einige Soldaten gesehen, die Hühner und Eier in einem Haus gesucht hatten, das nicht weiter als einen halben Kilometer entfernt war. Sofort schickte ich ihn los, damit er alles, was er konnte, über die Soldaten in Erfahrung bringen sollte; er sollte Verbindung mit ihnen aufnehmen und ihre Stärke herausfinden. Der Bauer brachte nicht den Mut auf, seinen Antrag vollständig auszuführen, aber er informierte uns, dass im Haus von Reyes, ein oder zwei Kilometer weiter oben, bereits in der Sierra de la Nevada, sich eine große Gruppe von Soldaten einquartiert hätte. Das konnte niemand anderes als Sánchez Mosquera sein.

Wir mussten nun in aller Eile die geeignete Form finden, um den Kampf zu eröffnen und Sánchez Mosquera an einem günstigen Ort zu umzingeln, wo wir ihn dann vernichten könnten.

Zunächst mussten wir überlegen, wie er sich in der nächsten Zeit verhalten würde. Sánchez Mosquera konnte zwei

Wege benützen, einmal den zum Nevada-Gipfel, um nach einem ermüdenden Marsch über Santa Ana nach California zu kommen und von dort Minas de Bueycito zu erreichen, oder, was wegen der kürzeren Marschstrecke und der sich ihm dort bietenden Möglichkeiten logischer erschien, er konnte den umgekehrten Weg nehmen und über den Fluss Turquino zu dem kleinen Dorf Ocujal kommen, das direkt am Fuße des Pico Turquino liegt. Auf alle Fälle mussten wir schnell Verstärkungen zu diesen beiden Punkten schicken, um zu verhindern, dass er dort unsere Umzingelung durchbrach. Wenn er sich entschließen würde, den in die Sierra de la Nevada hinaufführenden Weg zu nehmen, gab es für uns keine Möglichkeit, ihm Truppen entgegenzustellen, außer wenn Camilo ihn verfolgt hatte.

Camilo hatte am Tag zuvor in dem Gebiet von Altos de Conrado mit den Truppen Sánchez Mosqueras gekämpft; und jetzt wussten wir nicht, wo er sich aufhielt.

Wider Erwarten trafen die Melder schnell ein. Die Reservekräfte, die wir in El Hombrito stationiert hatten, marschierten durch das Nevada-Gebiet und kamen durch den dort gelegenen Friedhof, um oberhalb von Sánchez Mosquera Stellung zu beziehen und ihm den Weg abzuschneiden. Camilo war gekommen und hielt sich in jenem Gebiet auf. Wir übermittelten ihm den Befehl, dass sie sich nicht sehen lassen und auch den Kampf nicht eröffnen sollten, bevor die ersten Schüsse zu hören wären, ausgenommen, dass Sánchez Mosquera versuchen würde, durch das von ihnen verteidigte Gebiet abzuziehen. An den westlichen Abschnitt schickten wir die Gruppen der Leutnants Noda und Vilo Acuña; im Osten schloss Hauptmann Raúl Castro Mercader den Belagerungsring. Meine kleine, durch einige Verstärkungen aufgefüllte Gruppe hatte den Auftrag, einen Hinterhalt zu legen, falls die feindlichen Truppen versuchen sollten, Richtung Küste hinunterzugelangen, was wir vermuteten.

In den ersten Morgenstunden, als wir die Einkreisung schon vollständig abgeschlossen hatten, wurde Alarm geschlagen. Man sah die Spitze der feindlichen Vorhut, die auf der Landstraße vorrückte; dieser Weg folgt einem kleinen Bach, der zum Fluss Turquino führt. Die Stelle, die wir für den Beginn des Kampfes gewählt hatten, wenn die feindlichen Truppen in meine Richtung marschieren würden, war seitlich gedeckt durch ein Gehege, das es unseren Truppen ermöglichte, sich an einer Seite der Umzäunung zu verstecken; jedoch konnten sie dadurch das Gelände nicht beobachten und auch nicht eingreifen, bevor der Kampf eröffnet wurde. So war die Lage auf der einen Wegseite, auf der anderen befand sich ein kleiner Hügel, dessen unterster Baum ein Mango war; dort hatte ich mich postiert. Ich sollte aus nächster Nähe auf die Soldaten schießen; ein oder zwei Meter weiter vorn waren Joel Iglesias und andere Compañeros. Die Position war ideal, um die ersten zu töten, aber sie erlaubte es nicht, den Kampf fortzusetzen; wir dachten, dass die feindlichen Truppen sich unverzüglich zurückziehen würden, um bessere Positionen zu suchen, und dass wir unsererseits dann den Hinterhalt verlassen könnten.

Wir hörten die Schritte der Soldaten fast über uns; im Gehege hatte man gesehen, dass es nur drei Männer waren, aber von dort aus konnten sie uns das nicht rechtzeitig melden. Damals war meine einzige Waffe eine Pistole vom Typ Luger, und ich war nervös wegen des Schicksals der zwei oder drei Compañeros, die dem Feinde näher waren als ich, sodass ich den ersten Schuss zu früh abgab und das Ziel verfehlte. Unverzüglich, wie es in solchen Fällen geschieht, wurde die Schießerei allgemein, und das Haus wurde angegriffen, in dem sich der Hauptteil der Kräfte Sánchez Mosqueras befand. Hier, im Hinterhalt, folgte eine Minute sonderbarer Stille; als wir gleich nach dem ersten Schusswechsel die Toten aufsammeln wollten, war niemand auf der Landstraße; neben jenem Weg lag ein Dickicht und darin eine in den Tibisí[1] geschnittene Lücke, durch die sich die feindlichen Soldaten davongeschlichen hatten. Wir begannen sofort, nach ihnen zu suchen, um sie einzukreisen, da keine weiteren Soldaten auftauchten.

Während wir umkehrten, benutzte Joel Iglesias, dem Rodolfo Vázques und Geonel Rodríguez folgten, den gleichen Weg wie die Soldaten, indem sie durch den Pflanzentunnel liefen. Ich hörte Joel rufen, er forderte sie zur Übergabe auf und versprach, ihr Leben zu schonen, wenn sie sich gefangen nehmen ließen. Plötzlich hörte man eine rasche Folge von Schüssen, und die Compañeros meldeten mir, dass Joel schwer verwundet sei. Joel hatte, wenn man alles recht bedenkt, ungewöhnliches Glück, denn aus drei Gewehren vom Typ Garand wurde aus nächster Nähe auf ihn geschossen. Sein eigenes Garand-Gewehr wurde von zwei Kugeln durchschlagen und dessen Kolben zerbrochen, eine weitere Kugel streifte seine Hand, die nächste seine Wange, zwei durchschlugen seinen Arm, zwei ein Bein, und ein paar weitere brachten ihm ebenfalls Schrammen bei. Er war blutüberströmt, aber trotzdem waren seine Verwundungen relativ leicht. Wir holten ihn sofort heraus und brachten ihn mit einer Hängematte zur Behandlung ins Lazarett.

Bevor wir in das allgemeine Gefecht eingreifen konnten, mussten wir weiter nach den drei Soldaten suchen. Plötzlich hörte man Silvas Stimme, er schrie: »Dort sind sie!« Mit einem Schuss seines zwölfkalibrigen Gewehrs gab er die Stelle an, und wenig später riefen die Soldaten, dass sie sich ergeben wollten. Dabei erbeuteten wir drei Gewehre vom Typ Garand und nahmen die Besitzer dieser Waffen gefangen; einer unserer guten Kämpfer war verwundet. So sah im Moment die Bilanz aus.

Wir schickten die Gefangenen unserem verwundeten Compañero nach, und nun konnten wir darangehen, den Kampf

1 Tibisí: Hochgras (Panicum arborescens), hat Ähnlichkeit mit niedrigem Bambusrohr.

zu organisieren. Wie aus dem Verhör der Soldaten hervorging, hatte Sánchez Mosquera etwa achtzig bis hundert Mann. Man konnte nicht wissen, ob diese Zahlenangabe zutraf oder nicht, doch das hatten die Gefangenen uns gegenüber behauptet. Sánchez Mosquera befand sich in einer gut gesicherten Stellung und hatte Maschinengewehre, leichte Waffen und reichlich Munition.

Wir erkannten, dass es besser sei, keinen Frontalangriff zu beginnen, dessen Ausgang zweifelhaft gewesen wäre, da unsere Truppen zwar ungefähr die gleiche Stärke hatten, aber schlechter bewaffnet waren, und weil Sánchez Mosquera sich in einer gut abgesicherten Verteidigungsstellung befand. Wir beschlossen, ihn unablässig zu belagern, um ihm Bewegungen unmöglich zu machen, bis die Nacht und damit der geeignete Augenblick für unseren Angriff kommen würde.

Wenige Stunden später kam jedoch die Nachricht, dass eine Verstärkung unter dem Kommando des Hauptmanns Sierra von der Küste heraufmarschierte. Wir organisierten sofort zwei Patrouillen, die sie aufhalten sollten. Eine Patrouille wurde von William Rodríguez geführt, sie sollte im Gebiet von Dos Brazos del Turquino angreifen. Die andere führte Leutnant Leyva, sie sollte die Verstärkung dann angreifen, wenn diese gerade eine Gebirgshöhe bezwungen hatte, die nur zwei Kilometer vom Kampfgebiet entfernt lag, in einer für uns sehr günstigen Position, und dort sollte sie ihre Vorhut vernichten. Die Vorbereitungen für die letztgenannte Stellung übernahm ich persönlich, während ich die Vorbereitung der zuerst erwähnten Hinterhalte der Initiative anderer Compañeros überließ. An der ganzen Front herrschte Ruhe, und nur von Zeit zu Zeit gaben wir einen Schuss gegen das Zinkdach des Hauses ab, in dem sich die Soldaten befanden, um sie so in Schach zu halten. Trotzdem hörten wir im Laufe des Nachmittags eine längere Schießerei am oberen Abschnitt der Position, und später erreichte mich die traurige Nachricht: Ciro Redondo, der versucht hatte, die feindlichen Linien zu durchbrechen, war gefallen, und wir konnten seine Leiche nicht mehr bergen, seine Waffen allerdings hatte Camilo zurückgeholt. Auf unserer Seite begann man ebenfalls Schüsse zu hören, mit ihnen kündigten die feindlichen Soldaten an, dass sie bald eintreffen würden. Nach kurzer Zeit kam es zu einem größeren Schusswechsel, und unsere Verteidigungsstellungen im südlichen Abschnitt wurden von der für Sánchez Mosquera eintreffenden Verstärkung aufgerollt.

Wir mussten uns zurückziehen. Wieder einmal hatte sich dieser Häscher gerettet. Wir gaben die entsprechenden Befehle, damit ein geordneter Rückzug erfolgen konnte, und auch wir setzten uns langsam ab; wir kamen zum Bach El Guayabo und erreichten dann das Tal von El Hombrito, das unser sicherstes Rückzugsgebiet war.

Als wir dort ankamen und die Bilanz aller Kampfhandlungen zogen, konnten wir Folgendes feststellen: Entsprechend den Berichten der Truppenangehörigen hatte es mehrere Tote gegeben, eine Meldung, deren Wahrheitsgehalt wir bei der Armee nicht mit Sicherheit nachprüfen konnten; das Gleiche hatten auch die Verteidiger der am weitesten südlich gelegenen Stellung erklärt, die unter dem Befehl von Leutnant Leyva standen. Trotzdem war eine Reihe von Tornistern verloren gegangen, die unsere Kämpfer im südlichen Operationsgebiet zur Aufbewahrung zurückgelassen hatten. Einer von ihnen, der Alberto hieß, war losgeschickt worden, um die Gefangenen fortzubringen, die wir am Morgen gemacht hatten; als er zurückkam, beschloss er, an jenem Ort zu bleiben und dort zu schlafen, anstatt wieder am Kampf teilzunehmen, und die feindlichen Truppen überrumpelten ihn im Schlaf und nahmen ihn gefangen; neben sich hatte er alle Tornister liegen. Später erfuhren wir, dass er im Gebiet von El Hombrito ermordet wurde.

Verwundet wurden: Roberto Fajardo und Joel Pardo bei einem anderen Gefecht mit Sánchez Mosquera, das einen Tag früher stattgefunden hatte; ein Kämpfer, der Reyes hieß, er hatte den Grad eines Hauptmanns erreicht, als er bald darauf fiel; Javier Pazos und Joel Iglesias. Ciro Redondo war gefallen. Unser Kummer war groß; das Bedauern, dass wir die Gelegenheit für einen Sieg über Sánchez Mosquera nicht nutzen konnten, verband sich mit unserem Schmerz über den Verlust unseres hervorragenden Compañeros Ciro Redondo.

Darauf schickte ich einen Brief an Fidel, in dem ich Ciro Redondos postume Beförderung vorschlug, und wenig später wurde ihm der beantragte Dienstgrad verliehen, was in unserer Zeitung *El Cubano Libre* veröffentlicht wurde.

Der Tag, an dem jenes Gefecht stattfand und an dem Ciro Redondo starb, war der 29. November 1957.

Kurz bevor wir uns zurückzogen, schlug eine Kugel in einen Baumstamm, der wenige Zentimeter von meinem Kopf entfernt war, und Geonel Rodríguez tadelte mich heftig, weil ich mich nicht geduckt hatte. Danach argumentierte dieser Compañero, der vielleicht wegen seines Ingenieurberufs zu mathematischen Spekulationen neigte, dass er mehr Chancen als ich hätte, das Ende der Revolution zu erleben, weil er sein Leben niemals aufs Spiel setzte, wenn es nicht notwendig war. Und das stimmte. Obwohl Geonel Rodríguez, der in diesem Gefecht seine Feuertaufe erhielt, niemals sein Leben unnütz aufs Spiel setzte, war er stets ein beispielhafter Kämpfer durch seinen Mut, seine Entschlossenheit und seine Intelligenz; das Ende des Revolutionskrieges konnte er jedoch nicht erleben: Einige Monate später fiel er während der großen Offensive des Heeres gegen unsere Positionen.

In der Nacht schliefen wir am Guayabo. Wir mussten alle Voraussetzungen schaffen, damit es keine Überraschungen gab und sie uns nicht in El Hombrito aufspüren konnten, ohne dass sie sich den Zugang erst heftig erkämpfen mussten. Das war im Augenblick unsere Hauptaufgabe.

ALTOS DE CONRADO

Die Tage nach dem Gefecht von Mar Verde waren von fieberhafter Aktivität gekennzeichnet. Die Überzeugung, dass unsere Streitkräfte noch nicht genügend Kampfkraft besaßen, um längere Gefechte oder erfolgreiche Belagerungen durchzuführen, und sie auch noch keinem Frontalangriff standhalten konnten, führte dazu, dass die Vorsichtsmaßnahmen im Tal von El Hombrito aufs Äußerste verschärft wurden. Dieses Tal liegt wenige Kilometer von Mar Verde entfernt, und um es zu erreichen, muss man die Landstraße hinaufsteigen, die nach Santa Ana führt; wenn man den kleinen Gebirgsbach El Guayabo überquert, gelangt man dann von Santa Ana zum Tal von El Hombrito. Doch das Tal ist auch über den Guayabo-Bach von Süden her zu erreichen, über den Berg Loma de la Botella, und außerdem über die Landstraße, die vom Bergwerk Mina del Frío heranführt.

Alle diese Punkte mussten wir verteidigen und ständig Wachen aufstellen, um so einen feindlichen Überraschungsangriff zu verhindern, bei dem sie ihre Truppen direkt durch die Berge vorrücken lassen könnten.

Die größeren Ausrüstungsgegenstände waren in das Gebiet von La Mesa verlegt worden, sie befanden sich im Haus von Polo Torres, und auch die Verwundeten hatten wir dorthin bringen lassen; der Einzige von ihnen, der wegen seiner Beinverletzung nicht laufen konnte, war Joel Iglesias.

Die Truppen Sánchez Mosqueras waren direkt in Santa Ana stationiert, obwohl einige andere Truppenteile auf dem Weg nach California abmarschiert waren und man ihren jetzigen Aufenthaltsort nicht kannte.

Vier oder fünf Tage nach dem Gefecht von Mar Verde wurde

Alarm geschlagen und der Befehl zum Kampf gegeben; die Truppen Sánchez Mosqueras rückten auf dem Weg vor, der für sie am logischsten war: derjenige, der direkt von Santa Ana nach El Hombrito führte. Unsere in den Hinterhalten liegenden Männer wurden sofort verständigt, und die Minen wurden überprüft. Diese ersten von uns angefertigten Minen hatten einen primitiven Zünder, der aus einer Sprungfeder und einem Nagel bestand; der Nagel schlug, wenn er aus seiner Befestigung gelöst wurde, durch die Sprungfeder angetrieben, gegen den Zündsatz; diese Minen hatten jedoch im Hinterhalt von Mar Verde nicht funktioniert, und diesmal funktionierten sie auch nicht.

Nach kurzer Zeit waren die Schüsse des Kampfes vom Befehlsstand aus zu hören, und es wurde gemeldet, weil die Minen nicht funktionierten und die feindlichen Truppen in so großer Zahl anrückten, hätten sich unsere Kämpfer zurückgezogen, doch nicht ohne dem Feind vorher einige Verluste zuzufügen. Der erste Tote bei den feindlichen Truppen wurde als ein großer, dicker Sergeant beschrieben, der einen 45er Revolver und die dazugehörige Ausrüstung bei sich hatte; er sei auf einem Pferd an der Spitze der Kolonne geritten.

Leutnant Enrique Noda und ein Kämpfer, der *El Mexicano* genannt wurde, sollten ihn mit ihren Gewehren vom Typ Garand aus wenigen Schritten Entfernung erschossen haben. Beide gaben die gleiche Beschreibung des Mannes. Außerdem wurde erzählt, dass es weitere Verluste gegeben hätte, sicher war jedoch, dass die Truppen Sánchez Mosqueras die Verteidiger in die Flucht geschlagen hatten.

(Wochen später kam ein Bauer namens Brito zu uns, um mir für unseren Großmut zu danken, denn man hatte ihn gezwungen, die Kolonne anzuführen, und er hatte gesehen, wie die Jungen auf ihn schossen, »um den anderen blauen Dunst vorzumachen«. Dieser gleiche Bauer informierte mich auch, dass bei diesem Gefecht niemand getötet wurde, in Altos de Conrado jedoch seien einige gefallen.)

Die von uns gehaltene Position war mit unseren wenigen Truppen so schwer zu verteidigen, dass wir keine eigentliche Verschanzung errichtet hatten. Es gab nur die alten Verteidigungslinien, die gebaut worden waren, um den Zugangsweg aus der Richtung von Minas de Bueycito zu sperren. Als der Feind auf der Landstraße vorrückte, brachte er unsere im Hinterhalt liegenden Männer in Gefahr, sodass wir ihnen allen den Rückzugsbefehl gaben und wir uns ebenfalls zurückzogen. Es blieben nur einige wenige Familien da, die den Mut hatten, den Übergriffen der Soldaten standzuhalten, weil sie entweder so tapfer waren oder weil sie insgeheim mit ihnen in Verbindung standen.

Langsam zogen wir uns auf dem Weg nach Altos de Conrado zurück. Altos de Conrado ist nur eine kleine Erhebung, die über die Grenzlinie der Maestra hinausragt; auf ihrem oberen Geländeabschnitt lebte ein Bauer namens Conrado. Dieser Compañero war Mitglied der Sozialistischen Volkspartei. Vom ersten Moment an hatte er Verbindung mit unseren Truppen aufgenommen und uns wertvolle Dienste geleistet; er hatte seine Familie fortgebracht, und das Haus war verlassen. Die Stelle war großartig für einen Hinterhalt geeignet, man konnte dorthin nur über drei enge Pfade gelangen, die sich durch die Gipfelregionen des Gebirges schlängeln und dicht von Bäumen umgeben sind; deshalb kann man sie sehr leicht verteidigen. Das ganze übrige Terrain ist durch steile Felskuppen und durch ebenso steile Hänge geschützt, die äußerst schwierig zu erklettern sind.

An einer Stelle, wo sich eine kleine Erdspalte befindet, wird der Weg breiter. Dort wurde alles vorbereitet, um den Angriff der Truppen Sánchez Mosqueras abzuwehren. Gleich am ersten Tag legten wir auch in den Herd des Hauses zwei mit Lunten versehene Bomben. Die Falle war sehr einfach ausgedacht:

Wenn wir uns zurückzogen, würden sie sich wahrscheinlich im Haus einquartieren und den Herd benutzen. In der Asche, vollkommen von ihr bedeckt, lagen die beiden Bomben. Wir hatten uns überlegt, dass die Hitze des Feuers oder Glut die beiden Lunten erreichen würde und so die Bomben zur Explosion brächten, wodurch dem Feind zahlreiche Verluste zugefügt werden könnten; aber natürlich war das ein Hilfsmittel für später, zunächst mussten wir in Altos de Conrado kämpfen.

Dort warteten wir drei Tage lang geduldig, wobei wir vierundzwanzig Stunden am Tag Wachen aufstellten. Die Nächte waren in jenen Höhen sehr kalt und feucht, und in jener Jahreszeit hatten wir wirklich nicht die notwendige physische Vorbereitung und waren es auch nicht gewohnt, die ganze Nacht gefechtsbereit unter freiem Himmel zu liegen.

Mit dem Vervielfältigungsapparat unserer Zeitung *El Cubano Libre*, deren erste Nummer in jenen Tagen erschienen war, hatten wir einen Aufruf an das Militär vorbereitet, den wir an die Bäume auf den Wegseiten hängen wollten, wo die Soldaten entlangkommen mussten. Am 8. Dezember morgens hörten wir oben auf der Felskuppe, wie sich die Truppe zum Aufstieg fertig machte und sich auf dem Weg hin und her bewegte; sie rückte bis zu einem Geländeabschnitt vor, der etwa zweihundert Meter unterhalb unserer Position lag. Wir ordneten an, dass die Aufrufe angebracht werden sollten, und Compañero Luis Olazábal übernahm diese Aufgabe. Wir hörten das Stimmengewirr der Truppe, die gerade bei einer sehr heftigen Diskussion war, aus der – vor allem von mir persönlich, denn ich lauschte vom Rand des Mauerwerks aus – ganz deutlich herauszuhören war, dass ein Befehlshaber, anscheinend ein Offizier, laut rief: »Sie gehen an der Spitze, verdammt noch mal«, worauf ein Soldat oder sonst irgendjemand zornig mit »Nein« antwortete. Die Diskussion hörte auf, und die Truppe setzte sich in Bewegung.

Streckenweise konnten wir die Kolonne, die sonst hinter den Bäumen verborgen war, auf dem Marsch beobachten. Als sie einige Zeit den Weg hinaufgeklettert waren, überkamen mich Zweifel, ob es gut war oder nicht, sie durch die Aufrufe vor dem Hinterhalt zu warnen. Schließlich schickte ich Luis von Neuem los, damit er die Papiere abreißen sollte, er konnte es nur in Bruchteilen von Sekunden tun, da die ersten Soldaten schon rasch nach oben kamen.

Die Anweisungen für den Kampf waren sehr einfach; wir vermuteten, dass, wenn sie die Lichtung erreichten, ein einzelner Soldat in einiger Entfernung vor seinen Kameraden marschieren würde, dieser zumindest musste fallen. Hinter einem großen Mastixbaum wartete Camilo auf ihn, sodass dieser Soldat, wenn er an ihm vorbeikam, sicherlich das aufmerksam beobachten würde, was weiter vorn geschah, und Camilo könnte mit seinem Maschinengewehr aus weniger als einem Meter Entfernung auf ihn schießen. Darauf würde das Feuer von beiden Flügeln allgemein eröffnet, wo sich mehrere Schützen postiert hatten, die durch den Wald völlig den Blicken entzogen waren. Leutnant Ibrahim und noch ein anderer lagen genau gegenüber dem Weg, etwa zehn Meter von Camilo entfernt, sie sollten ihn mit ihrem Frontalfeuer sichern, sodass sich niemand seiner Deckung nähern könnte, nachdem er den an der Spitze marschierenden Mann getötet hatte.

Meine Stellung lag ungefähr zwanzig Meter weiter an einer schräg abfallenden Stelle hinter einem Baumstamm, der die Hälfte meines Körpers schützte, und er war genau zur Wegöffnung gerichtet, wo die Soldaten entlangkamen. Einige Compañeros und ich konnten anfangs nichts beobachten, denn wir befanden uns in einem kahlen Gelände, und man hätte uns sehen können. Wir mussten warten, bis Camilo das Feuer eröffnen würde. Als ich gegen den von mir selbst gegebenen Befehl verstieß und Ausschau hielt, konnte ich einschätzen, was jener gespannte Moment vor dem Kampf bedeutete, in dem der erste Soldat auftauchte und misstrauisch nach beiden Seiten schaute, während er langsam vorwärtsging. Tatsächlich roch hier alles nach Hinterhalt; das kahle Gelände mit einer kleinen, ständig sprudelnden Quelle war ein sonderbarer Kontrast zu dem uns umgebenden, üppig wuchernden Wald. Von den verkohlten Bäumen waren einige umgestürzt, und andere standen aufrecht; sie machten einen unheimlichen Eindruck. Ich verbarg den Kopf und wartete auf die Eröffnung des Kampfes; ein Schuss ertönte, und sofort begannen alle zu feuern. Später erfuhr ich, dass nicht Camilo geschossen hatte; Ibrahim, durch das Warten nervös geworden, hatte vorzeitig geschossen, und in wenigen Augenblicken waren alle in den Schusswechsel verwickelt, obwohl man in Wirklichkeit von jedem Beobachtungsposten aus sehr wenig sehen konnte. Unsere isolierten Schüsse, von denen jeder einzelne tödlich sein sollte, und die Schüsse der Soldateska, die ihre Munition in langen Salven vergeudete, »schlossen aneinander an, aber vermischten sich nicht«, wobei man an dem einen oder anderen Geräusch erkannte, wer den jeweiligen Schuss abgegeben hatte. Nach wenigen Minuten – fünf oder sechs – hörte man über unseren Köpfen das erste Pfeifen von Granatwerfern oder Bazookas, die die Soldaten abschossen; sie flogen aber zu weit und explodierten in unserem Rücken.

Plötzlich hatte ich ein unangenehmes Gefühl, das mir ein wenig wie eine Brandwunde oder eingeschlafenes Fleisch vorkam, ein Signal für eine Schussverletzung am linken Fuß, der nicht durch den Baumstamm geschützt war. Ich hatte gerade mit meinem Gewehr geschossen (ich hatte eins mit Zielfernrohr genommen, um eine größere Schussgenauigkeit zu haben); als ich meine Verletzung bemerkte, hörte ich gleichzeitig das Getöse von Leuten, die schnell auf mich zukamen und dabei Zweige abknickten, als würden sie im Sturmschritt marschieren. Das Gewehr nützte mir nichts, denn es schoss nicht mehr; die Pistole war mir herausgefallen, als ich auf dem Boden gelegen hatte; sie befand sich unter meinem Körper, und ich konnte mich nicht aufrichten, denn ich war dem feindlichen Feuer direkt ausgesetzt. Während ich mich herumwälzte, so gut ich konnte, mit verzweifelter Schnelligkeit, gelang es mir, die Pistole im gleichen Moment zu ergreifen, als einer unserer Kämpfer, der *Cantinflas* genannt wurde, auftauchte. Zu der ausgestandenen Angst und dem Schmerz der Wunde kam plötzlich noch der arme *Cantinflas* hinzu, der mir sagte, dass er sich zurückziehe, weil sein Gewehr Ladehemmung hätte. Ich riss ihm das Gewehr aus der Hand, während er sich an meiner Seite duckte, und ich untersuchte seine Garand, deren Abzug lediglich leicht verkantet war, was zur Ladehemmung geführt hatte. Ich brachte ihm das Gewehr in Ordnung und stellte dabei eine Diagnose, die so scharf wie eine Messerklinge war: »Sie sind ein feiger Hosenscheißer.« *Cantinflas*, dessen Familienname Oñate war, nahm sein Gewehr und richtete sich auf, wodurch er die von dem Baumstamm gebildete Deckung verließ; als Beweis seines Mutes schoss er nun den Ladestreifen seiner Garand leer. Jedoch konnte er damit nicht ganz fertig werden, denn eine Kugel drang ihm durch den linken Arm und trat durch das Schulterblatt wieder aus, nachdem sie einen derart seltsamen Weg zurückgelegt hatte. Nun waren wir schon zwei Verwundete am gleichen Platz, und es war schwer für uns, den Rückzug im feindlichen Feuer vorzunehmen; wir mussten uns über die Stämme der Rodung gleiten lassen und dann unter ihnen entlanglaufen, obwohl wir derartige Verletzungen hatten und von den übrigen Männern nichts wussten. Nach und nach kamen wir voran, aber *Cantinflas* wurde ohnmächtig, und ich, der ich mich trotz der Schmerzen besser bewegen konnte, gelangte bis zu den anderen und bat sie um Hilfe.

Man wusste, dass es einige Tote unter den Soldaten gegeben

hatte, die genaue Zahl kannte man jedoch nicht. Nachdem die Verwundeten (wir zwei) geborgen waren, liefen wir bis zum Haus von Polo Torres zurück, das zwei oder drei Kilometer weiter unten in der Sierra Maestra liegt. Als der erste Augenblick der Euphorie und der Erregung in diesem Kampf vorüber war, wurden die Schmerzen immer heftiger und machten mir das Laufen unmöglich. Schließlich, auf halbem Wege, stieg ich auf ein Pferd, das mich bis zu dem improvisierten Lazarett trug, während *Cantinflas* auf unserer Feldbahre, einer Hängematte, dorthin getragen wurde.

Die Schießerei hatte bereits aufgehört, und wir vermuteten, dass die feindlichen Truppen schon Altos de Conrado eingenommen hatten. Wir stellten Posten auf, um sie am Ufer eines kleinen Baches an einer Stelle aufzuhalten, die wir »Pata de la Mesa«[1] getauft hatten. Wir organisierten inzwischen den Rückzug der Bauern und ihrer Familien, und ich schickte Fidel einen langen Brief, der die Ereignisse schilderte.

Ich beauftragte die von Ramiro Valdés angeführte Kolonne, sich mit Fidel zu vereinigen, denn es gab ein gewisses Gefühl der Unterlegenheit und der Angst in unserer Truppe, und ich wollte nur mit jenen Männern hierbleiben, die für eine bewegliche Verteidigung unbedingt notwendig waren. Camilo übernahm die Führung der kleinen Verteidigungsgruppe.

Weil nun scheinbar Ruhe herrschte, schickten wir am Tag nach dem Kampf einen unserer besten Kundschafter aus; sein Name war Lien, er sollte erkunden, was das feindliche Heer machte. Wir brachten dadurch in Erfahrung, dass die Truppen sich vollständig aus dem Gebiet zurückgezogen hatten; der Kundschafter kam bis zu dem Haus Conrados, und es gab dort keine Spur von Soldaten. Als Beweis für seinen Kontrollgang brachte er eine der beiden Bomben mit, die wir in der Hütte versteckt hatten.

---

1 Pata de la Mesa: »Tischbein«

Bei der Überprüfung der Waffen fehlte ein Gewehr, die persönliche Waffe von Compañero Guile Pardo; er hatte sie gegen eine andere vertauscht und beim Rückzug nur die neue mitgenommen und die alte in seiner Stellung zurückgelassen. Das war eine der schwersten Straftaten, deren man sich in der Guerilla schuldig machen konnte, und er erhielt deshalb einen unwiderruflichen Befehl: Nur mit einer Pistole bewaffnet, musste er das Gewehr aus den Händen des Feindes zurückholen oder ein anderes bringen. Deprimiert zog Guile los, um seinen Auftrag zu erfüllen, doch wenige Stunden später kam er lächelnd mit seiner eigenen Waffe in der Hand zurück. Die Lösung des Rätsels war, dass das Heer niemals über den Ort hinausgekommen war, an dem es sich verschanzt hatte, um unseren Angriff abzuwehren, und dass sich alle nach ihrer Seite zurückgezogen hatten, sodass keine Menschenseele bis zu unserer Stellung vorgedrungen war; das Gewehr hatte lediglich durch einen Regenguss gelitten.

Dieser Vormarsch des Heeres war für lange Zeit sein tiefstes Eindringen in die Sierra, und gerade in dieser Region drang es niemals weiter vor. Eine Spur aus verbrannten Häusern blieb wie stets hinter Sánchez Mosquera zurück, als er durch El Hombrito und andere Gebiete marschiert war. Unser Backofen war gewissenhaft zerstört worden, und zwischen den rauchenden Ruinen waren nur ein paar Katzen und ein Schwein zu finden, das dem Wüten der Invasionsarmee entgangen war, um nun in unseren Magen zu wandern. Ein oder zwei Tage nach dem Gefecht operierte mir Machado, der heute Minister für das Gesundheitswesen ist, mit einer Rasierklinge die Kugel eines Karabiners M-1 aus meiner Wunde heraus, wodurch der Heilungsprozess schnell einsetzen konnte.

Sánchez Mosquera hatte alles fortgeschleppt, was er tragen konnte, von Kaffeesäcken bis zu Möbeln, die seine Soldaten mitgenommen hatten. Dies erweckte den Eindruck, dass er einen Vorstoß in die Sierra nicht so bald wiederholen würde.

Wir mussten jetzt die neue politische Struktur des ganzen Gebietes vorbereiten und die Aufgabe wieder in Angriff nehmen, die Grundlagen für unseren industriellen Sektor zu schaffen. Dieses Zentrum sollte nun nicht mehr in El Hombrito liegen, sondern an einer weiter im Hinterland gelegenen Stelle, die bereits zum Gebiet von La Mesa gehörte.

Zuerst veröffentlicht in Verde Olivo, 6. Oktober 1963

EIN JAHR BEWAFFNETER KAMPF

Als das Jahr 1958 begann, lag mehr als ein Jahr des Kampfes hinter uns. Ein kleiner Überblick erscheint sinnvoll, der die von uns erreichte Situation auf militärischem, organisatorischem und politischem Gebiet umfasst und zeigt, wie wir allmählich Fortschritte gemacht haben.

In Bezug auf den militärischen Sektor wollen wir kurz daran erinnern, dass unsere Truppe am 2. Dezember 1956 am Strand von Las Coloradas landete, drei Tage später, am 5. Dezember, in Alegría de Pío überfallen und geschlagen wurde, sich am Ende des gleichen Monats neu gruppierte und La Plata angriff, eine kleine Kaserne am Ufer des gleichnamigen Flusses an der Südküste von Oriente, um so wieder mit Kampfhandlungen kleineren Umfangs zu beginnen, wie sie unserer nunmehrigen Stärke entsprachen.

Das Hauptmerkmal unserer Truppe in der Zeit von der Landung und der sich unmittelbar daran anschließenden Niederlage in Alegría de Pío bis zum Gefecht von El Uvero ist die Existenz einer einzigen, von Fidel Castro geführten Guerillagruppe und deren ständige Beweglichkeit (wir könnten diese Periode als die »Nomadenphase« bezeichnen).

Die Verbindungen mit der Bewegung in den Städten werden in der Entwicklungsphase zwischen dem 2. Dezember und dem 28. Mai, dem Zeitpunkt des Gefechtes von El Uvero, langsam hergestellt. Diese Verbindungen sind im hier analysierten Zeitraum dadurch zu charakterisieren, dass die Leitung der Bewegung in den Städten kein Verständnis für unsere Bedeutung als Vorhut der Revolution und für die überragende Rolle Fidels als deren Führer aufbrachte.

In diesem Moment bilden sich zwei unterschiedliche Meinungen über die anzuwendende Taktik heraus, die auf zwei unterschiedliche strategische Konzeptionen zurückzuführen waren und die damals mit den Namen »Sierra« und »Llano«[1] bezeichnet wurden. Und unsere Diskussionen und internen Auseinandersetzungen waren ziemlich heftig. Trotz alledem war unsere Hauptsorge in dieser Phase, unser Überleben zu sichern und eine Basis für den Guerillakrieg zu schaffen. Die Bauernschaft hat dabei einen Entwicklungsprozess durchgemacht, den wir wiederholt analysiert haben. In den Zeiten, die unmittelbar auf die Katastrophe von Alegría de Pío folgten, gab es ein warmes Gefühl der Kameradschaft und spontane Unterstützung für unsere geschlagene Truppe. Nach der erneuten Sammlung unserer Kräfte und den ersten Kampfhandlungen verbreiten sich in dem Maße, wie die Repressionsakte des Heeres einsetzen, unter den Bauern Schrecken und Kälte gegenüber unseren Streitkräften. Das Hauptproblem war, dass sie uns anzeigen mussten, wenn sie uns sahen, denn wenn das Heer über andere Informationsquellen von uns erfuhr, waren sie verloren. Eine Denunziation widersprach andererseits ihrem Gewissen, und außerdem kamen sie dadurch ebenfalls in Gefahr, denn die revolutionäre Justiz machte kurzen Prozess.

Trotz der vom Terror des Heeres eingeschüchterten, bestenfalls neutralen und schwankenden Bauernschaft, die, um dieser Schicksalsentscheidung aus dem Weg zu gehen, sich für die Methode entschied, die Sierra zu verlassen, festigte unser Heer seine Position zunehmend, es wurde immer mehr Herr der Lage und erreichte die absolute Kontrolle eines Gebietes in der

---

1 Llano: Ebene, Flachland. In der Begrifflichkeit der lateinamerikanischen Befreiungsbewegungen steht »Llano« für das Primat des revolutionären bewaffneten Kampfes in den Städten, was auch die Leitung des bewaffneten Kampfes in den Bergen bzw. im Landesinneren von den Städten aus einschließt; und Sierra, d.h. Gebirge, steht für das Primat des Kampfes und der Leitung des gesamten revolutionären Kampfes durch Einheiten, die in den Bergen bzw. im Landesinneren operieren.

Sierra Maestra, das über den Pico Turquino hinaus weiter nach Osten und bis in die Nähe des *Caracas* genannten Gipfels im Westen reichte. Nach und nach, als die Bauern sahen, wie unzerstörbar die Guerilla war und wie lange die Periode des Kampfes anscheinend dauern würde, reagierten sie in der logischsten Weise und traten als Kämpfer in unser Heer ein. Von jenem Augenblick an stärkten sie nicht nur unsere Reihen, sondern schlossen sich außerdem auch eng an uns an, und die Guerilla-Armee fasste in diesem Gebiet festen Fuß, da es für die Bauern charakteristisch war, dass sie in der ganzen Gegend Verwandte hatten. Damit erfolgte das, was wir »der Guerilla Strohhüte aufsetzen« nannten.

Die Kolonne wurde nicht nur durch den Zustrom von Bauern und einzelner Freiwilliger gestärkt, sondern auch durch Kräfte, die von der Nationalen Leitung und der Provinzleitung von Oriente geschickt wurden, die weitergehende Unabhängigkeit besaß. In der Periode, die von unserer Landung bis El Uvero reicht, trifft eine Kolonne bei uns ein, die aus ungefähr fünfzig Mann besteht und sich in fünf Züge aufgliedert; jeder dieser Kämpfer besitzt eine Waffe, obwohl diese Waffen nicht alle vom gleichen Typ und nur dreißig von guter Qualität waren. Vor der Ankunft dieser Gruppe hatten wir die Gefechte von La Plata und Arroyo del Infierno bestanden, wir waren in Altos de Espinosa überfallen worden, wobei wir einen Mann verloren hatten, und noch einmal wären wir im Gebiet von Gaviro beinahe einem Überraschungsangriff erlegen; ein Verräter hatte sich in unsere kleine Truppe eingeschlichen und das Heer dreimal zu unserem Aufenthaltsort geführt; er hatte den Auftrag, Fidel zu töten.

Mit den bitteren Erfahrungen, die wir bei diesen Überraschungsangriffen und durch das harte Leben im Gebirge gesammelt hatten, gewannen wir allmählich die kampferprobte Widerstandskraft von Veteranen. Im Gefecht von El Uvero erhielt die neue Truppe ihre Feuertaufe. Diese Aktion hat eine große Bedeutung, denn sie bezeichnet den Augenblick, in dem wir erstmals einen Frontalangriff gegen einen gut verteidigten Posten bei Tageslicht durchführten. Außerdem war dies eines der blutigsten Ereignisse des Krieges, wenn man die Dauer des Kampfes und die Stärke der an ihm teilnehmenden Truppe berücksichtigt. Als Folge dieses Gefechts wurden die Küstengebiete der Sierra Maestra vom Feind geräumt.

Nach El Uvero und nach dem neuerlichen Zusammenschluss der Hauptkolonne und einer kleinen Kolonne, die unter meiner Führung stand und zu der die Verwundeten gehörten, die aber auch durch verschiedene Einzelkämpfer verstärkt worden war, wurde ich zum Befehlshaber der Zweiten Kolonne ernannt, die später als die Kolonne Nummer vier bezeichnet wurde; sie sollte östlich vom Pico Turquino operieren. Es ist darauf hinzuweisen, dass die von Fidel persönlich geführte Kolonne hauptsächlich im Westen jenes Berggipfels und unsere auf der anderen Seite operieren sollte, soweit unsere Kräfte dafür ausreichten. Wir waren bei der taktischen Führung in bestimmtem Umfang unabhängig, aber Fidel war auch unser Oberbefehlshaber, mit dem wir durch Kurier jede Woche oder alle vierzehn Tage in brieflicher Verbindung standen.

Diese Teilung fiel zeitlich mit den Aktionen zum Jahrestag des 26. Juli zusammen, und während die Truppen der Kolonne eins, die den Namen »José Martí« trug, Estrada Palma angriffen und eine Reihe von Demonstrationen ihrer Stärke gaben, unternahmen wir einen Eilmarsch in das Gebiet von Bueycito. Als unsere erste selbstständige Aktion griffen wir diesen Ort an und nahmen ihn ein. Von dem angegebenen Datum bis zu den ersten Januartagen des Jahres 1958 wird das Gebiet der Rebellen konsolidiert; das Heer musste, um hier einzudringen, Kräfte konzentrieren und in starken Kolonnen vorrücken; die Vorbereitungen sind aufwendig und die Ergebnisse bescheiden, da es ihnen an Beweglichkeit fehlt. Mehrere feindliche

Kolonnen werden umzingelt und andere dezimiert oder zumindest zum Stehen gebracht. Die Geländeerfahrung und die Manövrierfähigkeit nehmen zu, die ortsfeste Periode oder die des dauerhaften Sichfestsetzens im Gebiet beginnt. Im ersten Angriff auf Pino del Agua benutzten wir subtilere Methoden, indem wir den Feind vollkommen täuschten, denn wir kannten bereits seine Gewohnheiten. Wie es Fidel vorausgesehen hatte, würde die Strafexpedition einige Tage, nachdem wir uns in der Gegend sehen gelassen hatten, dort auftauchen … und meine Truppe erwartete sie im Hinterhalt, während Fidel sich wieder in anderen Gegenden sehen ließ.

Ende des Jahres zogen sich die feindlichen Truppen wieder einmal aus der Sierra zurück, und wir beherrschten nunmehr das Gebiet zwischen dem Pico Caracas im Westen und Pino del Agua im Osten, im Süden lag das Meer, und im Norden befanden sich die kleinen Ortschaften in den Ausläufern der Sierra Maestra, die vom Heer besetzt waren.

Unser Operationsgebiet sollte sich beträchtlich erweitern, als wir mit allen unseren Streitkräften Pino del Agua zum zweiten Mal unter Fidels persönlicher Führung vereint angriffen und als zwei neue Kolonnen gebildet wurden, die sechste unter der Führung Raúls, die den Namen »Frank País« tragen sollte, und die Kolonne Almeidas. Beide Kolonnen gingen aus der ersten hervor, die von Fidel kommandiert wurde. Die erste Kolonne führte diesen aus ihr hervorgegangenen neuen Kolonnen ständig Verstärkungen zu, und diese Neuaufstellung von Kolonnen erfolgte, damit sich weitere Truppen in entfernten Gebieten festsetzen konnten. So sollte die mit der Aufstellung der Kolonne vier eingeleitete Entwicklung ausgeweitet werden, was sich mit dem Phänomen der Bildung neuer Bienenschwärme aus dem Mutterschwarm vergleichen lässt, der in diesem Fall die Kolonne eins war.

Die Konsolidierungsperiode unserer Armee, in der wir wegen unserer unzureichenden Stärke jene Positionen nicht angreifen konnten, die der Feind an befestigten und relativ leicht zu verteidigenden Punkten besetzt hielt, aus denen er aber auch nicht gegen uns vorging, war charakteristisch für die Zeit bis zum zweiten Gefecht von Pino del Agua, das am 16. Februar 1958 stattfand.

Auf unserer Seite hatten wir den Tod der Märtyrer der Granma zu beklagen; jeder einzelne dieser Verluste war für uns schmerzlich, doch besonders einschneidend wirkte sich für uns der Tod von Nico López und Juan Manuel Márquez aus. Andere Kämpfer, die durch ihre Tapferkeit und ihre moralischen Qualitäten großes Ansehen bei der Truppe errungen hatten, haben ihr Leben in diesem ersten Jahr hingegeben; von ihnen sollen genannt werden: Nano und Julio Díaz, die keine Brüder waren, sie sind beide im Gefecht von El Uvero gefallen, wobei Letzterer ein Veteran des Angriffs auf die Moncado-Kaserne war; Ciro Redondo, der im Gefecht von Mar Verde fiel; und Hauptmann Soto, der den Tod im Gefecht von San Lorenzo fand. In Bezug auf den Kampf in den Städten müssten wir außer einer großen Zahl von Märtyrern als den größten Verlust, den die Revolution bis zu jenem Augenblick erlitt, den Tod von Frank País in Santiago de Cuba erwähnen.

Zu der Aufzählung der Waffentaten in der Sierra Maestra sollte man die von den Gruppen in den Städten geleistete Arbeit hinzufügen. In allen wichtigen Ortschaften des Landes waren Gruppen aktiv, die das Batista-Regime bekämpften, aber die beiden wichtigsten Kampfzentren waren Havanna und Santiago. In Havanna versuchte die Bewegung erfolglos, eine bewaffnete Widerstandsorganisation aufzubauen, die sich ständig durch ihre Präsenz und ihre Aktionen bemerkbar machen sollte; Santiago hingegen wurde zu einem erstrangigen Frontabschnitt in der langen Schlacht gegen die Batista-Diktatur, es ist geografisch mit der Sierra Maestra verbunden.

Ein Mangel war, dass in der ganzen Zeit eine ununterbrochene Verbindung zwischen den Städten und der Sierra fehlte, was auf zwei grundlegende Faktoren zurückzuführen war: die geografische Isolierung der Sierra und die auf taktischem und strategischem Gebiet existierenden Meinungsverschiedenheiten zwischen den beiden Gruppen der Bewegung. Diese letztgenannte Erscheinung resultierte aus unterschiedlichen gesellschaftlichen und politischen Auffassungen.

Die Sierra war durch ihre natürlichen Bedingungen und außerdem durch die feindlichen Postenketten isoliert, die in bestimmten Zeiten außerordentlich schwer zu durchbrechen waren. In diesem kurzen Überblick des Kampfes, den das Land in einem Jahr geführt hat, sollte man auch auf die Aktionen anderer Gruppen von Kämpfern hinweisen, die im Allgemeinen scheiterten und ein trauriges Ende fanden.

Am 13. März 1957 griff das Direktorium der Studentenbewegung den Präsidentenpalast an; es hatte die Absicht, Batista hinzurichten. Bei jener Aktion fiel eine kleine Gruppe von ausgezeichneten Kämpfern, die der Vorsitzende der FEU[2] angeführt hatte: Manzanita Echeverría, eine große Kämpferpersönlichkeit und ein Symbol unserer Jugend.

Wenige Monate danach, im Mai, wurde ein Landungsunternehmen versucht, das wahrscheinlich vor dem Auslaufen des Schiffes aus Miami verraten wurde, denn es war mit dem Geld des Verräters Prío finanziert, und das Ergebnis war ein fast vollständiges Massaker seiner Teilnehmer. Es handelt sich um die Expedition der Corinthia, die Calixto Sánchez leitete, der wie fast alle seine Begleiter von Cowley getötet wurde, jenem Mörder, der in den Nordgebieten der Provinz Oriente wütete und den später Mitglieder unserer Bewegung hinrichteten.

Die ersten Kampfgruppen setzten sich im Escambray fest, einige von ihnen wurden von der Bewegung des 26. Juli und

---

2 FEU (Federación de Estudiantes Universitarios): kubanischer Studentenverband

andere vom Direktorium der Studentenbewegung angeleitet. Diese letztgenannten Gruppen führte anfangs ein Mitglied des Direktoriums, das später jene Abteilung verraten sollte und danach die ganze Revolution verriet; heute lebt dieser Verräter im Exil: Gutiérrez Menoyo.

Diejenigen Kämpfer, die sich zum Direktorium bekannten, bildeten eine Kolonne für sich, die später Comandante Chomón führte, und die übrigen gründeten die sogenannte Zweite Nationale Front des Escambray.

Es bildeten sich kleine Guerillazentren in der Sierra Cristal und in der Sierra Baracoa, die manchmal halb Guerillas und halb »Rinderdiebe« waren und deren Reihen von Raúl Castro gesäubert werden mussten, als er mit der Kolonne sechs in dieses Gebiet einmarschierte. Eine weitere Erscheinungsform des bewaffneten Kampfes in dieser Epoche ist die Erhebung im Marinestützpunkt von Cienfuegos am 5. September 1957, die Leutnant San Román führte, der kurz nach dem gescheiterten Aufstand ermordet wurde. Der Marinestützpunkt von Cienfuegos sollte diese Erhebung eigentlich nicht allein durchführen, und es handelte sich auch nicht um eine spontane Aktion; sie gehörte vielmehr zu einer großen Untergrundbewegung in den Streitkräften, die eine Gruppe von Militärs führte, die als »rein« bezeichnet wurden (die nicht mit den Verbrechen der Diktatur befleckt waren) und die – heute ist das klar zu erkennen – vom Yankee-Imperialismus unterwandert waren. Aus irgendeinem unerklärlichen Grund wurde der Aufstand auf einen anderen Zeitpunkt verschoben, aber der Marinestützpunkt von Cienfuegos entschied sich für die Erhebung, weil er die neue Anweisung nicht rechtzeitig erhalten hatte oder die Erhebung bereits nicht mehr aufhalten konnte. Im ersten Moment waren sie Herren der Lage, aber sie begingen den tragischen Fehler, nicht zur Sierra del Escambray zu marschieren, die nur einige Minuten von Cienfuegos entfernt liegt, als sie die ganze Stadt unter ihrer Kontrolle hatten und über die notwendigen Mittel verfügten, um diese Operation schnell durchzuführen und eine starke Front im Gebirge zu errichten.

Führer der Nationalen Leitung und der lokalen Leitung der Bewegung des 26. Juli kämpfen aktiv mit, und auch das Volk ist dabei, zumindest teilt es die Begeisterung, die der Aufstand hervorruft, und einige greifen zu den Waffen. Das mag den Anführern dieser Erhebung moralische Verpflichtungen auferlegt haben, die sie noch stärker an die eroberte Stadt banden, doch die Ereignisse entwickeln sich in einer Richtung, die für solche Handstreiche logisch ist und deren Konsequenzen die Geschichte bei früheren und späteren derartigen Aktionen zu verzeichnen hat. Offensichtlich ist dabei von Bedeutung, dass die auf Kriegsakademien ausgebildeten Militärs den Guerillakampf mit Geringschätzung ansahen und dass sie die Guerilla nicht für eine Erscheinungsform des Volkskampfes hielten. Und so kam es, dass die Aufständischen, da sie wahrscheinlich glaubten, ohne die Hilfe ihrer Waffenkameraden verloren zu sein, den Entschluss fassten, einen Kampf auf Leben und Tod in den engen Grenzen einer Stadt zu führen, mit dem Rücken zum Meer, bis sie praktisch von der zahlenmäßigen Überlegenheit des Feindes erdrückt wurden, der ohne Schwierigkeiten seine Truppen in Marsch setzen und um Cienfuegos zusammenziehen konnte. Die Bewegung des 26. Juli hätte als ein waffenloser Verbündeter das Gesamtgeschehen nicht ändern können, selbst wenn ihre Führer das Endergebnis deutlich vorhergesehen hätten, was aber auch nicht der Fall war. Die Lehre für die Zukunft besteht darin, dass die Strategie von dem bestimmt wird, der die Macht besitzt.

Die großen Massaker unter der Zivilbevölkerung, die wiederholten Misserfolge der feindlichen Streitkräfte und die Morde, die von der Diktatur an den verschiedenen von uns analysierten Frontabschnitten des Kampfes verübt wurden, zeigten, dass die Guerillastrategie in günstig gelegenen Gebieten die wirkungsvollste Erscheinungsform der Technik des Volkskampfes gegen eine despotische und noch starke Regierung war und dass sie dem Volk die wenigsten qualvollen Opfer abverlangte. Während sich unsere Verluste an den Fingern abzählen ließen, nachdem sich die Guerilla einmal festgesetzt hatte – obwohl es sich dabei um hervorragende Compañeros handelte, die sich durch ihren Mut und ihre Entschlossenheit im Kampf auszeichneten –, starben die einsatzbereiten Kämpfer auch in den Städten, aber mit ihnen gemeinsam fanden zahlreiche andere den Tod, die von geringerer Bedeutung für die Revolution waren, und sogar solche Menschen kamen um, die an den ihnen zur Last gelegten Taten unschuldig waren, weil man in den Städten zu leicht von Repressionsakten betroffen sein konnte.

Als dieses erste Jahr des Kampfes endete, vermittelte die Gesamtsituation den Eindruck einer allgemeinen Erhebung auf dem ganzen nationalen Territorium. Sabotageoperationen folgten einander, sie umfassten einige sachkundig durchgeführte Aktionen, die im Eifer persönlicher impulsiver Gefühlsregungen begangen wurden und deren schmerzliche Bilanz unschuldige Tote und das Opfer der besten Kämpfer war, ohne dass sie einen tatsächlichen Nutzen für die Sache des Volkes bedeuteten.

Unsere militärische Situation festigte sich, und das von uns besetzte Gebiet war groß. Wir befanden uns in bewaffnetem Friedenszustand mit Batista, seine Hauptleute kamen nicht in die Sierra hinauf, und unsere Truppen konnten nicht weit hinunter; der Feind kreiste uns so eng ein, wie es ihm möglich war, doch unsere Truppen konnten sich noch seinem Zugriff entziehen.

Auf organisatorischem Gebiet hatte unser Guerillaheer ausreichende Fortschritte erreicht, um am Ende des Jahres über kleine Aufkauforganisationen, einige minimale industrielle Dienstleistungsbetriebe, Lazarette und funktionierende Kommunikationssysteme zu verfügen.

Die Probleme, mit denen der Guerillero fertig werden musste, waren sehr einfach: Um als Einzelner existieren zu können, brauchte er Essen in geringer Menge, etwas Kleidung und ein paar unentbehrliche Medikamente; um als Guerilla existieren zu können, das heißt, als im Kampf stehende bewaffnete Gruppe, benötigte er Waffen und Munition und für seine politische Entwicklung Propagandamittel. Um diese minimalen Bedürfnisse befriedigen zu können, war ein Verbindungs- und Informationsapparat notwendig.

Anfangs ernährte sich die kleine Guerillagruppe, die aus ungefähr zwanzig Mann bestand, von einer mageren Ration, die aus irgendeiner der Pflanzen in der Sierra zubereitet wurde, ein Festessen war schon eine Hühnerbrühe oder ein Schwein, das uns die Bauern lieferten und das wir gewissenhaft bezahlten. In dem Maße, wie sich die Guerillatruppen und die Gruppen aus angehenden Guerilleros vergrößerten, die noch in der Ausbildung standen, war eine reichlichere Lebensmittelversorgung nötig. Die Bauern der Sierra haben keine Rinder, und im Allgemeinen bestand ihre ganze Ernährung aus dem Allernotwendigsten; sie sind vom Kaffee abhängig, den sie verkaufen, um die von ihnen benötigten Industrieartikel oder einige unentbehrliche Nahrungsmittel zu erwerben, wie etwa Salz, das es in der Sierra nicht gibt. Als erste Maßnahme schrieben wir einigen Bauern die Aussaat besonderer Bodenkulturen vor, wir sicherten ihnen den Absatz ihrer Ernte an Bohnen, Mais, Reis usw. zu, und gleichzeitig organisierten wir mit einigen Kaufleuten der angrenzenden Dörfer Versorgungssysteme, mit denen die Nahrungsmittel und einige Ausrüstungsgegenstände in die Sierra gebracht werden konnten. Es wurden Maultiertrupps zusammengestellt, die Eigentum der Guerillatruppen waren.

Die Medikamente erhielten wir aus der Stadt, doch nicht

immer in der erforderlichen Menge und Qualität; deshalb mussten wir auch eine bestimmte Organisation unterhalten, um ihre Lieferung zu sichern.

Schwierig war es, Waffen aus den Städten zu bekommen; zu den natürlichen Schwierigkeiten, die sich aus unserer geografischen Isolierung ergaben, kam der Bedarf der Gruppen in den Städten selbst hinzu, außerdem sperrten sie sich, Waffen an die Guerillatruppen weiterzugeben. Fidel hatte harte Diskussionen zu führen, damit einige Ausrüstungsgegenstände bei uns eintrafen. Die einzige wichtige Ladung, die wir in diesem ersten Jahr des Kampfes verzeichnen konnten, abgesehen von jener, die die neu zu uns gekommenen Kämpfer selbst mitbrachten, war ein Restbestand aus dem Vorrat an Waffen, die zuvor beim Angriff auf den Präsidentenpalast benutzt wurden und die unter Mithilfe von Babún, einem reichen Holzhändler und Großgrundbesitzer aus diesem Gebiet, transportiert wurden; wir haben diesen Mann bereits in unserem Bericht erwähnt.

Die Munition war sehr knapp; wir erhielten sie in beschränktem Umfang und nicht in den notwendigen Varianten. Wir konnten in der ersten Etappe nicht einmal Patronen neu füllen, ausgenommen die Kugeln für den 38er Revolver, die der Waffenmeister mit etwas Pulver nachfüllte, und einige 30-06er, die nur für die Hinterladergewehre benutzt wurden, da sie in den halb automatischen Gewehren zu Ladehemmung führten und deren genaues Funktionieren verhinderten.

Für die Organisierung des Lagerlebens und der Verbindungssysteme wurden einige sanitäre Regelungen getroffen. In dieser Zeit entstanden die Lazarette, eines von ihnen wurde in dem Gebiet errichtet, das unter meinem Befehl stand; es lag an einem ziemlich schwer zugänglichen Ort und gewährleistete relative Sicherheit für die Verwundeten, denn es war aus der Luft nicht einzusehen, aber die Feuchtigkeit, die an diesem von Bergen umgebenen Platz herrschte, war für die sich dort aufhaltenden Verwundeten oder Kranken ziemlich ungesund. Dieses Lazarett wurde von Compañero Sergio del Valle eingerichtet. Die Ärzte Martínez Páez, Vallejo und Piti Fajardo bauten in Fidels Kolonne gleichartige Lazarette auf, doch sie erreichten erst im zweiten Jahr des Kampfes eine höhere Qualität.

Der Bedarf der Truppe an Ausrüstungsgegenständen, wie etwa Patronentaschen, Patronengurte, Tornister und Schuhe, wurde durch eine kleine Sattlerei gedeckt, die wir in unserem Gebiet eingerichtet hatten (die erste Armeefeldmütze, die dort produziert wurde, überbrachte ich stolz einige Zeit später Fidel, aber ihretwegen spielte man mir einen schrecklichen Streich, denn man behauptete, sie wäre die Mütze eines »Guagüero«[3] ein Wort, dessen Bedeutung ich bis dahin nicht genau gekannt hatte; der Einzige, der sich mir gegenüber gnädig zeigte, war ein Angehöriger des von Batista eingesetzten Stadtrates aus Manzanillo, der uns aufgesucht hatte, um seinen Übertritt zu unseren Truppen auszuhandeln, und der sie als Souvenir mitnahm).

Unsere wichtigste neu gegründete Produktionseinrichtung war eine kleine Schmiede und Waffenfabrik, wo die defekten Waffen in Ordnung gebracht wurden und gleichzeitig Bomben, Minen unterschiedlichen Typs und die berühmte M-26 hergestellt wurden. Die Minen wurden anfangs aus Blech gefertigt und mit dem Sprengstoff aus den Bomben gefüllt, die die feindliche Luftwaffe häufig abwarf und die nicht explodierten; diese Minen funktionierten sehr mangelhaft, sie hatten außerdem einen Kontaktschlagbolzen, der durch Druck auf einen Zünder ausgelöst wurde und häufig versagte. Später kam ein Compañero auf den Gedanken, für größere Angriffsoperationen die vollständige Bombe zu benutzen, nachdem man ihren Zünder ausgebaut und an seine Stelle ein Gewehr mit einer Patrone

3 Guagüero: in Kuba Bezeichnung für Busfahrer

eingesetzt hatte; der Abzug wurde aus der Ferne mit einer Schnur betätigt, und die Bombe explodierte. Noch später vervollkommneten wir das System, indem wir spezielles Gusseisen herstellten und elektrische Zünder einsetzten, was bessere Resultate brachte. Obwohl wir mit dieser Entwicklung begannen, war es Fidel, der ihr wirklich zum Durchbruch verhalf, und später auch Raúl in seinem neuen Operationszentrum, wo er leistungsfähigere Industriebetriebe als die aufbaute, die in diesem ersten Kriegsjahr bestanden hatten.

Um die Raucher in unserer Truppe zufriedenzustellen, hatten wir eine Zigarettenfabrik, die sehr schlechte Waren lieferte, doch die Zigarren schmeckten wunderbar, wenn es keine anderen gab.

Die Fleischerei unseres Heeres wurde mit Schlachtvieh versorgt, das wir bei Denunzianten und Großgrundbesitzern beschlagnahmten, und dieses Fleisch wurde gerecht verteilt, ein Teil an die Landbevölkerung und ein Teil an unsere Streitkräfte.

Um unsere Ideen zu propagieren, gründeten wir zuerst eine kleine Zeitung, die zur Erinnerung an die Helden des Buschkriegs gegen die Spanier den Namen *El Cubano Libre* erhielt und von der drei oder vier Ausgaben unter unserer Leitung erschienen, dann übernahm sie Luis Orlando Rodríguez und später Carlos Franqui, der ihr neuen Elan gab. Wir hatten einen Vervielfältigungsapparat, den man aus der Stadt zu uns gebracht hatte, und mit ihm stellten wir die einzelnen Abzüge her.

Als dieses erste Kriegsjahr endete und das zweite begann, besaßen wir eine kleine Sendeanlage. Die ersten richtigen Sendungen brachten wir in den Februartagen des Jahres 1958, und als einzige Hörer hatten wir Pelencho, ein Bauer, dessen Hütte auf dem unserer Station gegenüberliegenden Hügel stand, und Fidel, der unser Lager besuchte, um die Vorbereitungen für den Angriff auf Pino del Agua zu organisieren, und der die

Sendung an unserem Empfangsgerät hörte. Allmählich verbesserte sich die technische Qualität der Sendungen, und die Anlage wurde dann an die Kolonne eins übergeben; sie war eine der Stationen Kubas mit der höchsten Einschaltquote, als die Kampfhandlungen im Dezember 1958 zu Ende gingen.

Alle diese kleinen Fortschritte, dazu gehörten auch einige technische Geräte, wie etwa eine Drehbank mit einer Grundplatte von einem Meter und einige Generatoren, die wir mühsam in die Sierra hinaufgebracht hatten, um elektrisches Licht zu haben, waren unseren eigenen Verbindungen zu verdanken. Angesichts der Schwierigkeiten mussten wir ein eigenes Verbindungs- und Informationsnetz schaffen, dabei übernahmen Lidia Doce in meiner Kolonne und Clodomira in der Fidels eine wichtige Rolle.

Uns halfen in jener Epoche nicht nur die Einwohner der angrenzenden Dörfer, sondern sogar die städtische Bourgeoisie trug mit einigen Ausrüstungsgegenständen zum Guerillakampf bei. Unsere Kommunikationsstränge reichten zu den Ortschaften Contramaestre, Palma, Bueycito, Las Minas de Bueycito, Estrada Palma, Yara, Bayamo, Manzanillo und Guisa, und diese Orte wurden als Zwischenstationen benutzt, um das Material dann mit Maultieren auf Geheimwegen in der Sierra bis zu unseren Positionen zu transportieren. Manchmal gingen die Truppen, die in der Ausbildung standen und noch keine Waffen hatten, mit einigen unserer bewaffneten Männer bis zu den nächsten Ortschaften wie Yao oder Minas hinunter, und in gut bestückten Läden der Gegend besorgten wir uns Lebensmittel, die wir dann auf unserem Rücken bis zu den Verstecken trugen. Der einzige Artikel, an dem es uns in der Sierra Maestra niemals oder fast niemals fehlte, war Kaffee; manchmal mussten wir sogar ohne Salz auskommen, das eine der lebenswichtigen Ernährungsgrundlagen ist und dessen gute Eigenschaften man erst ganz erkennt, wenn es nicht ausreichend vorhanden ist.

Als unser Rundfunksender schon in Betrieb war und die Kampfhandlungen unserer Truppen ohne jeden Zweifel im ganzen Gebiet der Republik bekannt waren, vermehrten sich die Verbindungen und wurden komplizierter; sie reichten nun sogar bis nach Havanna und Camagüey, wo wir wichtige Versorgungszentren im Westen und in Santiago im Osten hatten.

Der Informationsdienst war so aufgebaut, dass die Bauern des Gebietes uns unverzüglich nicht nur das Auftauchen des Heeres, sondern auch jeden Fremden meldeten, und wir konnten ihn leicht festnehmen, um seine Haltung zu überprüfen. Auf diese Weise wurden viele Agenten des Heeres und Denunzianten ausgeschaltet, die in das Gebiet eindrangen, um unser Leben und unsere Taten auszukundschaften.

Wir begannen mit dem Aufbau einer eigenen Gerichtsbarkeit, doch wir hatten noch keine für die Sierra gültigen Gesetze erlassen.

So war unsere Situation im organisatorischen Bereich, als das letzte Kriegsjahr begann.

Über den politischen Kampf ist zu sagen, dass er sehr kompliziert und widersprüchlich war. Die Batista-Diktatur hielt sich über Wasser, indem sie sich auf einen Kongress stürzte, der durch solche Wahlfälschungen zustande gekommen war, dass für die Regierung ein bequemes Übergewicht garantiert war.

Es war möglich, einige von der Regierungsmeinung abweichende Äußerungen zu verbreiten, wenn die Zensur aufgehoben war, aber offiziöse oder offizielle Sprecher des Regimes riefen mit gewaltigem Stimmenaufwand zur nationalen Eintracht auf, und ihre Erklärungen wurden ununterbrochen im ganzen nationalen Territorium von den Rundfunksendern übertragen. Die hysterische Stimme von Otto Meruelo wechselte mit den schwülstigen Ergüssen der Possenreißer Pardo Llada und Conte Agüero ab, und Letzterer formulierte seine im Rundfunk geäußerten Einfälle auch schriftlich und rief den »Bruder Fidel« zur Koexistenz mit dem Batista-Regime auf.

Die Oppositionsgruppen waren sehr vielgestaltig und ungleichartig, obwohl die meisten als gemeinsamen Nenner die Absicht hatten, die Macht an sich zu reißen (womit die Staatsfinanzen gemeint sind). Das führte zu schmutzigen inneren Auseinandersetzungen, mit denen dieser Sieg gesichert werden sollte. Diese Gruppen waren vollständig von Agenten Batistas unterwandert, die im gegebenen Augenblick jede einigermaßen wichtige Aktion verrieten. Trotz des gangsterhaften und karrieristischen Charakters dieser Gruppierungen hatten auch sie ihre Märtyrer, von denen sich einige die Wertschätzung der ganzen Nation erwarben, denn in der kubanischen Gesellschaft herrschte totale Orientierungslosigkeit, und ehrenhafte und mutige Männer opferten ihr Leben für die Bequemlichkeit solcher Persönlichkeiten wie Prío Socarrás.

Das Direktorium[4] ging zum bewaffneten Aufstand über, aber es trennte sich von unserer Bewegung und arbeitete eine eigene Linie aus; die Sozialistische Volkspartei handelte gemeinsam mit uns bei einigen konkreten Aktionen, doch es gab gegenseitige Vorbehalte, die ein gemeinsames Auftreten verhinderten, und grundsätzlich ist zu sagen, dass die Partei der Arbeiter die Rolle der Guerilla und auch die persönliche Rolle Fidels in unserem revolutionären Kampf nicht mit der nötigen Klarheit erkannt hatte.

In einer brüderlichen Diskussion sagte ich einem Führer der PSP einen Satz, den er anderen gegenüber als Ausdruck einer für die damalige Zeit gültigen Wahrheit wiederholte: »Ihr seid imstande, Kader auszubilden, die sich in einer dunklen Kerkerzelle in Stücke reißen lassen, ohne ein Wort zu

4 Gemeint ist das »Revolutionäre Direktorium des 13. März«.

sagen, aber ihr seid nicht imstande, Kader zu formen, die ein MG-Nest im Sturm nehmen können.«

Aus meinem besonderen Blickwinkel eines Guerillakämpfers hatte ich das Ergebnis einer strategischen Konzeption definiert, die den entschlossenen Kampf gegen den Imperialismus und das Wüten der Ausbeuterklassen propagierte, die aber die Möglichkeit nicht erkannte, wie die Macht zu erobern war.

Später sollten sich uns Mitglieder der PSP anschließen, die sich vorbehaltlos für die Guerilla einsetzten, doch der bewaffnete Kampf stand bereits kurz vor seinem Ende, und die Auswirkungen waren nicht allzu sehr zu spüren.

Innerhalb unserer eigenen Bewegung gab es zwei ziemlich klar ausgeprägte Tendenzen, die wir schon mit den Namen »Sierra« und »Llano«[5] bezeichnet haben. Differenzen in strategischen Auffassungen trennten uns. Die »Sierra« war bereits fest überzeugt, dass sie den Guerillakampf weiterentwickeln konnte; sie wollte ihn auf andere Gegenden ausdehnen und so von den Landgebieten her die von der Tyrannei beherrschten Städte einkreisen, um den ganzen Apparat des Regimes durch einen Abwürgungs- und Zermürbungskampf zusammenbrechen zu lassen. Der »Llano« vertrat eine scheinbar revolutionäre Position, nämlich den bewaffneten Kampf in allen Städten, der in einen Generalstreik münden sollte, dessen Folge der Sturz Batistas wäre und der die Machtergreifung innerhalb kurzer Zeit ermöglichen würde.

Diese Position war nur scheinbar revolutionär, denn in jener Epoche war die politische Entwicklung der Compañeros aus den Städten noch nicht vollständig abgeschlossen, und ihre Auffassungen über den Generalstreik waren zu eng. Ein überraschend ausgerufener und in der Illegalität organisierter Generalstreik, der ohne vorhergehende politische Vorbe-

---

5 »Sierra« und »Llano«, siehe Anmerkung 1 in diesem Kapitel

reitung und ohne Massenaktionen zustande kam, sollte am 9. April des folgenden Jahres zu einer Niederlage werden.

Diese beiden Tendenzen waren in der Nationalen Leitung der Bewegung vertreten, deren Zusammensetzung sich im Verlauf des Kampfes allmählich veränderte. In der Vorbereitungsphase, die bis zur Abreise Fidels nach Mexiko dauerte, bestand die Nationale Leitung aus Fidel selber, aus Raúl Castro, Faustino Pérez, Pedro Miret, Nico López, Armando Hart, Pepe Suárez, Pedro Aguilera, Luis Bonito, Jesús Montané, Melba Hernández und Haydée Santamaría, wenn meine Informationen zutreffen, denn meine persönliche Beteiligung war in dieser Epoche sehr begrenzt, und die erhalten gebliebene Dokumentation ist ziemlich dürftig.

Später zogen sich nach und nach wegen verschiedener Unstimmigkeiten Pepe Suárez, Pedro Aguilera und Luis Bonito aus der Leitung zurück, und während der Vorbereitung des Kampfes, als wir in Mexiko waren, traten Mario Hidalgo, Aldo Santamaría, Carlos Franqui, Gustavo Arcos und Frank País in die Nationale Leitung ein.

Von allen genannten Compañeros kamen nur Fidel und Raúl in diesem ersten Jahr in die Sierra und blieben dort. Faustino Pérez, der an der Expedition der Granma teilgenommen hatte, leitete die Arbeit in den Städten; Pedro Miret wurde ein paar Stunden vor der Abfahrt aus Mexiko festgenommen, und er blieb dort bis zum folgenden Jahr, in dem er mit einer Waffenlieferung nach Kuba kam; Nico López starb in den ersten Tagen nach der Landung; Armando Hart wurde am Ende des von uns analysierten Jahres gefangen genommen (oder am Anfang des folgenden); Jesús Montané wurde nach der Landung der Granma gefangen genommen; ebenso wie Mario Hidalgo blieben auch Melba Hernández und Haydée Santamaría mit Aktionen in den Städten beauftragt; Aldo Santamaría und Carlos Franqui sollten im folgenden Jahr am Kampf in der Sierra teilnehmen, aber 1957 waren sie nicht dort; Gustave Arcos blieb in Mexiko, um dort Verbindungen für politische und Versorgungsaufgaben aufrechtzuerhalten; und Frank País, der mit der Arbeit in der Stadt Santiago beauftragt war, starb im Juli 1957.

Danach, in der Sierra, sollten als Mitglieder aufgenommen werden: Celia Sánchez, die das ganze Jahr 1958 bei uns blieb; Vilma Espín, die in Santiago arbeitete und das Kriegsende in der Kolonne Raúl Castros erlebte; Marcelo Fernández, der Koordinator der Bewegung, der Faustino nach dem Streik vom 9. April ersetzte und nur einige Wochen bei uns war, denn sein Arbeitsgebiet waren die Städte; René Latour, der mit der Aufstellung der Milizen in den Städten beauftragt war und der nach der Niederlage am 9. April in die Sierra kam und als Comandante in den Kämpfen des zweiten Kriegsjahres heldenhaft fiel; David Salvador, der für die Arbeiterbewegung verantwortlich sein sollte und ihr seine opportunistische und spalterische Haltung vermittelte, später sollte er die Revolution verraten, und gegenwärtig ist er im Gefängnis. Außerdem traten einige Zeit später ein paar Kämpfer aus der Sierra, wie etwa Almeida, in die Leitung ein.

Wie man sieht, bildeten in dieser Etappe die Compañeros aus den Städten die Mehrheit, und ihre politische Herkunft, die nicht tief gehend vom revolutionären Reifungsprozess beeinflusst wurde, ließ sie zu einer gewissermaßen »zivilistischen« Haltung neigen, zu einer bestimmten Opposition gegen den Caudillo[6], den sie in der Person Fidels fürchteten, und gegen die »militaristische« Fraktion, die wir Männer aus der Sierra verkörperten. Die Meinungsverschiedenheiten deuteten sich schon an, doch sie waren noch nicht stark genug herausgebildet, um jene heftigen Diskussionen auszulösen, die das zweite Kriegsjahr charakterisierten.

Wichtig ist der Hinweis, dass die Gruppe der Kämpfer, die

---

6 Caudillo: Diktator

sich in der Sierra und in den Städten der Diktatur entgegenstellten, manchmal diametral entgegengesetzte taktische Auffassungen vertreten konnte, ohne deshalb der Aufstandsbewegung den Rücken zu kehren; sie vertieften vielmehr immer weitgehender ihren revolutionären Geist, bis sie alle in jener Zeit, als der Sieg errungen war und nachdem man die ersten Kampferfahrungen gegen den Imperialismus gesammelt hatte, sich in einer starken Bewegung mit Parteicharakter vereinigten, deren unbestrittener Führer Fidel war und die sich später mit den Gruppen des Direktoriums und der Sozialistischen Volkspartei zusammenschloss und so unsere PURSC[7] bildete. Gegen den äußeren Druck auf unsere Bewegung und gegen die Tendenzen, sie zu spalten oder zu unterwandern, kämpften wir immer in einer gemeinsamen Front, und selbst jene Compañeros, die zur damaligen Zeit die Perspektiven der kubanischen Revolution am wenigsten klar erkannten, brachten das notwendige Verständnis auf, um sich vor Opportunisten in Acht zu nehmen.

Als Felipe Pazos sich auf den Namen der Bewegung des 26. Juli berief, um daraus Kapital für sich persönlich und für die Interessen der korruptesten Kreise der kubanischen Oligarchie zu schlagen und die im Pakt von Miami angebotenen Posten zu beanspruchen – in diesem Pakt war er als Provisorischer Präsident vorgesehen –, reagierte die gesamte Bewegung eng vereint gegen ein derartiges Auftreten, und sie alle unterstützten den Brief, den Fidel Castro an die Organisationen schickte, die gegen Batista kämpften. Wir geben dieses Dokument vollständig wieder, weil es eine wirklich historische Urkunde ist; es ist auf den 14. Dezember 1957 datiert, und es wurde von Celia Sánchez mit der Hand niedergeschrieben, weil die damalige Situation den Druck nicht zuließ.

7 PURSC: Partido Unido de la Revolución Socialista de Cuba, in den Sechzigerjahren Vorstufe der Kommunistischen Partei Kubas

Dokument: Brief Fidel Castros vom 14. Dezember 1957

An die Herren Führer der Revolutionären Partei,
der Kubanischen Volkspartei,
der Authentischen Organisation,
des Hochschulstudentenverbandes,
des Revolutionären Direktoriums und
des Revolutionären Arbeiterdirektoriums

Eine moralische, patriotische, ja historische Pflicht zwingt mich, diesen Brief an Sie zu richten, der durch Tatsachen und Umstände motiviert wird, die uns in diesen Wochen, die die schwierigsten und kampferfülltesten seit unserer Ankunft in Kuba waren, tief bewegt haben. Denn es war genau am Mittwoch, dem 20. November, einem Tag, an dem unsere Streitkräfte im Verlauf von nur sechs Stunden drei Gefechte bestanden hatten, was die Opfer und Anstrengungen ahnen lässt, die unsere Männer hier ohne die geringste Hilfe anderer Organisationen leisteten, als in unserem Operationsgebiet die überraschende Nachricht und das Dokument eintrafen, das die öffentlichen und geheimen Grundsatzerklärungen des Einheitspaktes enthält, der in Miami angeblich von der Bewegung des 26. Juli und von jenen Organisationen unterzeichnet wurde, an die ich mich hiermit wende. Jene Dokumente kamen zur gleichen Zeit an – vielleicht durch eine weitere Ironie des Schicksals, denn in jenem Moment waren Waffen das, was wir brauchten –, als die Tyrannei gegen uns ihre heftigste Offensive entfesselte. Unter unseren Kampfbedingungen ist die gegenseitige Kommunikation schwierig. Trotz allem war es erforderlich, mitten im Kampf die Führer unserer Organisationen zusammenzurufen, um diese Angelegenheit zu behandeln, bei der nicht nur das Ansehen, sondern selbst die historische Berechtigung der Bewegung des 26. Juli auf dem Spiel steht.

Menschen, die gegen einen an Zahl und Ausrüstung unvergleichlich stärkeren Feind kämpfen und die während eines ganzen Jahres keinen anderen Rückhalt als die Würde hatten, mit der man für eine Sache kämpfen muss, die man aufrichtig liebt, und als die Überzeugung, dass es der Mühe wert ist, für sie zu sterben, während andere Landsleute uns schmerzlichem Vergessen anheimfallen ließen, jene, die wohl über alle notwendigen Mittel verfügen, um diese Sache zu unterstützen, die ihr aber systematisch, um nicht zu sagen verbrecherisch, jede Hilfe verweigert haben; Menschen, die aus solcher Nähe das tägliche Opfer in seiner reinsten und uneigennützigsten Form erlebt und so viele Male den Schmerz durchlitten haben, die besten Compañeros fallen zu sehen, wenn man nicht weiß, wer von denen, die an unserer Seite kämpfen, bei neuen und unvermeidlichen Opfertaten fallen wird, ohne jemals den Tag des Sieges zu sehen, auf den sie mit so großer Beharrlichkeit hinarbeiten, ohne anderes Verlangen und ohne anderen Trost als die Hoffnung, dass ihre Opfer nicht vergebens sein werden – diese Menschen werden notgedrungen verstehen, dass die Nachricht über einen Pakt, der ausführlich und absichtlich an die Öffentlichkeit gebracht wird und verbindliche Richtlinien für das zukünftige Verhalten der Bewegung erhält, ohne dass man überhaupt das Taktgefühl, geschweige denn die elementare Verpflichtung beachtet hat, ihre Führer und Kämpfer zu konsultieren, auf uns alle im höchsten Maße verletzend und empörend wirken muss.

Unkorrektes Vorgehen führt immer zu den schlimmsten Konsequenzen. Das ist eine Tatsache, die von denjenigen besonders beachtet werden sollte, die sich für fähig halten, ein so schwieriges Unternehmen zu bestehen, wie es der Sturz einer Tyrannei ist, und, was noch schwieriger ist, die nach dem Abschluss eines revolutionären Prozesses die Neuordnung des Landes erreichen wollen.

Die Bewegung des 26. Juli hat keine Delegation ernannt und bevollmächtigt, die erwähnten Verhandlungen zu führen. Jedoch hätte sie sich durchaus bereit gefunden, eine derartige Delegation zu nominieren, wenn man sie zu der erwähnten Initiative konsultiert hätte, und die Bewegung hätte ihren Vertretern sehr konkrete Anweisungen gegeben, da es sich um wichtige Themen für die gegenwärtige und zukünftige Tätigkeit unserer Organisation handelt.

Im Gegenteil, die Nachrichten, die wir hinsichtlich der Beziehungen zu einigen jener politischen Kräfte besaßen, beschränkten sich auf einen Bericht des Señor Lester Rodríguez, der als Delegierter für Kriegsangelegenheiten im Ausland ausschließlich in diesem Bereich begrenzte Befugnisse hatte. In diesem Bereich sagte er Folgendes: »Was Prío und das Direktorium betrifft, so teile ich Dir mit, dass ich eine Reihe von Zusammenkünften mit ihnen hatte, um Pläne zu koordinieren, die einzig und allein militärischen Charakter haben sollten, bis die Bildung einer Provisorischen Regierung erreicht werden kann, die von den drei politischen Kräften garantiert und respektiert wird. Wie es logisch ist, bestand mein Vorschlag darin, das Manifest der Sierra[8] zu akzeptieren, in dem dargelegt wurde, dass jene Regierung im Einverständnis mit dem Willen der Bürgervertretungen des Landes gebildet werden müsste. Das führte zu den ersten Schwierigkeiten. Unter dem Eindruck der durch den Generalstreik bewirkten Erschütterung führten wir eine Dringlichkeitsbesprechung durch. Ich schlug vor, dass man alle verfügbaren Mittel unverzüglich einsetzen sollte und dass wir versuchen müssten, das Problem Kubas grundlegend zu lösen. Prío antwortete, dass er nicht über genügend Mittel verfüge, um ein Unternehmen zu verwirklichen, das siegreich enden sollte, und dass es ein Wahnsinn wäre, meinen Vorschlag anzunehmen. Auf all das antwortete ich ihm, dass er mich benachrichtigen sollte, wenn er der Meinung wäre, dass er für die Abfahrt des Schiffes alles bereit hätte; dann könnten wir über eventuelle Pakte sprechen, aber er sollte mir den Gefallen tun, mich bis dahin arbeiten zu lassen, damit ich so meine persönliche Aufgabe in der Bewegung des 26. Juli vollkommen un-

8 Manifest der Sierra: vgl. Kapitel »Ein Verrat wird vorbereitet«

abhängig erfüllen könnte. Abschließend ist deshalb festzustellen, dass keine Verpflichtung jenen Herren gegenüber besteht, und ich glaube, dass es auch für die Zukunft nicht ratsam ist, derartige Verpflichtungen einzugehen, da jene Herren zu einem Zeitpunkt erklärten, das erforderliche Material nicht zu besitzen, als es in Kuba am dringlichsten gebraucht wurde, und das ihnen in diesen Tagen beschlagnahmt wurde, und zwar in solcher Menge, dass man darüber empört sein muss …«

Dieser Bericht, der für sich selbst spricht, bestätigte unseren Verdacht, dass wir Rebellen von außen keinerlei Hilfe erwarten konnten.

Wenn die Organisationen, die Sie vertreten, es für angebracht gehalten hätten, über die Prinzipien einer einheitlichen Plattform mit einigen Mitgliedern unserer Bewegung zu diskutieren, so durften diese Grundsatzerklärungen, zumal sie die von uns im Manifest der Sierra Maestra fixierten Vorstellungen grundlegend abänderten, unter keinen Umständen ohne Kenntnis und Zustimmung der Nationalen Leitung der Bewegung als vereinbarte Beschlüsse der Öffentlichkeit vorgelegt werden. Anders in dieser Frage zu handeln heißt, einen allein für die Öffentlichkeit bestimmten Pakt abzuschließen und sich dabei in betrügerischer Absicht auf den Namen unserer Organisation zu berufen.

Es hat sich der ungewöhnliche Fall ergeben, dass die Nationale Leitung, die ihren Sitz an einem geheim gehaltenen Ort Kubas hat, sich noch darauf vorbereitete, die ihr gerade zur Kenntnis gelangten öffentlichen und vertraulichen Grundsatzerklärungen zurückzuweisen, die als Grundlagen für den Pakt vorgeschlagen wurden, als sie durch Geheimdokumente und die ausländische Presse erfuhr, dass man diese Grundsatzerklärungen als vereinbarten Beschluss der Öffentlichkeit bekannt gegeben hatte, und sie sah sich so vor eine vollendete Tatsache gestellt, die in der Meinung des Auslands als bestätigt galt, wodurch sie vor der Alternative stand, dieses Abkommen entweder zu dementieren und die daraus erwachsenden schädlichen und unruhestiftenden Folgeerscheinungen auf sich zu nehmen, oder es zu akzeptieren, ohne überhaupt ihren eigenen Standpunkt dargelegt zu haben.

Und, wie es logischerweise anzunehmen ist, war das Dokument schon viele Tage veröffentlicht, als wir in der Sierra von diesen Grundsatzerklärungen erfuhren.

In dieser Zwangslage wies die Nationale Leitung, die ein öffentliches Dementi zu diesem Abkommen noch zurückstellte, Sie auf die Notwendigkeit hin, dass die Junta eine Reihe von Punkten weitgehender auszuformulieren hätte, die die im Manifest der Sierra Maestra fixierten Vorstellungen enthielten, während sie gleichzeitig eine Beratung im Territorium der Rebellen organisierte, auf der die Meinungen aller ihrer Mitglieder berücksichtigt wurden und man einen einmütigen Beschluss in dieser Angelegenheit annahm, dessen Inhalt das vorliegende Schreiben wiedergibt.

Natürlich musste jeder Beschluss über eine einheitliche Plattform von der nationalen und internationalen öffentlichen Meinung unbedingt gut aufgenommen werden; unter anderem deshalb, weil im Ausland die tatsächliche Situation der politischen und revolutionären Kräfte, die gegen Batista kämpfen, unbekannt ist und weil in Kuba der Begriff Einheit damals hohes Ansehen erlangte, als das nationale Kräfteverhältnis unzweifelhaft ganz anders als heute beschaffen war, und schließlich, weil es immer positiv ist, alle Kräfte zu vereinen, von den größten Enthusiasten bis zu den Halbherzigsten.

Aber von Bedeutung für die Revolution ist nicht die Einheit an sich; es kommt vielmehr auf die Grundlage dieser Einheit an, auf die Form, in der sie mit Leben erfüllt wird, und auf die patriotische Gesinnung, von der sie beseelt ist.

Diese Einheit auf der Grundlage von Prinzipien zu vereinbaren, die wir nicht einmal diskutiert haben, diese Grundsatzerklärungen von Personen schriftlich bestätigen zu lassen, die nicht dazu ermächtigt waren, und sie ohne weitere Formalitäten bequem in einer ausländischen Stadt der Öffentlichkeit vorzulegen, wodurch unsere Bewegung in die Zwangslage gebracht wird, sich mit einer durch einen betrügerischen Pakt getäuschten öffentlichen Meinung auseinandersetzen zu müssen – das heißt, eine Falle übelster Art zu stellen, in die man eine wirklich revolutionäre Organisation nicht locken kann; es ist ein Betrug am eigenen Land, es ist ein Betrug an der Welt.

Ein derartiges Vorgehen wird nur infolge der einfachen Tatsache möglich, dass, während die Führer der übrigen Organisationen, die jenen Pakt unterzeichnet haben, sich im Ausland befinden und eine nur in ihrer Fantasie vorhandene Revolution machen, die Führer der Bewegung des 26. Juli in Kuba sind und eine wirkliche Revolution durchführen. Diese Zeilen wären trotzdem überflüssig; ich hätte sie nicht geschrieben, so bitter und demütigend das Verfahren auch ist, mit dem man die Bewegung durch den erwähnten Pakt binden wollte, da die Meinungsverschiedenheiten über die Form niemals den Vorrang über das Wesentliche haben sollen. Wir hätten den Pakt trotz allem akzeptiert – weil bestimmte von der Junta ausgearbeitete Entwürfe Nützliches enthalten, weil uns Hilfe angeboten wird, die wir tatsächlich benötigen –, wenn wir bei einigen Hauptpunkten dieser Grundsatzerklärungen nicht einfach anderer Meinung wären.

So verzweifelt unsere Lage auch sein mag, so viele Tausende Soldaten die Diktatur auch gegen uns aufbietet, um uns zu vernichten, werden wir doch – und vielleicht gerade deshalb mit noch größerer Entschiedenheit, da eine drückende Bedingung niemals demütigender ist, als wenn man sich in einer Zwangslage befindet – niemals bestimmte Prinzipien aufgeben, die unserer Ansicht nach für die kubanische Regierung wesentlich sind. Diese Prinzipien sind im Manifest der Sierra Maestra dargelegt.

In dem Dokument der Einheit die ausdrückliche Erklärung mit Schweigen zu übergehen, dass jede Art ausländischer Einmischung in die inneren Angelegenheiten Kubas zurückgewiesen wird, zeugt von einer offensichtlich wenig patriotischen Haltung und von einer Feigheit, die sich selbst entlarvt.

Die Erklärung, dass wir gegen die Einmischung sind, heißt nicht nur zu fordern, dass sie zugunsten der Revolution nicht erfolgen soll, denn sie würde unsere Souveränität beeinträchtigen und sogar ein Prinzip verletzen, das für alle Völker Amerikas gilt; es heißt auch zu fordern, dass man sich nicht zugunsten der Diktatur einmischen soll, indem man ihr Flugzeuge, Bomben, Panzer und moderne Waffen schickt, mit denen sie sich an der Macht hält, was niemand so wie wir, und vor allem die Landbevölkerung der Sierra, am eigenen Leibe verspürt hat. Schließlich deshalb, weil es bereits den Sturz der Tyrannei bedeutet, wenn man erreicht, dass keine Einmischung erfolgt. Sollten wir so feige sein, dass wir nicht einmal die Nichteinmischung zugunsten Batistas fordern? Oder so unaufrichtig, heimlich darum zu bitten, dass man für uns die Kastanien aus dem Feuer holt? Oder so halbherzig, dass wir uns nicht wagen, ein Wort in dieser Angelegenheit zu sagen? Wie sollten wir uns dann als Revolutionäre bezeichnen und ein Dokument der Einheit unterzeichnen dürfen, das den eitlen Anspruch erhebt, ein historisches Ereignis zu sein? In dem Dokument der Einheit übergeht man die ausdrückliche Erklärung mit Schweigen, dass wir jede Art von Militärjunta als Provisorische Regierung der Republik zurückweisen.

Das Unheilvollste, was der Nation in diesem Augenblick geschehen könnte, weil es mit der trügerischen Illusion verbunden wäre, dass das Problem Kubas mit der Entfernung des Diktators gelöst sein würde, ist die Ersetzung Batistas durch eine Militärjunta. Und einige Zivilisten der übelsten Sorte, die sogar mitschuldig am 10. März[9] waren und sich heute von dem Diktator getrennt haben, vielleicht, weil sie noch militaristischer und ehrgeiziger als er sind, denken an derartige Lösungen, die

9 Am 10. März 1952 kam Batista durch einen Putsch zum zweiten Mal an die Macht.

nur die Feinde des Fortschritts in unserem Land mit Freude begrüßen würden.

Wo doch die Erfahrung in Amerika gelehrt hat, dass jede Militärjunta von Neuem in die Autokratie absinkt; wo doch das schlimmste Übel, das diesen Kontinent heimgesucht hat, die feste Verwurzelung der Militärkasten in Ländern mit weniger Kriegen als die Schweiz und mehr Generalen als Preußen ist; wo doch eine der legitimsten Bestrebungen unseres Volkes in dieser entscheidenden Stunde, da für viele Jahre seine demokratische und republikanische Zukunft gerettet oder vernichtet wird, darin besteht, als kostbarstes Vermächtnis seiner Befreier die zivile Tradition zu bewahren, die mit dem heldenhaften Befreiungskrieg selbst begann und an ebenjenem Tage abreißen würde, da eine Junta in Uniform die Republik führen sollte (was nicht einmal die ruhmreichsten Generale unseres Unabhängigkeitskampfes weder im Krieg noch im Frieden versucht haben). Wie weitgehend werden wir auf alles verzichten, sodass wir aus Angst, mehr eingebildete als wirkliche Empfindlichkeiten bei jenen ehrenhaften Militärs zu verletzen, die uns unterstützen können, eine so wichtige Prinzipienerklärung streichen werden? Begreift man nicht, dass eine dementsprechende Absichtserklärung rechtzeitig die Gefahr einer Militärjunta bannen könnte, die zu nichts anderem dienen würde, als den Bürgerkrieg zu verewigen? Nun gut; wir erklären ohne Zögern, dass, wenn eine Militärjunta Batista ersetzt, die Bewegung des 26. Juli entschlossen ihren Befreiungsfeldzug weiterführen wird. Es ist besser, den Kampf heute länger fortzusetzen, als morgen in neue und unüberwindliche Abgründe zu stürzen. Wir wollen weder eine Militärjunta noch eine Marionettenregierung als Spielzeug der Militärs. »Die Zivilisten sollen mit Anstand und Redlichkeit regieren; die Soldaten sollen in die Kasernen zurück.« Und jeder Einzelne hat seine Pflicht zu erfüllen!

Oder setzen wir jetzt unsere Hoffnung auf die Generale des 10. März, denen Batista bereitwillig die Macht überlassen würde, wenn er glaubte, sie selbst nicht aufrechterhalten zu können, als die für ihn annehmbarste Art, den Regierungswechsel mit dem geringsten Schaden für seine Interessen und die seiner Kamarilla zu gewährleisten? Wie weitgehend können die Kurzsichtigkeit, das Fehlen großer Konzeptionen und die Abneigung gegen einen wirklichen Kampf die kubanischen Politiker blind machen?

Wenn man nicht an das Volk glaubt, wenn man nicht auf seine großen Energie- und Kampfreserven vertraut, hat man kein Recht, dessen Schicksal in die Hand zu nehmen, um es in der heldenhaftesten und vielversprechendsten Zeit seines republikanischen Lebens fehlzuleiten und in andere Bahnen zu lenken. Die Methoden der Politiker sollten nicht mit dem revolutionären Prozess vermengt werden, ebenso wenig ihre kindischen Ambitionen und ihr Hang zur Vetternwirtschaft sowie ihre Vorabsprachen zur Verteilung der Beute, denn in Kuba sterben Menschen heute für etwas Besseres. Sollen die Politiker zu Revolutionären werden, wenn sie das wollen; aber sie sollen die Revolution nicht in entartete Politik verwandeln, denn so viel Blut und so große Opfer hat unser Volk in dieser Stunde gegeben, dass es nicht verdient, so schlimm in seinen Zukunftshoffnungen getäuscht zu werden!

Außer bei diesen beiden grundlegenden Prinzipien, die in dem Dokument der Einheit übergangen wurden, sind wir auch mit anderen Gesichtspunkten desselben absolut nicht einverstanden.

Selbst wenn wir den Abschnitt B der geheimen Grundsatzerklärung Nummer 2 akzeptierten, die sich auf die Befugnisse der Befreiungsjunta bezieht, und der lautet: »den Präsidenten der Republik zu ernennen, der sein Amt in der Provisorischen Regierung ausüben soll«, können wir den Abschnitt C der gleichen Grundsatzerklärung nicht annehmen, der zu diesen Befugnissen der Junta Folgendes zählt: »das Kabinett, das der Präsident der Republik ernennt, insgesamt gutzuheißen oder abzulehnen, desgleichen die Umbildungen in diesem Kabinett im Falle einer allgemeinen oder teilweisen Krise«.

Wie kann man sich vorstellen, dass die Befugnisse des Präsidenten, seine Mitarbeiter zu ernennen oder abzulösen, der Billigung oder Missbilligung eines der Staatsmacht fremden Organs unterworfen wird? Ist es nicht klar, dass, weil diese Junta aus Vertretern unterschiedlicher Parteien und Richtungen besteht und daher von unterschiedlichen Interessen beherrscht wird, sich die Ernennung der Mitglieder des Kabinetts in eine Verteilung von Positionen verwandeln würde, was das einzige Mittel sein könnte, um in jedem Fall zu Übereinkünften zu gelangen? Ist die Annahme einer Grundsatzerklärung möglich, die die Einsetzung von zwei Exekutiven innerhalb des Staates beinhaltet? Die einzige Garantie, die alle Kräfte des Landes von der Provisorischen Regierung fordern müssen, ist die Ausrichtung ihres Auftrags auf ein bestimmtes Minimalprogramm und absolute Unparteilichkeit als mäßigend wirkendes Machtorgan in der Etappe des Übergangs zum vollständigen verfassungsmäßigen Normalzustand.

Die Absicht, sich bei der Ernennung jedes Ministers einmischen zu wollen, impliziert das Streben nach der Kontrolle der öffentlichen Verwaltung, um sie in den Dienst der politischen Interessen zu stellen, was nur bei Parteien oder Organisationen zu erklären ist, die, weil sie keinen Rückhalt bei den Massen haben, nur innerhalb der Spielregeln der traditionellen Politik überleben können; doch das ist unvereinbar mit den hohen revolutionären und politischen Zielen, die die Bewegung des 26. Juli für die Republik anstrebt.

Allein das Vorhandensein geheimer Grundsatzerklärungen, die sich nicht auf Organisationsprobleme des Kampfes oder Aktionspläne beziehen, sondern vielmehr auf Probleme, die die Nation so sehr interessieren, wie etwa der Aufbau der zukünftigen Regierung, und die deshalb öffentlich verkündet werden müssen, ist an sich unannehmbar. Martí hat gesagt, dass in der Revolution die Methoden geheim sind, aber die Ziele immer öffentlich bekannt sein müssen.

Ein anderer Punkt, der sich ebenfalls als unannehmbar für

die Bewegung des 26. Juli erweist, ist die geheime Grundsatzerklärung Nummer 8, deren Wortlaut folgender ist: »Die revolutionären Streitkräfte werden mit ihren Waffen in die regulären bewaffneten Organe der Republik integriert.«

Zunächst einmal, was versteht man unter revolutionären Streitkräften? Kann man den Ausweis eines Polizisten, Matrosen oder Soldaten all denen geben, die in letzter Sekunde mit einer Waffe in der Hand auftauchen? Kann man jenen eine Uniform geben und sie zu Vertretern der Obrigkeit machen, die heute ihre Waffen verstecken, um sie am Tage des Sieges herauszuholen, und die heute die Hände in den Schoß legen, während eine Handvoll Landsleute sich gegen alle Streitkräfte der Tyrannei schlägt? Werden wir in ein revolutionäres Dokument den Keim des Gangstertums und der Anarchie eindringen lassen, die vor nicht allzu langer Zeit eine Verhöhnung der Republik waren?

Unsere Erfahrung in dem von unseren Streitkräften beherrschten Territorium hat uns gelehrt, dass die Aufrechterhaltung der öffentlichen Ordnung ein wesentliches Problem für das Land ist. Die Tatsachen haben uns gezeigt, dass, sobald die bestehende Ordnung aufgehoben wird, eine Reihe von Hemmnissen wegfällt und sich das Verbrechen überall entwickelt, wenn man es nicht rechtzeitig zügelt. Die zweckmäßige Anwendung strenger Maßnahmen, die die volle Zustimmung der Öffentlichkeit fanden, erstickte das Banditenunwesen im Keim. Die Einwohner, die vorher daran gewöhnt waren, in dem Vertreter der Obrigkeit einen Feind des Volkes zu sehen, nahmen den von der Justiz Verfolgten oder Flüchtigen gastfreundlich auf. Heute, da sie in unseren Soldaten die Verteidiger ihrer Interessen sehen, herrscht völlige Ordnung, und ihre besten Hüter sind die Bürger selbst.

Die Anarchie ist der schlimmste Feind eines revolutionären Prozesses. Sie schon jetzt zu bekämpfen ist eine grundlegende Notwendigkeit. Wer das nicht begreifen will, den kümmert das Schicksal der Revolution nicht, und es ist logisch, dass denen die Revolution gleichgültig ist, die sich nicht für sie geopfert haben. Das Land muss wissen, dass es Gerechtigkeit geben wird, die aber innerhalb der strengen Ordnung herrschen soll, und dass das Verbrechen bestraft wird, von wem es auch immer begangen sein mag.

Die Bewegung des 26. Juli fordert für sich die amtliche Befugnis, die öffentliche Ordnung aufrechtzuerhalten und die bewaffneten Organe der Republik zu reorganisieren.

Erstens, weil sie die einzige Organisation ist, die im ganzen Land über diszipliniert organisierte Milizen und ein im Feld stehendes Heer verfügt, das zwanzig Siege über den Feind errungen hat.

Zweitens, weil unsere Kämpfer ihre großmütige, von allen Hassgefühlen freie Haltung gegenüber den Militärs bewiesen haben, als sie jederzeit das Leben der Gefangenen schonten, die in Kämpfen verwundeten Armeeangehörigen pflegten, niemals einen Gegner folterten, selbst wenn sie wussten, dass er im Besitz wichtiger Informationen war, und sie diese Art der Kriegsführung mit einer Gerechtigkeitsliebe beibehalten haben, die nie ihresgleichen gefunden hat.

Drittens, weil man die bewaffneten Organe mit diesem Geist der Gerechtigkeit und des Edelmutes erfüllen muss, den die Bewegung des 26. Juli bei ihren eigenen Soldaten durchgesetzt hat.

Viertens, weil die Selbstbeherrschung, die wir in diesem Kampf bewiesen haben, die beste Garantie ist, dass ehrenhafte Militärs nichts von der Revolution zu fürchten haben; sie werden nicht für die Schuld derer büßen müssen, die mit ihren Taten und Verbrechen die Uniform mit Schande befleckt haben.

Es gibt in dem Dokument der Einheit noch einige Gesichtspunkte, die schwer zu begreifen sind. Wie ist es möglich, dass man zu einer Einigung kommt, ohne eine bestimmte Kampfstrategie zu besitzen? Denken die Vertreter der Authentischen Organisation noch immer an den »Putsch« in der Hauptstadt? Wollen sie weiter Waffen über Waffen anhäufen, die früher oder später in die Hände der Polizei fallen, ehe sie sie denen übergeben, die im Kampf stehen? Haben sie endlich die These über den Generalstreik akzeptiert, die von der Bewegung des 26. Juli vertreten wird?

Außerdem hat es unserer Meinung nach eine bedauerliche Unterschätzung der Bedeutung gegeben, die vom militärischen Gesichtspunkt aus der Kampf in Oriente hat. In der Sierra Maestra führt man gegenwärtig keinen Guerillakrieg, sondern einen Krieg mit umfangreichen militärischen Einheiten. Unsere Streitkräfte, die an Zahl und Ausrüstung unterlegen sind, nutzen maximal die Geländevorteile, die ständige Wachsamkeit gegenüber dem Feind und die größere Schnelligkeit bei Truppenbewegungen. Es erübrigt sich zu sagen, dass dem moralischen Faktor in diesem Kampf eine außergewöhnliche Bedeutung zukommt. Die Ergebnisse waren erstaunlich, und eines Tages wird man sie in allen ihren Einzelheiten erfahren.

Die gesamte Bevölkerung hat sich erhoben. Wenn sie Waffen hätte, müssten unsere Abteilungen kein einziges Gebiet kontrollieren. Die Bauern würden keinen einzigen Feind durchkommen lassen. Die Niederlagen der Tyrannei, die hartnäckig weiter große Truppenkontingente gegen uns schickt, könnten vernichtend sein. Alles, was ich Ihnen darüber sagen könnte, wie der Mut in diesem Volk erwacht ist, wäre zu wenig. Die Diktatur greift zu barbarischen Repressalien. Die Massenmorde an den Bauern stehen in nichts dem Gemetzel nach, das die Nazis in jedem beliebigen Land Europas verübten. Für jede Niederlage lassen sie die wehrlose Bevölkerung büßen. Den Kriegsberichten des Generalstabs, die Verluste der Rebellen melden, geht immer irgendein Massaker voraus. Das hat das Volk in einen Zustand vollkommener Rebellion versetzt. Was schmerzlich war, was die Seele oft bedrückt, ist der Gedanke, dass niemand diesem Volk ein einziges Gewehr geschickt hat, dass, während hier die Bauern zusehen müssen, wie ihre Häuser angezündet und ihre Familien ermordet werden, und sie verzweifelt um Gewehre flehen, es in Kuba versteckte Waffen gibt, die nicht einmal benutzt werden, um einen elenden Spitzel zu liquidieren, und die darauf warten, dass die Polizei sie einsammelt oder die Tyrannei fällt oder die Aufständischen ausgerottet sind.

Das Verhalten vieler Landsleute hätte nicht niederträchtiger sein können. Noch heute ist Zeit, dies zu berichtigen und denen zu helfen, die im Kampf stehen. Für uns ist das nicht in persönlicher Hinsicht wichtig. Niemand soll sich getroffen fühlen und denken, dass aus uns Eigennutz oder Stolz sprechen.

Unser Schicksal ist klar vorgezeichnet, und keinerlei Ungewissheit quält uns: Entweder sterben wir Rebellen hier bis auf den letzten Mann, und in den Städten wird eine ganze junge Generation zugrunde gehen – oder wir überwinden siegreich die unglaublichsten Hindernisse. Für uns ist eine Niederlage nicht möglich. Das Jahr des Opfers und des Heldentums, das unsere Männer erfolgreich überstanden haben, kann bereits durch nichts mehr ausgelöscht werden; unsere Siege stehen dafür ein, und auch sie können nicht leicht ausgelöscht werden. Unsere Männer sind standhafter denn je; sie werden es verstehen, bis zum letzten Blutstropfen zu kämpfen.

Die Niederlage werden jene erleiden, die uns jede Hilfe verweigert haben; jene, die anfangs uns gegenüber Verpflichtungen eingegangen sind und die uns im Stich gelassen haben; jene, die nicht an die Würde und das Ideal glaubten und die ihre Zeit und ihr Ansehen in schändlichen Unterhaltungen mit der Trujillo-Tyrannei vergeudet haben; jene, die Waffen besitzen und sie in der Stunde des Kampfes feige versteckten. Die Betrogenen sind sie und nicht wir.

Eines können wir mit Sicherheit feststellen: Wenn wir von anderen Kubanern gewusst hätten, die für die Freiheit kämpfen, die verfolgt und der Vernichtung nahe waren, wenn wir gesehen hätten, wie sie es allezeit ablehnten, sich zu ergeben oder in ihrem Eifer nachzulassen, so hätten wir keine Minute gezögert, ihnen zu Hilfe zu eilen und, falls es notwendig sein sollte, an ihrer Seite zu sterben. Denn wir sind Kubaner, und Kubaner bleiben nicht gleichgültig, auch nicht, wenn in einem beliebigen anderen Land Amerikas für die Freiheit gekämpft wird. Die Dominikaner sammeln sich auf einer kleinen Felseninsel, um den Freiheitskampf für ihr Volk aufzunehmen? Auf jeden Dominikaner kommen zehn Kubaner. Die Kreaturen Somozas[10] fallen in Costa Rica ein? Dorthin eilen die Kubaner, um zu kämpfen. Wie kommt es, dass es Kubaner gibt, die jetzt, da man in ihrem eigenen Vaterland die härteste Schlacht für die Freiheit liefert, im Exil leben, nachdem die Tyrannei sie aus ihrem Vaterland vertrieben hat, und die den im Kampf stehenden Kubanern ihre Hilfe verweigern?

Oder für ihre Hilfe an uns einseitige und ungerechte Bedingungen stellen? Müssen wir etwa, um ihre Hilfe zu bekommen, ihnen die Republik als Beute anbieten? Müssen wir etwa, damit wir ihre Hilfe erhalten, dem Ideal abschwören und diesen Krieg in eine neue Kunst verwandeln, seine Mitmenschen umzubringen, ihn zu einem nutzlosen Blutvergießen machen, das dem Vaterland nicht den Lohn verheißt, den es von so vielen Opfern erwartet?

Die Führung des Kampfes gegen die Tyrannei ist in Kuba und wird dort bleiben, in den Händen der revolutionären Kämpfer. Diejenigen, die gegenwärtig oder in Zukunft wollen, dass man sie als Führer der Revolution ansieht, müssen im Land sein und die Verantwortung, die Gefahren und die Opfer auf sich nehmen, die diese Zeit in Kuba verlangt.

Das Exil muss an diesem Kampf mitwirken, aber es erscheint absurd, dass man uns von außen vorschreiben will, welchen Berggipfel wir zu bezwingen haben, welche Zuckerrohrfelder wir verbrennen können, welche Sabotageaktionen wir durchführen müssen oder wann das geschehen soll, un-

---

10 Anastasio Somoza, Begründer einer proimperialistischen Familiendynastie in Nicaragua. Von 1937 bis zu seiner Ermordung 1956 regierte er das Land persönlich oder über Marionetten. 1948 und 1955 organisierte er die bewaffnete Intervention in Costa Rica.

Che Guevara vor einem Rundfunksender im Lager von Caballete de Caza im Escambray-Gebirge

Fidel Castro und Ramiro Valdés in der Sierra Maestra

Che Guevara in »El Hombrito«, Sierra Maestra

Che Guevara (in der Mitte) mit Kämpfern der 4. Kolonne vor einem Transparent, das auf einem der Gipfel von »El Hombrito« aufgespannt wurde.

Che Guevara und Camilo Cienfuegos

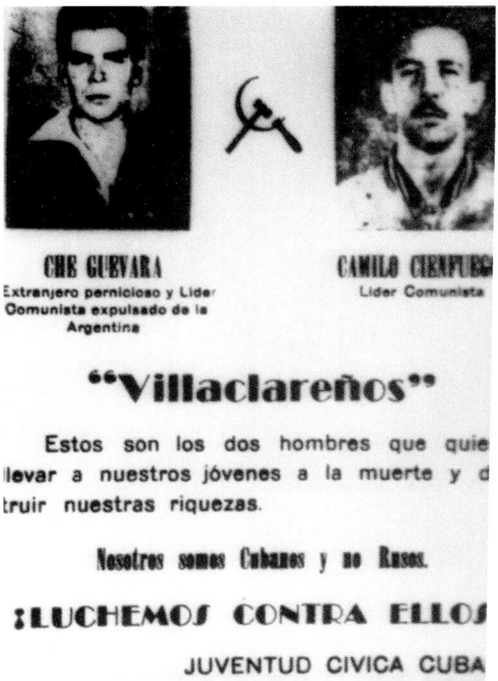

Steckbrief von Che und Camilo in Las Villas

Ein Panzerzug, der in Santa Clara angegriffen und zum Entgleisen gebracht wurde

In Fomento spricht Che Guevara zu den Einwohnern der Stadt.

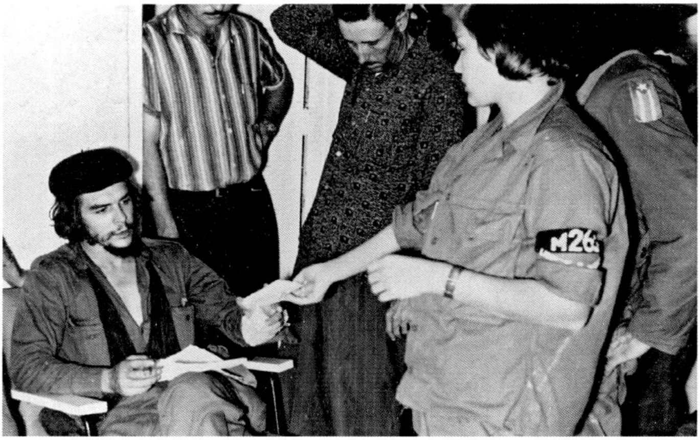

Vor der Einnahme von Santa Clara übergibt Aleida March eine Botschaft an Che Guevara.

Che Guevara und Aleida March in der Kaserne Leoncio Vidal, Santa Clara

Von links nach rechts: José Argudín, Che Guevara, Aleida March, im Hintergrund Harry Villegas und Ramón Pardo Guerra, auf einer der Hauptstraßen von Santa Clara

Von links nach rechts: Ramiro Valdés, Olo Pantoja und Miguel Manals in Santa Clara

Che in einer Rundfunkstation in Placetas, Las Villas

ter welchen Umständen und in welcher Form wir den Generalstreik auslösen können. Das ist absurd und außerdem lächerlich. Man soll aus dem Ausland helfen, indem man Geld unter den im Exil lebenden und emigrierten Kubanern sammelt, indem man in der Presse und der Öffentlichkeit eine Kampagne für die Sache Kubas durchführt; man soll von dort aus die Verbrechen anklagen, unter denen wir hier zu leiden haben, aber man soll nicht versuchen, von Miami aus eine Revolution zu leiten, die in allen Städten und Landgebieten der Insel durchgeführt wird, durch einen allumfassenden Kampf, durch Agitation, Sabotage, Streik und durch die tausend anderen Formen der revolutionären Aktion, die die Kampfstrategie der Bewegung des 26. Juli genau vorgezeichnet hat.

Die Nationale Leitung ist bereit, und so hat sie es mehr als einmal deutlich gesagt, in Kuba mit den Führern jeder beliebigen oppositionellen Organisation zu sprechen, um konkrete Pläne zu koordinieren und konkrete Aktionen durchzuführen, die man als geeignet für den Sturz der Tyrannei einschätzt.

Der Generalstreik wird infolge der wirksamen Koordination jener Kräfte zustande kommen, die in der Bewegung für Staatsbürgerlichen Widerstand, der Nationalen Arbeiterfront und in jeder anderen Vereinigung organisiert sind, die sich von einseitigen Bindungen an politische Parteien frei hält und die in engem Kontakt mit der Bewegung des 26. Juli steht, weil dies bis heute die einzige oppositionelle Organisation ist, die im ganzen Land kämpft.

Die Arbeitersektion der Bewegung des 26. Juli ist gegenwärtig dabei, Streikkomitees in jedem Arbeitszentrum und jedem Industriezweig gemeinsam mit den oppositionellen Elementen aller politischen Organisationen aufzubauen, mit jenen, die innerhalb dieser Organisationen zur Arbeitsniederlegung bereit sind und die moralische Garantien dafür bieten, dass sie den Generalstreik verwirklichen werden. Die Organisation jener Streikkomitees wird die Nationale Arbeiterfront bilden, die in Zukunft die einzige Vertretung des Proletariats ist, die von der Bewegung des 26. Juli als rechtmäßig anerkannt wird.

Der Sturz des Diktators bringt die Entfernung des durch Wahlfälschung zustande gekommenen Kongresses, der Leitung der CTC[11] und aller Bürgermeister, Gouverneure und der übrigen Funktionäre mit sich, die sich direkt oder indirekt auf die Scheinwahlen vom 1. November 1954 oder auf den Militärputsch vom 10. März 1952 gestützt haben, um ihr Amt zu erlangen. Ebenso gehört dazu die unverzügliche Freilassung der politischen – zivilen wie militärischen – Gefangenen sowie das gerichtliche Vorgehen gegen alle, die mitschuldig an Verbrechen, Willkürakten und an der Tyrannei selbst sind.

Die neue Regierung wird die Verfassung von 1940 einhalten und alle Rechte schützen, die diese anerkennt, und sie wird sich von jeder einseitigen Bindung an politische Parteien frei halten.

Die Exekutive wird die gesetzgebenden Funktionen übernehmen, die die Verfassung dem Kongress der Republik überträgt, und ihre wichtigste Pflicht wird es sein, das Land in Übereinstimmung mit dem Wahlgesetz von 1943 und der Verfassung von 1940 zu allgemeinen Wahlen zu führen und das Zehn-Punkte-Minimalprogramm in die Tat umzusetzen, das im Manifest der Sierra Maestra dargelegt ist.

Der Oberste Gerichtshof wird als aufgelöst erklärt, weil er unfähig war, die durch den Staatsstreich entstandene rechtswidrige Situation zu lösen, unabhängig davon, dass später einige seiner gegenwärtigen Mitglieder neu ernannt werden, sofern sie die verfassungsmäßigen Prinzipien verteidigt oder eine standhafte Haltung gegenüber dem Verbrechen, den Willkürakten und dem Rechtsmissbrauch dieser Jahre der Tyrannei bewahrt haben.

---

11 CTC (Confederación de Trabajadores de Cuba): Kubanischer Gewerkschaftsverband, 1940 gegründet. Von 1948 bis 1959 stand er unter dem Einfluss bürgerlich-reformistischer Kräfte.

Der Präsident der Republik wird über die Form entscheiden, wie ein neuer Oberster Gerichtshof zu bilden ist, und dieser wird sich dann damit befassen, alle Gerichte und die autonomen Institutionen zu reorganisieren, wobei er all jene ihrer Funktionen entheben wird, die er als offenkundige Komplizen der Tyrannei einschätzt, unter dem Vorbehalt, dass man sie in Fällen, da es sich als geboten erweist, den Gerichten übergeben wird. Die Ernennung der neuen Funktionäre wird in Übereinstimmung mit den für den jeweiligen Fall gültigen gesetzlichen Bestimmungen erfolgen.

Die politischen Parteien werden in der Zeit der Provisorischen Regierung nur ein Recht haben: die Freiheit, ihr Programm vor dem Volk zu verteidigen, um die Bürger innerhalb des weiten Rahmens unserer Verfassung zu mobilisieren und zu organisieren und um an den allgemeinen Wahlen teilzunehmen, die ausgeschrieben werden sollen.

Im Manifest der Sierra Maestra wurde bereits auf die Notwendigkeit hingewiesen, die für das Amt des Präsidenten der Republik ausersehene Persönlichkeit zu nominieren, wobei unsere Bewegung ihren Standpunkt darlegte, dass diese Persönlichkeit von der Gesamtheit der Bürgervertretungen ausgewählt werden sollte. Obwohl nun fünf Monate vergangen sind, ist jener Wahlvorgang noch nicht erfolgt, und es ist dringlicher denn je, dem Land die Antwort auf die Frage zu geben, wer die Nachfolge des Diktators antreten wird, und es ist nicht möglich, einen Tag länger zu warten, ohne diese nationale Frage zu klären; deshalb beantwortete sie die Bewegung des 26. Juli, und sie stellt dem Volk die Kandidatur vor, die als einzig mögliche Lösung erscheint, um die Rechtmäßigkeit und die Weiterentwicklung der früheren Grundsatzerklärungen über eine einheitliche Plattform und der Provisorischen Regierung selbst zu garantieren. Jene Persönlichkeit soll der würdige Richter des Gerichtshofes von Oriente sein, Dr. Manuel Urrutia Lleó. Nicht wir, sondern sein eigenes Verhalten hat ihn dafür ausersehen, und wir hoffen, dass er der Republik diesen Dienst nicht verweigern wird.

Die Gründe, die ohne weitere Erklärung für ihn sprechen, sind die folgenden:

1. Er ist der Justizbeamte gewesen, der den Namen der Verfassung am höchsten geehrt hat, als er im Prozess gegen die Teilnehmer der Granma-Expedition vor Gericht erklärte, dass es kein Vergehen sei, eine bewaffnete Streitmacht gegen das Regime zu organisieren, sondern dies sei in Übereinstimmung mit Geist und Buchstaben der Verfassung und des Gesetzes vollkommen zulässig. Dieses Auftreten eines Richters hat nicht seinesgleichen in der Geschichte unserer Freiheitskämpfe.
2. Sein Leben, das er der pflichtbewussten Rechtspflege gewidmet hat, ist eine Garantie, dass er die erforderliche Befähigung und den Charakter besitzt, um in jener Zeit, da die Tyrannei durch die Aktion des Volkes gestürzt ist, als Vermittler für alle rechtmäßigen Interessen zu dienen.
3. Weil kein anderer als Dr. Manuel Urrutia sich so von jeder einseitigen Bindung an politische Parteien frei gehalten hat, da er gerade wegen seiner Stellung als Justizbeamter keiner politischen Gruppierung angehört. Es gibt keinen anderen Staatsbürger seines Ansehens, der unabhängig von jeder parteilichen Bindung ist und der sich so sehr mit der revolutionären Sache identifiziert hat.

Außerdem ist er durch seine Stellung als Richter diejenige Persönlichkeit, deren Nominierung der verfassungsmäßigen Ordnung am besten entspricht.

Wenn unsere Bedingungen abgelehnt werden, die uneigennützigen Bedingungen einer Organisation, die von keiner anderen Aufopferung übertroffen wird und die man nicht einmal konsultiert hat, als man sich auf ihren Namen in einem Manifest der Einheit berufen hat, das sie nicht unterzeichnet hat, werden wir weiter wie bisher allein den Kampf fortsetzen, ohne andere Waffen als jene, die wir dem Feind in jedem Gefecht entreißen, ohne andere Hilfe als jene des leidgeprüften Volkes, ohne anderen Rückhalt als unsere Ideale.

Denn schließlich ist es nur die Bewegung des 26. Juli gewesen, die Aktionen im ganzen Lande durchgeführt hat und durchführt; es sind nur die Kämpfer der Bewegung des 26. Juli gewesen, die den Aufstand aus den unwirtlichen Bergen von Oriente in die westlichen Provinzen des Landes getragen haben; es sind nur die Kämpfer der Bewegung des 26. Juli, die Sabotageunternehmen, Hinrichtungen von Spitzeln, das Verbrennen von Zuckerrohrfeldern und andere revolutionäre Aktionen durchführen; es ist nur die Bewegung des 26. Juli gewesen, die die Arbeiter der ganzen Nation revolutionär organisieren konnte; nur die Bewegung des 26. Juli ist auch die einzige politische Kraft, die mit der Organisation der Bewegung für Staatsbürgerlichen Widerstand zusammengearbeitet hat, in der sich heute die patriotischen Kräfte fast aller Gemeinden Kubas vereinen.

Dass wir all dies sagen, wird mancher als eine Anmaßung auffassen, doch es verhält sich außerdem so, dass nur die Bewegung des 26. Juli erklärt hat, keine Beteiligung an der Provisorischen Regierung zu beanspruchen und ihre ganze moralische und materielle Kraft jenem Bürger zur Verfügung zu stellen, der geeignet ist, das Amt des Präsidenten der in der Übergangszeit notwendigen Provisorischen Regierung zu übernehmen.

Man soll genau verstehen, dass wir auf bürokratische Positionen oder auf eine Regierungsbeteiligung verzichtet haben; aber man soll auch ein für alle Mal erfahren, dass die Kämpfer der Bewegung des 26. Juli niemals darauf verzichten oder verzichten werden, das Volk aus der Illegalität heraus zu orientieren und zu führen; aus der Sierra Maestra oder aus den Gräbern, wo unsere Toten die Befehle geben.

Darauf verzichten wir nicht, weil es nicht um uns geht, sondern um eine ganze Generation, die dem Volke Kubas gegenüber die moralische Verpflichtung hat, die Hauptarbeit für die Lösung seiner großen Probleme zu leisten.

Wir können nur siegen oder sterben. Niemals wird der Kampf härter sein als zu jener Zeit, da wir nur zwölf Männer waren, als wir kein organisiertes und kriegserfahrenes Volk überall in der Sierra hatten, als wir nicht wie heute eine mächtige und disziplinierte Organisation im ganzen Land besaßen, als wir nicht auf den gewaltigen Rückhalt der Massen zählen konnten, der sich beim Tod unseres unvergessenen Frank País so eindeutig zeigte.

Man braucht keine Begleiter, um würdevoll zu sterben.

Fidel Castro Ruz
Sierra Maestra, 14. Dez. 1957

Zuerst veröffentlicht in »Verde Olivo«, 5. Januar 1964

ZUM ZWEITEN MAL PINO DEL AGUA

Zu Beginn des Jahres 1958 hatte sich eine gewisse Waffenruhe zwischen unseren Streitkräften und den Batista-Truppen eingestellt. Trotzdem wurden laufend Kriegsberichte des Heeres veröffentlicht, in denen man an einem Tag von acht, an einem anderen von dreiundzwanzig Verlusten der Rebellen sprach, selbstverständlich, ohne dass diese überhaupt einen Verlust erlitten hatten. Das genau war die vorherrschende Kampftechnik, vor allem in dem Gebiet, in dem meine Kolonne operierte, wo Sánchez Mosquera damit beschäftigt war, nur in seiner Fantasie vorhandene Schlachten gegen die Streitkräfte der Rebellen zu bestehen, während er gleichzeitig Bauern ermordete, deren Leichen seine Personalakte anschwellen ließen.

In den letzten Januartagen wurde die Zensur aufgehoben, und die Zeitungen veröffentlichten – zum letzten Mal bis zum Kriegsende – einige Nachrichten. Das politische Klima in den Regierungskreisen ließ Anzeichen von Waffenruhe erkennen. Ramírez León, ein Vertreter der Batista-Legislative, unternahm eine mehr oder weniger spontane Reise in Begleitung von Lalo Roca, einem Stadtverordneten aus Manzanillo, und von Meneses, einem spanischen Journalisten des *Paris Match*, der eine Reihe von Interviews in der Sierra machte.

In den Vereinigten Staaten wurden ausführliche Erklärungen über die Aufkündigung des Paktes von Miami durch das Komitee der Bewegung des 26. Juli im Exil veröffentlicht, dessen Vorsitzender Mario Llerena und dessen Finanzbeauftragter Raúl Chibás war. (Diese Komiteemitglieder fanden ihre Arbeit in jenem Teil der Welt so gesund, dass sie ihn jetzt offensichtlich zum ständigen Wohnsitz erkoren haben, und vielleicht haben sie gegenwärtig ähnliche Berufe wie in der Epoche des Befreiungskrieges, als sie den Eindruck von anständigen Menschen machten.)

Die Interviews mit Meneses, die in der Zeitschrift *Bohemia* veröffentlicht wurden, fanden auch ein weltweites Echo, aber im Land selbst war die Polemik interessant, die zwischen Masferrer und Ramírez León in jenen schnell vorbeigehenden Tagen geführt wurde, als die Presse von Havanna einige Nachrichten veröffentlichte.

Die Zensur war in fünf von den sechs Provinzen aufgehoben worden. In Oriente blieben die verfassungsmäßigen Garantien außer Kraft, und die Zensur bestand weiter.

Mitte Januar wurde den Journalisten eine Gruppe von Mitgliedern der Bewegung des 26. Juli vorgeführt, die man gefangen genommen hatte, als sie aus der Sierra kamen – Armando Hart, Javier Pazos, Luis Busch und der Wegführer Eulalio Vallejo. Diese Nachricht besitzt einiges Interesse, obwohl es alltäglich war, dass Compañeros gefangen genommen und in vielen Fällen ermordet wurden; denn sie ist ein Indiz für die Polemik, die bereits mehr oder weniger offen zwischen den beiden Teilen der Bewegung des 26. Juli geführt wurde. Auf einen reichlich schwachsinnigen Brief, den ich Compañero René Ramos Latour geschickt hatte, gab mir dieser eine Antwort, doch außerdem zirkulierte eine Kopie meines Schreibens; Armando Hart schrieb mir einen polemischen Kommentar und hatte die Absicht, ihn von der Sierra aus an mich zu schicken; dort hatte er Fidel besucht, aber dieser argumentierte, dass jener Brief eine neue Gegenantwort herausfordern würde, die wiederum eine weitere Erwiderung provozieren müsste, bis zu gegebener Zeit ein Brief in die Hände des Feindes fallen könnte, was uns keinen guten Dienst erweisen würde. Armando erfüllte diszipliniert den Befehl, doch er vergaß den Kommentar in einer seiner Taschen, und als er gefangen genommen wurde, trug er ihn bei sich.

Das Leben Armando Harts und seiner Compañeros hing während der Tage, in denen sie inhaftiert und ohne Verbindung zur Außenwelt waren, an einem seidenen Faden. Die nordamerikanische Botschaft wurde aktiv und versuchte, die Ursache dieser Kontroverse zu ermitteln. Durch eine ganze Reihe von Formulierungen, die bei den einzelnen Argumenten gebraucht wurden, begann der Feind etwas zu ahnen und spitzte die Ohren.

Unabhängig von dem beschriebenen Zwischenfall hielt Fidel es für wichtig, einen folgenschweren Schlag zu führen, wobei er die Aufhebung der Zensur nutzen wollte; und wir bereiteten uns auf diese Aktion vor.

Das ausgewählte Ziel war von Neuem Pino del Agua. Einmal hatten wir es sehr erfolgreich angegriffen, und seit jener Zeit war Pino del Agua vom Feind besetzt. Wenn die Truppen sich auch nicht viel bewegten, führte ihre besondere Position auf dem Kamm der Maestra dazu, dass man große Umgehungsmanöver machen musste und dass der Verkehr in der Nähe dieses Gebietes immer gefährlich war, sodass die Ausschaltung von Pino del Agua als vorgeschobener Stellung des Heeres von großer strategischer Bedeutung sein würde und in Anbetracht der Bedingungen der Arbeit der Presse in diesen Tagen ein Echo von nationalem Ausmaß haben würde.

In den ersten Februartagen begannen die fieberhaft betriebenen Vorbereitungen und die Erkundungen des Gebietes, an denen Roberto Ruíz und Félix Tamayo einen wesentlichen Anteil hatten, da sie dort zu Hause waren; heute sind beide Offiziere in unserer Armee. Außerdem intensivierten wir die Entwicklungsarbeiten an unserer neuesten Waffe, die wir für außergewöhnlich wirkungsvoll hielten: die M-26, sie wurde auch »Sputnik« genannt, eine kleine Bombe aus Blech, die zuerst mit einer komplizierten Apparatur abgeschossen wurde, einer Art Katapult, das mit den Leinen eines Gewehres für Unterwasserjagd hergestellt wurde. Später wurde sie weiterentwickelt, bis wir sie schließlich mit einem Gewehr verschießen konnten, mit Salvenmunition, die die Bombe in größerer Entfernung auftreffen ließ.

Diese kleinen Bomben machten viel Krach, sie verbreiteten wirklich Schrecken, doch da sie nur einen Blechmantel hatten, war ihre tödliche Wirkung gering; und sie verursachten nur geringe Verletzungen, wenn sie in der Nähe eines feindlichen Soldaten explodierten, abgesehen davon, dass es sehr schwierig war, von dem Moment an, da die Zündschnur in Brand gesetzt wurde, die Flugbahn in der Luft und die Explosion der Bombe beim Aufprall in Einklang zu bringen. Durch den beim Auftreffen erfolgenden Stoß sprang häufig die Zündschnur ab, und die kleine Bombe explodierte nicht, sodass sie unbeschädigt dem Feind in die Hände fiel. Als dieser ihre Funktionsweise erkannte, hatte er vor ihr keine Angst mehr; in jenem ersten Gefecht allerdings übte sie ihre psychologische Wirkung aus.

Mit ziemlich großer Präzision wurden alle Vorbereitungen durchgeführt; der Angriff fand am 16. Februar statt. Der Kampfbericht unserer Armee, der in *El Cubano Libre* veröffentlicht wurde und den wir hier wiedergeben[1], ist ein weitgehend genauer Überblick zu diesen Ereignissen.

Der strategische Plan war sehr einfach: Fidel, der wusste, dass eine ganze Kompanie im Sägewerk stationiert war, glaubte nicht, dass unsere Truppen es einnehmen könnten. Beabsichtigt war, das Gelände anzugreifen, die Wachen auszuschalten, es zu umzingeln und auf die Verstärkung zu warten, denn wir wussten schon genau, dass sich marschierende Truppen viel geschickter als die im Quartier liegenden verhalten. Wir organisierten die verschiedenen Hinterhalte, von denen wir große Erfolge erhofften. In jeden Hinterhalt legten wir diejenige An-

1 Kampfbericht: Vgl. den Frontbericht, der im Anschluss an diesen Abschnitt abgedruckt ist.

zahl von Männern, die wahrscheinlich der Stärke des anrückenden Feindes entsprechen würde.

Der Angriff wurde von Fidel persönlich geleitet. Von seinem Stab aus konnte man direkt das Sägewerk einsehen, er lag auf einem Hügel im Norden, von dem aus man das Ziel vollkommen unter Kontrolle hatte. Aus der Karte Nr. 2 kann man den Aktionsplan ersehen; Camilo sollte auf dem Weg vorrücken, der von El Uvero über La Bayamesa führt; seine Truppen, die den Vorhutzug der Kolonne vier bildeten, sollten die Wachen überwältigen und vordringen, so weit es das Gelände erlaubte, und sich dort halten. Die Flucht der Wachen wurde durch den Zug des Hauptmanns Raúl Castro Mercader verhindert, der am Rand des Weges nach Bayamo Stellung bezogen hatte; und für den Fall, dass sie versuchen sollten, den Fluss Peladero zu erreichen, würde sie Hauptmann Guillermo García mit etwa fünfundzwanzig Mann dort erwarten.

Sobald das Feuer eröffnet würde, sollte unser Granatwerfer in Aktion treten, für den wir genau sechs Granaten hatten und der von Quiala bedient wurde; dann sollte die Belagerung beginnen. Ein Hinterhalt wurde von Leutnant Vilo Acuña befehligt, er befand sich auf der Loma de la Virgen, und an dieser Stelle sollten die Truppen abgefangen werden, die aus El Uvero kommen würden; und weiter entfernt Richtung Norden lag Lalo Sardiñas mit einigen Schützen, um die Truppen zu erwarten, die von Yao über Vega de los Jobos kommen würden.

In diesem Hinterhalt wurde zum ersten Mal eine besondere Minenart erprobt, deren Wirkung alles andere als schmeichelhaft war. Compañero Antonio Estévez (der später während eines Angriffs auf Bayamo fiel) hatte sich das System ausgedacht, eine vollständige Fliegerbombe explodieren zu lassen, indem man einen Flintenschuss als Zünder benutzte, und wir installierten die Bombe dort, weil wir annahmen, dass das Heer durch jenes Gebiet vorrücken würde, in dem wir so wenige Truppen hatten. Das war ein beklagenswerter Irrtum; der Compañero, der den Auftrag hatte, die Ankunft des Feindes zu melden, war sehr unerfahren und sehr nervös, und er gab die Warnung in dem Augenblick, als ein ziviler Lastwagen heraufkam; die Mine funktionierte, und der Fahrer wurde das unschuldige Opfer dieser neuen Zerstörungswaffe, die nach ihrer Erprobung so wirksam sein sollte.

Im Morgengrauen des 16. rückte Camilo vor, um die Wachen zu überwältigen, aber unsere Wegführer hatten nicht vorausgesehen, dass die Posten sich in der Nacht sehr nahe an das Lager zurückzogen, sodass sie ziemlich lange Zeit brauchten, um den Angriff zu eröffnen. Sie glaubten, sich in der Stelle geirrt zu haben, und waren bei jedem Schritt sehr vorsichtig, ohne zu merken, um was für ein Manöver es sich handelte. Für die fünfhundert Meter zwischen beiden Stellungen brauchte Camilo nicht weniger als eine Stunde, die er mit seinen zwanzig Männern im Gänsemarsch vorrückte.

Schließlich erreichten sie die Häusergruppe. Die Wachen hatten ein primitives Alarmsystem eingerichtet, das aus einigen dicht am Boden entlanglaufenden Drähten bestand, an denen sie einige Blechbüchsen festgebunden hatten, die klapperten, wenn man auf sie trat oder den Draht berührte, doch gleichzeitig hatten sie einige Pferde auf der Weide gelassen, und als die Vorhut der Kolonne den Alarm auslöste, ging dieser dadurch im Lärm der Pferde unter. So konnte Camilo praktisch bis zu den Soldaten vordringen.

Auf der anderen Seite waren unsere Wachen beunruhigt, dass die Stunden vergingen und der so lang erwartete Angriff nicht begann. Endlich hörte man den ersten Schuss, der die Eröffnung des Kampfes anzeigte; darauf begannen wir die Beschießung mit den sechs Granaten, diese endete sehr schnell und mit einem nicht gerade glorreichen Resultat.

Die Wachen hatten die ersten Angreifer gesehen oder gehört, als diese den Überfall begannen; und mit der Salve, die das

Gefecht einleitete, verwundeten sie Compañero Guevara, der später in einem unserer Lazarette starb. In wenigen Minuten hatten Camilos Truppen den Widerstand gebrochen, wobei sie elf Waffen, darunter zwei Maschinengewehre, erbeuteten und drei Wachsoldaten gefangen nahmen. Außerdem töteten sie sieben oder acht weitere Soldaten, doch unverzüglich wurde der Widerstand in der Kaserne organisiert, und unser Angriff kam zum Stehen.

Nacheinander fielen die Leutnants Noda und Capote und der Soldat Raimundo Lien bei dem Versuch, weiter vorzurücken; Camilo wurde an einem Oberschenkel verletzt, und Virelles, der das Maschinengewehr bedienen sollte, musste sich zurückziehen und seine Waffe liegen lassen. Trotz seiner Verletzung rückte Camilo wieder vor, um diese Waffe mitten im höllischen Beschuss zu retten, als bereits das erste Morgenlicht am Himmel erschien. Er wurde ein zweites Mal verwundet, hatte jedoch dabei so viel Glück, dass die Kugel ihm durch den Unterleib schlug und an der Seite wieder austrat, ohne irgendein lebenswichtiges Organ in Mitleidenschaft zu ziehen. Während Camilo gerettet wurde und das Maschinengewehr verloren war, wurde ein Compañero namens Luis Macías verwundet, und er schleppte sich zwischen den Büschen in die Richtung, die dem Rückzugsweg seiner Compañeros genau entgegengesetzt war. Dort fand er den Tod.

Einige isolierte Kämpfer bombardierten die Kaserne aus nahe gelegenen Positionen mit Sputniks oder M-26 und richteten so Verwirrung unter den Soldaten an. Guillermo García konnte überhaupt nicht in den Kampf eingreifen, da die Wachen keinen einzigen Versuch unternahmen, einen Ausfall aus ihrer sicheren Stellung zu machen, und wie vorauszusehen war, riefen sie sofort über Funk um Hilfe.

Schon als es später am Morgen war, hatte sich die Lage in dem ganzen Gebiet entspannt, aber von unserer Stellung im Stab hörten wir einige Schreie, die uns Angst einjagten, denn wir verstanden mehr oder weniger genau das Folgende: »Das ist das Maschinengewehr vom Camilo«, während gleichzeitig eine Salve abgegeben wurde. Bei dem verloren gegangenen Dreibein-Maschinengewehr hatte Camilo seine Mütze liegen gelassen, in der hinten sein Name stand, und die Wachen machten sich auf diese Weise über uns lustig. Wir erfassten intuitiv, dass etwas passiert war, doch wir konnten während des ganzen Tages keine Verbindung zu den Truppen auf der anderen Seite herstellen, während Camilo, den Sergio del Valle versorgte, sich weigerte, den Rückzug anzutreten, und sie dort blieben, um das Weitere abzuwarten.

Die Voraussagen Fidels erfüllten sich: Von El Oro de Guisa aus schickte die von Hauptmann Sierra befehligte Kompanie ihre Vorhutspitze, die erkunden sollte, was in Pino del Agua vor sich ging. Sie erwartete der gesamte Zug von Paco Cabrera, ungefähr dreißig oder fünfunddreißig Mann, die so aufgestellt waren, wie man auf der Karte Nr. 3 sehen kann, nämlich an einer Seite des Weges, auf dem Loma del Cable[2] genannten Hügel, der so heißt, weil es dort ein Seil gibt, mit dessen Hilfe man Fahrzeuge den schwierig zu bewältigenden Anstieg hinaufschafft. Unsere Gruppen, die unter dem Befehl der Leutnants Suñol, Alamo, Reyes und William Rodríguez standen, lagen dort in Stellung; auch Paco Cabrera befand sich dort, er war als Zugführer eingesetzt; aber Paz und Duque hatten den Befehl, die Vorhut zum Stehen zu bringen, sie lagen dem Weg gegenüber. Die kleine feindliche Truppe rückte vor und wurde vollkommen zerstört; es gab elf Tote, wir verwundeten weitere fünf Soldaten, deren Wunden in einem Haus behandelt wurden und die wir dort zurückließen; Unterleutnant Laferté, der heute zu uns gehört, wurde ebenfalls gefangen genommen; wir erbeuteten zwölf Gewehre, davon zwei M-1 und ein leichtes Maschinengewehr, außerdem eine Johnson.

---

2 Loma del Cable: »Seil-Hügel«

Ein oder zwei Soldaten, die fliehen konnten, meldeten den Vorfall in El Oro de Guisa. Als die Truppen in El Oro de Guisa diese Neuigkeit erfuhren, müssen sie Hilfe angefordert habe, doch genau zwischen Guisa und El Oro de Guisa befand sich Raúl Castro mit allen seinen Leuten, denn das war die Stelle, wo nach unseren Vermutungen die größte Wahrscheinlichkeit bestand, dass hier die Soldaten durchkommen würden, um den in Pino del Agua angegriffenen Truppen zu Hilfe zu eilen. Raúl stellte seine Leute so auf, dass Félix Peña mit der Vorhut der anrückenden Verstärkung den Weg versperrte und seine Gruppe gemeinsam mit der von Ciro Frías und einer dritten, die direkt unter Raúls Führung stand, den Feind angreifen sollte, während Efigenio die Einkreisung nach hinten abschließen würde.

Eine Kleinigkeit blieb in diesem Moment unbemerkt: Zwei harmlose und fassungslos staunende Bauern, die mit ihren Hühnern unter dem Arm an allen Stellungen vorüberkamen, entpuppten sich später als Soldaten des Heeres aus El Oro de Guisa, die man ebendeshalb ausgeschickt hatte, damit sie den Weg erkunden sollten. Sie konnten die Aufstellung unserer Truppen beobachten und warnten ihre Kameraden in Guisa; deshalb war Raúl gezwungen, sich gegen die Offensive des Heeres zu behaupten; das Heer, das seine Stellungen kannte, griff ihn von einer Anhöhe aus an, die es zuvor besetzt hatte, und er musste sich weit zurückziehen, wobei er einen Mann, Florentino Quesada, verlor und einen Verwundeten hatte. Der Weg, der von Bayamo über El Oro de Guisa führt, war die einzige Strecke, auf der das Heer vorzurücken versuchte. Obwohl Raúl sich gezwungen sah, wegen seiner unterlegenen Position den Rückzug anzutreten, marschierten die feindlichen Truppen sehr langsam auf dem Weg weiter, und an jenem ganzen Tag kamen sie nicht in Sichtweite. An jenem Tag waren wir den ständigen Angriffen der Flugzeuge vom Typ B-26 ausgesetzt, die die Berge mit Maschinengewehren beschossen, ohne dass sie damit mehr Erfolg erzielten, als uns zu behindern und zu zwingen, bestimmte Vorsichtsmaßnahmen zu befolgen. Fidel war über den Gefechtsverlauf sehr zufrieden und gleichzeitig um das Schicksal der Compañeros besorgt, und er setzte sich einige Male mehr der Gefahr aus, als es nötig war. Das hatte zur Folge, dass wir, eine Gruppe von Offizieren, ihm einige Tage später das Dokument[3] übergaben, in dem wir ihn im Namen der Revolution baten, sein Leben nicht unnütz aufs Spiel zu setzen. Dieses etwas kindische Dokument, zu dessen Niederschrift uns die altruistischsten Wünsche veranlasst hatten, verdiente nicht, wie wir glauben, von ihm auch nur einmal überflogen zu werden, und es erübrigt sich zu sagen, dass es ihn nicht im Geringsten beeindruckte.

In der Nacht wies ich nachdrücklich darauf hin, dass wir einen derartigen Angriff durchführen könnten, wie ihn Camilo unternommen hatte, um so die in Pino del Agua liegenden Truppen zu überwältigen. Fidel teilte diese Meinung nicht, aber schließlich stimmte er zu, es zu versuchen. Wir schickten einen Trupp unter der Führung Escalonas los, der aus den Zügen von Ignacio Pérez und Raúl Castro Mercader bestand. Die Compañeros drangen nahe an die Kaserne vor und unternahmen alle möglichen Anstrengungen, um sie ganz zu erreichen, aber sie wurden durch das heftige Feuer der Soldaten abgewehrt, und sie zogen sich zurück, ohne den Angriff noch einmal zu versuchen. Ich bat darum, dass man mir den Befehl der Trupps übertragen sollte, was Fidel widerwillig akzeptierte. Meine Idee war, so weit wie möglich an die Kaserne heranzukommen und mit Molotowcocktails aus dem Benzin, das im Sägewerk vorhanden war, die Häuser anzuzünden, die alle aus Holz waren, und die Soldaten so zu zwingen, sich zu ergeben oder in wilder Flucht herauszukommen; dann hätten wir sie unter gezieltes Feuer nehmen können. Als wir in der

3 siehe das Dokument am Ende dieses Kapitels

Kampfzone ankamen und uns bereit machten, unsere Stellungen zu beziehen, erhielt ich diese kleine handschriftliche Mitteilung von Fidel:

16. Februar 1958. Che: Wenn alles vom Angriff auf dieser Seite abhängt, ohne dass Camilo und Guillermo Hilfe leisten können, glaube ich nicht, dass man etwas Selbstmörderisches unternehmen sollte, weil man dadurch Gefahr läuft, viele Verluste zu haben und das Ziel nicht zu erreichen.

Ich empfehle dir sehr angelegentlich, vorsichtig zu sein. Ich befehle dir ausdrücklich, nicht persönlich am Kampf teilzunehmen. Kümmere dich darum, die Leute gut zu führen, denn das ist in diesem Augenblick unbedingt notwendig.

Fidel

Außerdem teilte mir Almeida, der Überbringer dieser Meldung, mündlich mit, dass ich auf meine Verantwortung angreifen könnte, wenn die Bedingungen des Briefes eingehalten würden, aber dass er (Fidel) nicht damit einverstanden sei. Mich belastete der ausdrückliche Befehl, nicht persönlich am Kampf teilzunehmen, dazu die große, fast sichere Gewissheit, dass mehrere Kämpfer den Tod finden würden, und die Unsicherheit, ob wir die Kaserne einnehmen könnten, ohne dass ich die Lage der Truppen Guillermos und Camilos kannte, die ohne Verbindung zu uns waren, wobei die ganze Verantwortung auf meinen Schultern lag. Das war zu viel für mich, und mit hängendem Kopf nahm ich den gleichen Weg wie Escalona, mein Vorgänger. Am folgenden Morgen, während die Flugzeuge uns fortgesetzt angriffen, wurde der Befehl zum allgemeinen Rückzug gegeben, und nachdem wir mit dem Gewehr mit Zielfernrohr einige Schüsse auf die Soldaten abgegeben hatten, die bereits aus ihren Unterständen herauskamen, zogen wir uns allmählich auf den Höhenkamm der Sierra Maestra zurück.

Wie man aus dem offiziellen Kampfbericht ersehen kann, den wir damals herausgaben, hatte der Feind achtzehn bis fünfundzwanzig Verluste, und wir erbeuteten an Waffen: dreiunddreißig Gewehre, fünf Maschinengewehre und reichlich Munition. Bei der Aufzählung der gemeldeten Verluste muss man Compañero Luis Macías hinzufügen, über dessen Schicksal wir in jenem Augenblick nichts wussten, sowie die Verwundung einiger Compañeros, wie Luis Olazábal und Quiroga, die bei verschiedenen Kampfhandlungen des langen Gefechtes verletzt wurden. In der Zeitung *El Mundo* erschien am 19. Februar die folgende Meldung:

El Mundo, Mittwoch, 19. Februar 1958. Gemeldet wird der Tod von sechzehn Aufständischen und fünf Soldaten. Unbekannt ist, ob Guevara verwundet wurde. Der Generalstab des Heeres gab gestern Nachmittag um fünf einen Frontbericht heraus, in dem es als unrichtig bezeichnet wurde, dass es ein größeres Gefecht mit den Aufständischen in Pino del Agua, im Süden von Bayamo, gegeben habe. In dem offiziellen Bericht wird zugleich zugegeben, dass ›es zu vereinzelten Scharmützeln zwischen Aufklärungspatrouillen des Heeres und Gruppen von Aufständischen gekommen ist‹; weiter wird mitgeteilt, dass gerade zum Zeitpunkt der Herausgabe jenes Berichtes ›sich die Verluste der Rebellen auf sechzehn belaufen, während das Heer durch die erwähnten Scharmützel fünf Verluste zu verzeichnen hat‹. ›Die Nachricht über eine Verwundung des bekannten argentinischen Kommunisten Che Guevara‹, sagt der Bericht weiter, ›konnte bis jetzt nicht bestätigt werden. Ob der Rebellenführer an den erwähnten Zusammenstößen beteiligt war, konnte nicht mit Sicherheit festgestellt werden, wohl aber, dass er sich weiter in den schwer zugänglichen Höhlen der Sierra Maestra versteckt hält.‹

Wenig später, oder vielleicht schon in jenem Augenblick, hatten sie das Gemetzel von El Oro de Guisa provoziert, das der Mörder Sosa Blanco anrichtete, der in den ersten Januartagen 1959 vor einem Hinrichtungskommando starb.

Während die Diktatur lediglich bestätigen konnte, dass Fidel sich weiter »in den schwer zugänglichen Höhlen der Sierra Maestra versteckt hält«, baten ihn die Truppen, die unter seiner persönlichen Führung standen, sein Leben nicht unnütz aufs Spiel zu setzen, und das feindliche Heer kam nicht bis zu unseren Basiszentren hinauf. Einige Zeit später wurde Pino del Agua geräumt, und wir vervollständigten die Befreiung des westlichen Gebietes der Maestra.

Wenige Tage nach diesem Gefecht kommt es zu einem der wichtigsten Ereignisse des ganzen Krieges: Die Kolonne drei unter der Führung von Hauptmann Almeida verlässt die Region von Santiago, und die Kolonne sechs, die den Namen »Frank País« trägt, marschiert unter der Führung von Hauptmann Raúl Castro Ruz durch die Ebenen von Oriente, dringt in Los Mangos de Baraguá ein, zieht nach Pinares de Mayarí weiter und errichtet dann die Zweite Front von Oriente »Frank País«.

Pino del Agua

Pino del Agua ist eine Siedlung auf der Höhe der Maestra, gegenüber dem Pico de la Bayamesa. Sie wurde von der Kompanie des Hauptmanns Guerra verteidigt und war durch Gräben und Befestigungen sehr gut gesichert. Sie ist die am weitesten in die Sierra Maestra vorgeschobene Stellung. Das Ziel des Angriffs war es nicht, das Sägewerk einzunehmen, sondern einen Belagerungsring zu bilden, der das Heer zwingen sollte, den eingeschlossenen Truppen Hilfe zu schicken. Die in größter Nähe liegenden Truppen waren an folgenden Orten stationiert: in San Pablo de Yao die Kompanie von Sánchez Mosquera, ungefähr zwölf Kilometer vom Sägewerk entfernt; in El Oro de Guisa die Kompanie von

Hauptmann Sierra, etwa sechs Kilometer entfernt; in fünfundzwanzig Kilometer Entfernung liegt Uvero mit einer Garnison der Kriegsmarine; die anderen Orte, aus denen man Verstärkungen erwartete, waren Guisa und Bayamo. Unsere Truppen sperrten jeden einzelnen der Wege, die von diesen Punkten nach Pino del Agua führen.

Am 16. Februar um halb sechs Uhr morgens begannen Kräfte der vierten Kolonne unter dem Befehl von Hauptmann Camilo Cienfuegos den Angriff. Der Angriff wurde so vehement durchgeführt, dass die Wachen ohne Schwierigkeiten überwältigt wurden, wobei wir acht feindliche Soldaten töteten, vier gefangen nahmen und mehrere verwundeten. Von jenem Zeitpunkt an verstärkte sich der feindliche Widerstand, und auf unserer Seite fielen die Leutnants Gilberto Capote und Enrique Noda sowie Compañero Raimundo Lien; Compañero Angel Guevara wurde so schwer verletzt, dass er einige Tage später in einem unserer Feldlazarette verstarb.

Die Belagerung wurde den ganzen Tag fortgesetzt, und eine aus siebzehn Mann bestehende Truppe marschierte zu einer Erkundung aus El Oro de Guisa in Richtung Pino del Agua. Diese Truppe wurde überrumpelt und völlig außer Gefecht gesetzt; drei Soldaten wurden verwundet gefangen genommen. Wir ließen sie in Bauernhäusern zurück, weil wir nicht in der Lage waren, sie abzutransportieren. Der Führer der Kolonne, Unterleutnant Evelio Laferté, ist unser Gefangener. Nur zwei Männer, die anscheinend verwundet wurden, konnten entkommen; alle anderen fielen im Kampf.

Die Truppen, die die Wege nach Yao und El Uvero verteidigten, mussten untätig bleiben, weil sie ihre Stellungen nicht verlassen konnten. Die Kolonne des Comandante Raúl Castro Ruz musste einen Kampf in einer sehr kritischen Lage bestehen, denn seine Leute konnten nicht auf den Feind schießen, da dieser auf seinem Vormarsch eine lebendige Mauer aus Bäuerinnen und Kindern vor sich hertrieb. In diesem Kampf fiel Compañero Florentino Quesada. Die Verluste, die das Heer erlitt, sind unbekannt.

Einige Stunden, nachdem sich die Kolonne des Comandante Raúl Castro zurückgezogen hatte, rückte das Heer zu unseren Positionen vor, in denen eine Gruppe von eingeschüchterten und wehrlosen Bauern zurückgeblieben war; sie hatte sich in Hütten geflüchtet, um dem Gefecht zu entkommen. Es wurde dann allen Flüchtlingen befohlen, die Hütten zu verlassen, worauf man sie erbarmungslos mit Maschinengewehren beschoss und dreizehn Menschen tötete, die meisten davon Frauen und Kinder. Die Verwundeten aus dieser »siegreichen« Aktion des Heeres wurden in Bayamo behandelt, und sie sind diejenigen, die in den ersten, nicht offiziellen Bekanntmachungen über die Schlacht erwähnt wurden.

Trotz des Nebels, der an jenem Tag herrschte, beschossen die Flugzeuge während des ganzen Gefechtes die von unseren Streitkräften besetzten Positionen, die keinen Schaden erlitten. Am 17. mittags zogen sich unsere Streitkräfte von Pino del Agua zurück, und die Aktion wurde von Teilen der sechsten Kolonne mit einem neuen Angriff auf El Oro de Guisa abgeschlossen. Wir wissen nicht, welche Ergebnisse dieser Zusammenstoß auf der Seite des Feindes hatte, unsere Streitkräfte erlitten keine Verluste.

Die Abschlussbilanz sieht folgendermaßen aus: Auf der Seite des Feindes fielen achtzehn bis fünfundzwanzig Soldaten, ebenso viele wurden verwundet und fünf gefangen genommen: Evelio Laferté, Unterleutnant; Erasmo Yera, Francisco Travieso Camacho, Ceferino Adrián Trujillo und Bernardo San Bartolomé Martínez Carral, Soldaten (dieser letzte wurde verwundet); erbeutet wurden dreiunddreißig Gewehre, fünf Maschinengewehre und eine große Menge Munition. Unsere Truppen hatten die bereits genannten Verluste, außerdem drei weitere Verwundete, die alle leicht verletzt waren; einer von ihnen ist Hauptmann Camilo Cienfuegos.

In Pino del Agua wurde nicht der gesamte vom Generalstab unserer Armee vorgesehene ehrgeizige Plan verwirklicht, doch wir errangen einen vollständigen Sieg über das Heer und zerstörten noch weitgehender seine bereits schwindende Kampfmoral; damit zeigten wir der ganzen Nation die wachsende Kraft der Revolution und unserer revolutionären Armee, die sich bereit macht, in die Ebenen hinunterzumarschieren und ihre Siegesserie fortzusetzen.

»El Cubano Libre«, Sierra Maestra, Februar 1958

Señor Comandante
Dr. Fidel Castro

Sierra Maestro, 19. Februar 1958

Compañero!

Infolge der dringenden Notwendigkeit und unter dem Druck der Umstände möchten die Offiziere sowie alle anderen Personen, die in unseren Reihen kämpfen, Ihnen das Gefühl der Wertschätzung übermitteln, das die Truppe wegen Ihres persönlichen Eingreifens auf dem Gefechtsfeld empfindet. Wir bitten Sie, dass Sie auf diese immer von Ihnen eingenommene Haltung verzichten, die ungewollt den Erfolg unseres bewaffneten Kampfes und vor allem die Vollendung der wirklichen Revolution in Gefahr bringt.

Sie, Compañero, sollen wissen, dass dies nichts mit einer sektiererischen Bewegung zu tun hat und keine wie auch immer geartete Macht demonstrieren will. Uns bewegt nur die Liebe zum Vaterland, zu unserer Sache, zu unseren Ideen, ohne dass es jemals an der verdienten Zuneigung und Achtung fehlt. Ohne Ihre eigene Person überzubewerten, sollten Sie sich der Verantwortung bewusst werden, die auf Ihnen ruht, und die großen Erwartungen und Hoffnungen verstehen, die die Generationen von gestern, heute und morgen in Sie gesetzt haben. Wenn Sie sich all dessen bewusst sind, müssen Sie diese dringende Bitte erfüllen, die vielleicht etwas kühn und anspruchsvoll erscheinen mag. Doch sie wird im Interesse Kubas geäußert, und im Interesse Kubas ersuchen wir Sie um ein weiteres Opfer.

Ihre Brüder im Kampf für die gleichen Ideale:

Comandante Che
stellv. Comandante
J. Almeida
Celia Sánchez
R. Castro Ruz
Ciro Frías C.
Dr. J. Martínez Páez
Dr. S. Valle
Dr. Machado
Luis Crespo
Félix Peña
Paco Cabrera
Guillermo García
Ignacio Pérez
M. Fajardo
Vitalio Acuña
Ramiro Valdés
Ochoa
Eduardo Sardiñas
Camilo Cienfuegos
Raúl Castro M.
Efigenio Ameijeira
Luis Orl. Rodríguez
Marín
Universo Sánchez
José Quiala
Idelfredo Figueredo Río
Marcos Borrero
Horacio Rodríguez
Calixto García M.
R. Jiménez Lage
José (unleserlich) Sotomayor
Ernesto Casillas
Fernando Virelles Iñiguez
Abelardo Colomé Ibarra
Humberto Rodríguez Díaz
J. Diz
Hermes Cardero
Olvein Botello
F. Villegas
Armando Velis

Zuerst veröffentlicht in »Verde Olivo«, 19. Februar 1964

KURZES ZWISCHENSPIEL

In den Monaten April und Juni des gleichen Jahres 1958 waren zwei diametral entgegengesetzte Phasen in der Aufstandsbewegung zu beobachten.

Von Februar an, nach dem Gefecht von Pino del Agua, erstarkte die Aufstandsbewegung immer weiter, bis die Welle der Rebellion zu einer unaufhaltsamen Lawine anzuwachsen drohte. Das Volk erhob sich im ganzen Land und besonders in Oriente gegen die Diktatur. Nach dem Scheitern des von der Bewegung angeordneten Generalstreiks ebbte die Welle ab, bis sie im Juni ihren tiefsten Punkt erreichte, als die Truppen der Diktatur den Belagerungsring um die Kolonne eins immer enger schlossen.

In den ersten Apriltagen verließ Camilo die schützende Sierra und marschierte in das Gebiet des Rio Cauto, wo er seine Ernennung zum Comandante der Kolonne zwei »Antonio Maceo« erhielt. In den Ebenen von Oriente vollbrachte er eine Reihe beeindruckender Heldentaten. Camilo war der erste Comandante unserer Armee, der in die Ebene vordrang und dort mit der Moral und Schlagkraft der Sierra-Armee kämpfte, wobei er die Diktatur in harte Bedrängnis brachte, bis er einige Tage nach dem gescheiterten Generalstreik vom 9. April in die Sierra Maestra zurückkehrte.

Unter Ausnutzung der Situation wurde in den Tagen, als die revolutionäre Stimmung ihren Höhepunkt erreichte, eine ganze Reihe von Lagern eingerichtet. Sie bestanden aus einigen Männern, die ihren Eintritt in den Kampf herbeisehnten, und aus anderen, die nur daran dachten, sich ihre Uniform nicht zu beschmutzen, um dann im Triumph in Havanna einziehen zu können. Nach dem 9. April, als sich die Gegenoffensive der Diktatur abzuzeichnen begann, verschwanden diese Gruppen allmählich oder schlossen sich den Truppen in der Sierra an.

Die Moral sank so stark, dass das Heer den Zeitpunkt für günstig hielt, ein Amnestieangebot zu machen, und es stellte Flugblätter her, die es in den Gebieten der Aufständischen abwerfen ließ. In dem Flugblatt hieß es:

Landsmann! Wenn du dich noch auf dem Land oder im Gebirge befindest, weil du in Komplotte der Aufständischen verwickelt warst, hast du Gelegenheit, den Fehler wiedergutzumachen und in den Schoß deiner Familie zurückzukehren.

Die Regierung hat angeordnet, dir den Schutz deines Lebens anzubieten und dich nach Hause zu entlassen, wenn du die Waffen niederlegst und dich an das Gesetz hältst.

Erscheine beim Provinzgouverneur, beim Bürgermeister deiner Gemeinde, bei einem befreundeten Kongressabgeordneten, beim nächsten Militär-, Marine- oder Polizeiposten oder bei einer kirchlichen Person.

Wenn du in einer unbewohnten Gegend bist, bring deine Waffe über eine Schulter gehängt mit und halte die Hände hoch.

Wenn du dich in einem Stadtgebiet stellst, lass deine Waffe an einem sicheren Ort versteckt, damit du ihn dann angeben kannst und die Waffe unverzüglich abgeholt wird.

Stelle dich, ohne Zeit zu verlieren, denn die zur vollständigen Befriedung führenden Operationen werden mit verstärktem Kräfteeinsatz in dem Gebiet fortgesetzt, in dem du dich befindest.

Danach veröffentlichten sie Fotos von Männern, die sich gestellt hatten, einige beruhten auf Tatsachen und andere nicht. Offensichtlich war, dass die konterrevolutionäre Welle zunahm. Am Ende sollte sie an den Gipfeln der Sierra zerschellen, doch in den letzten Apriltagen und Anfang Mai war sie in vollem Anstieg.

Unser Auftrag in der ersten Phase der untersuchten Periode war es, die Front zu halten, die die vierte Kolonne besetzt hatte und die bis in die Nähe des Dorfes Minas de Bueycito reichte. Dort hatte sich Sánchez Mosquera einquartiert, und unser Kampf bestand aus kurzzeitigen Zusammenstößen, ohne dass beide Seiten ein entscheidendes Gefecht wagten. Wir beschossen sie nachts mit unseren M-26, doch sie kannten die geringe tödliche Wirkung dieser Waffe schon und hatten einfach ein großes Drahtnetz aufgestellt, an dem die TNT-Ladungen in ihren Hülsen aus Kondensmilchbüchsen explodierten, wobei sie lediglich viel Lärm machten.

Unser Lager befand sich schließlich ungefähr zwei Kilometer von Minas de Bueycito entfernt, in einer Gegend, die La Otilia heißt, im Hause eines Grundbesitzers dieses Gebiets. Von dort aus überwachten wir Sánchez Mosqueras Bewegungen, und Tag für Tag kam es zu seltsamen Scharmützeln. Die Häscher zogen im Morgengrauen aus und verbrannten Hütten von Bauern, denen sie ihren gesamten Besitz wegnahmen, und dann zogen sie sich zurück, bevor wir angreifen konnten. Bei anderen Gelegenheiten griffen sie einige unserer in der Gegend verstreuten Schützen an und schlugen sie in die Flucht. Bauern, auf die der Verdacht einer Verbindung mit uns fiel, wurden ermordet.

Niemals habe ich herausbekommen können, aus welchem Grund Sánchez Mosquera zuließ, dass wir uns bequem in einem Haus eingerichtet hatten, das sich in einem verhältnismäßig ebenen und vegetationsarmen Gelände befand, ohne dass er die feindliche Luftwaffe zu einem Angriff gegen uns herbeirief. Wir vermuteten, dass er nicht an einem Gefecht mit uns interessiert war und die Luftwaffe nicht sehen lassen wollte, in welcher Nähe sich die Truppen befanden, da er dann erklären müsste, warum er selbst nicht angriff. Allerdings kam es, wie ich schon sagte, zu wiederholten Scharmützeln zwischen unseren Truppen.

An einem jener Tage verließ ich mit einem Adjutanten das Lager, um Fidel zu treffen, der sich zu diesem Zeitpunkt in Jíbaro aufhielt; der Marsch war lang und dauerte praktisch den ganzen Tag. Nachdem wir einen Tag mit Fidel zusammen verbrachten, verließen wir ihn am folgenden, um zu unserem Quartier in La Otilia zurückzukehren. Aus irgendeinem Grund, an den ich mich nicht erinnere, musste mein Adjutant dableiben, und ich sah mich gezwungen, einen neuen Wegführer zu akzeptieren. Ein Teil der Marschroute ging über eine Autostraße, danach gelangten wir in ein welliges Gelände, das zu Landgütern gehörte und mit Weiden bedeckt war. Auf dieser letzten Etappe, schon in der Nähe des Hauses, zeigte sich uns ein seltsames Schauspiel im Licht des Vollmondes, der die Konturen deutlich hervortreten ließ: In einem jener leicht hügeligen Gehege, auf denen einige Palmen verstreut standen, entdeckten wir eine Reihe toter Maulesel, von denen einige noch das Geschirr trugen.

Als wir von den Pferden abstiegen, um den ersten Maulesel zu untersuchen, und die Löcher von Kugeln sahen, war das Gesicht, mit dem mich der Führer anschaute, wie ein Bild aus einem Cowboyfilm. Der Held des Films, der mit seinem Gefährten angeritten kommt und üblicherweise sieht, dass ein Pferd von einem Pfeil tödlich getroffen wurde, sagt so etwas Ähnliches wie: »Die Sioux«, und dazu macht er ein den Umständen entsprechendes Gesicht. Ein solches Gesicht hatte jetzt der Mann – und vielleicht auch ich, doch es war meine geringste Sorge, mich selbst zu kontrollieren. Einige Meter weiter lag der zweite, dann der dritte und vierte oder fünfte tote Maulesel. Es war ein Versorgungstransport für uns gewesen, den Sánchez Mosquera bei einem Streifzug abgefangen hatte. Ich glaube mich zu erinnern, dass dort auch ein ermordeter Zivilist lag. Der Führer weigerte sich, mich weiter zu begleiten; er behauptete, das Gelände nicht zu kennen. Er stieg einfach auf sein Pferd, und wir trennten uns in aller Freundschaft.

Ich hatte eine Beretta; ich lud sie durch und drang, mein Pferd am Zügel führend, in die ersten Kaffeepflanzungen ein. Als ich an ein verlassenes Haus gelangte, erschreckte mich ein fürchterlicher Krach so sehr, dass ich beinahe geschossen hätte, doch es war nur ein Schwein, das durch meine Anwesenheit ebenfalls aufgeschreckt worden war.

Langsam und sehr vorsichtig legte ich die wenigen Hundert Meter zurück, die mich von unserer Stellung trennten; diese fand ich vollkommen verlassen vor. Nach langem Suchen fand ich einen Compañero, der schlafend im Haus zurückgeblieben war.

Universo, der den Befehl über die Truppe übernommen hatte, hatte die Räumung des Hauses angeordnet, weil er für die Nacht oder im Morgengrauen einen Angriff erwartet hatte. Da die Truppen genügend weit im Gelände verteilt waren, um den Ort zu verteidigen, legte ich mich mit meinem einzigen Begleiter zum Schlafen hin. Diese ganze Szene hat für mich keine andere Bedeutung als die, dass ich darüber zufrieden war, die Angst auf einem Marsch überwunden zu haben, der mir ewig zu dauern schien, bis ich endlich ganz allein im Gefechtsstand ankam. In jener Nacht fühlte ich mich tapfer.

Doch der härteste Zusammenstoß mit Sánchez Mosquera ereignete sich in einem kleinen Santa Rosa genannten Dörfchen oder Weiler. Wie üblich wurde uns im Morgengrauen gemeldet, dass Sánchez Mosquera aufgetaucht war, und wir setzten uns schnell zu jenem Ort in Marsch. Ich hatte etwas Asthma und ritt deshalb auf einem Falben, mit dem ich gut auskam. Der Gefechtsraum umfasste mehrere Geländeabschnitte, wo ohne gegenseitige Verbindung gekämpft wurde. Ich musste das Pferd zurücklassen. Mit der Gruppe von Männern, die bei mir war, ging ich auf einem kleinen Berg in Stellung; wir verteilten uns auf zwei oder drei verschieden hohe Punkte. Der Feind gab einige einleitende Granatwerfersalven ab, ohne sich auf das Ziel genau einzuschießen. Für einen Augenblick nahm die Schießerei zu meiner Rechten zu, und ich ging los, um diese Stellungen zu inspizieren, doch auf halbem Wege begann das Schießen auch von links; ich schickte meinen Adjutanten irgendwohin und blieb allein in der Mitte zwischen den beiden unter Beschuss genommenen Seiten. Zu meiner Linken stürmten die Truppen Sánchez Mosqueras, nachdem sie einige Granaten abgeschossen hatten, unter ungeheurem Geschrei den Hügel hinauf. Unsere wenig kampferfahrenen Männer konnten kein gezieltes Feuer abgeben, nur hin und wieder ging ein vereinzelter Schuss los, während sie bergab davonliefen. Ich war allein in einem baumlosen Gehege und sah, wie mehrere Soldatenhelme auftauchten. Ein Häscher rannte den Abhang hinunter und machte Jagd auf unsere Kämpfer, die in die Kaffeepflanzungen eindrangen, ich schoss mit meiner Beretta auf ihn, ohne ihn zu treffen, und sofort wurde mein Standort von mehreren Schützen ausgemacht, die mich unter Beschuss nahmen. Im Zickzack rannte ich davon, wobei ich auf den Schultern tausend Kugeln in einer fürchterlichen Patronentasche aus Leder trug und von den geringschätzigen Rufen einiger feindlicher Soldaten begrüßt wurde. Als ich nahe an die schützenden Bäume herangekommen war, fiel meine Pistole zu Boden. Meine einzige stolze Geste an jenem traurigen Morgen war, dass ich anhielt, kehrtmachte, die Pistole aufhob und davonrannte; diesmal grüßte mich eine kleine Staubwolke, die die Gewehrkugeln in meiner Umgebung aufwirbelten. Als ich mich gerettet glaubte, ohne etwas von meinen Compañeros oder vom Ergebnis der Offensive zu wissen, ruhte ich mich aus, hinter einem großen, mitten im Wald liegenden Steinbrocken geschützt. Das Asthma hatte mich barmherzig einige Meter laufen lassen, doch es rächte sich an mir, und mein Herz hämmerte in der Brust. Ich hörte, dass Zweige durch herankommende Leute geknickt wurden; es war mir nicht mehr möglich, die Flucht fortzusetzen (was ich wirklich gern getan hätte); diesmal war es ein anderer

Compañero von unserer Truppe, ein verirrter Rekrut, der erst kürzlich zu uns gekommen war. Seine Trostworte waren mehr oder weniger: »Machen Sie sich keine Sorge, Comandante, ich sterbe mit Ihnen.« Ich hatte keine Lust zu sterben, sondern war versucht, ihm etwas Unerfreuliches über seine Mutter zu sagen; ich glaube, ich habe es nicht getan. An jenem Tag fühlte ich mich feige.

In der Nacht zogen wir die Bilanz aller Kampfhandlungen: Ein hervorragender Compañero, er hieß Marino, war bei einem der Scharmützel gefallen; in allem Übrigen hatten die Feinde ein recht dürftiges Ergebnis zu verzeichnen. Die Leiche eines Bauern mit einer Schusswunde im Mund, den man aus wer weiß welchen Gründen ermordet hatte, war das Einzige, was in den Stellungen des Heeres geblieben war, während dieses selbst die Gegend verlassen hatte. Dort nahm der argentinische Journalist Jorge Ricardo Masetti, der uns zum ersten Mal in der Sierra besuchte und mit dem uns bald eine tiefe und dauerhafte Freundschaft verband, den ermordeten Bauern mit einer kleinen Kastenkamera auf.

Nach diesen Kämpfen zogen wir uns von La Otilia etwas weiter ins Hinterland zurück, aber als Comandante in der Kolonne vier ersetzte mich schon Ramiro Valdés, der in jenen Tagen seine Beförderung erhalten hatte. In der Begleitung einer kleinen Gruppe von Kämpfern verließ ich das Gebiet, um die Rekrutenschule zu übernehmen, in der jene Männer ausgebildet werden sollten, deren zukünftige Aufgabe der Marsch von Oriente nach Las Villas sein würde. Außerdem mussten wir uns auf ein Ereignis vorbereiten, das schon drohend nahe bevorstand: die Offensive des Heeres. Alle folgenden Tage, die letzten des April und die ersten des Mai, wurden für die Vorbereitung der Verteidigungsstellungen genutzt; außerdem versuchten wir, die größtmögliche Menge an Nahrungsmitteln und Medikamenten in die Berge zu bringen, um das durchstehen zu können, was wir schon kommen sahen: eine groß angelegte Offensive.

Parallel dazu stellten wir uns die Aufgabe, den Versuch zu machen, eine Steuer von den Zuckerfabrikbesitzern und den Viehzüchtern einzutreiben. In jenen Tagen kam Remigio Fernández zu uns hinauf, ein Großgrundbesitzer und Viehzüchter, der das Blaue vom Himmel heruntersprach, aber seine Versprechungen vergaß, als er in die Ebene zurückgekehrt war.

Auch die Zuckerfabrikbesitzer gaben nichts. Später jedoch, als sich unsere Macht gefestigt hatte, revanchierten wir uns; in jenen Tagen der Offensive allerdings mussten wir ohne lebensnotwendige Elemente für unsere Verteidigung auskommen.

Wenige Zeit später wurde Camilo beauftragt, unser kleines Territorium besser zu sichern, das unermessliche Schätze besaß: einen Sender, Lazarette, Munitionslager und außerdem einen Flugplatz, der zwischen den Hügeln von La Plata lag und auf dem ein leichtes Kleinflugzeug landen konnte.

Fidel vertrat das Prinzip, dass es nicht auf die feindlichen Soldaten ankomme, sondern auf die Menge an Männern, die wir benötigten, um eine Stellung uneinnehmbar zu machen, und dass wir uns nach diesem Grundsatz richten sollten. Das war unsere Taktik, und deshalb wurden alle unsere Streitkräfte um die Kommandantur zusammengezogen, um eine geschlossene Front herzustellen. Uns standen nicht viel mehr als zweihundert brauchbare Gewehre zur Verfügung, als am 25. Mai die erwartete Offensive gerade während einer Versammlung losbrach, die Fidel mit einigen Bauern abhielt, um mit ihnen die Bedingungen für die Durchführung der Kaffee-Ernte zu diskutieren, da das Heer es unmöglich machte, dass Tagelöhner für das Pflücken heraufkamen.

Er hatte ungefähr dreihundertfünfzig Bauern zusammengerufen, die sehr daran interessiert waren, ihre Ernteprobleme zu lösen. Fidel hatte vorgeschlagen, dass eine für die Sierra gültige Währung eingeführt werden sollte, um die Arbeiter zu bezahlen, dass man Palmfasermaterial und Säcke zum Abfüllen herbeischaffen, Arbeits- und Konsumgenossenschaften sowie eine Kontrollkommission gründen müsste. Außerdem wurde die Mitarbeit der Guerilla-Armee für die Ernte angeboten. Alles wurde angenommen, doch als Fidel selbst diese Versammlung abschließen wollte, begann der Beschuss mit Maschinengewehren: Das Heer war mit den Männern des Hauptmanns Angel Verdecia zusammengestoßen, und die feindliche Luftwaffe wütete in der Umgebung.

Zuerst veröffentlicht in »Verde Olivo«, 23. August 1964

EINE ENTSCHEIDENDE VERSAMMLUNG

Während des ganzen 3. Mai 1958 wurde in der Sierra Maestra, in Los Altos de Mompié, eine bis jetzt fast unbekannt gebliebene Versammlung abgehalten, die aber außergewöhnliche Bedeutung für die Bestimmung der revolutionären Strategie hatte. Von den ersten Stunden des Tages an bis gegen 2 Uhr nachts wurden die Konsequenzen des Misserfolges vom »9. April« und die Gründe für jene Niederlage analysiert, und es wurden die notwendigen Maßnahmen ergriffen, um die Bewegung zu reorganisieren und die sich aus dem Sieg der Diktatur ergebenden Schwächen zu überwinden.

Obwohl ich der Nationalen Leitung nicht angehörte, wurde ich auf Drängen der Compañeros Faustino Pérez und René Ramos Latour (»Daniel«), die ich vorher kräftig kritisiert hatte, zur Teilnahme aufgefordert. Außer den genannten waren weiter anwesend: Fidel, Vilma Espín (die in der Illegalität den Decknamen »Débora« hatte), Nico Torres, Luis Busch, Celia Sánchez, Marcelo Fernández (der damals »Zoilo« genannt wurde), Haydée Santamaría, David Salvador, und mittags kam Enso Infante (»Bruno«) hinzu.

Die Versammlung verlief in einer gespannten Atmosphäre, da man eine Einschätzung des Verhaltens der Compañeros aus den Städten geben musste, denn bis zu jenem Zeitpunkt hatten sie die Aktivitäten der Bewegung des 26. Juli praktisch geleitet. Auf jener Versammlung wurden aus der vorher falschen Beurteilung der Lage Konsequenzen gezogen, bei denen die moralische Autorität Fidels, sein unbestreitbares Ansehen und die Überzeugung der Mehrheit der dort anwesenden Revolutionäre ausschlaggebend waren. Die Leitung der Bewegung in den Städten hatte die Kraft des Feindes unterschätzt und die eigene subjektiv zu hoch angesetzt, und das, ohne die Methoden zu berücksichtigen, die zu ihrer Mobilisierung angewandt wurden. Doch das Wichtigste ist, dass zwei Konzeptionen analysiert und beurteilt wurden, die während der gesamten vorhergegangenen Etappe der Kriegsführung im Widerspruch gestanden hatten. Die Konzeption des Guerillakampfes sollte aus jener Versammlung siegreich hervorgehen, das Ansehen und die Autorität Fidels waren gefestigt, und er selbst wurde zum Oberbefehlshaber aller Streitkräfte, einschließlich der Miliz – die bis zu jenem Zeitpunkt der Leitung in den Städten unterstellt war –, und zum Generalsekretär der Bewegung ernannt.

Es gab viele erbitterte Diskussionen, als die Beteiligung jedes Einzelnen an den analysierten Ereignissen beurteilt wurde, aber die vielleicht heftigste Diskussion war die mit den Arbeitervertretern, die gegen jede Beteiligung der Sozialistischen Volkspartei an der Organisierung des Kampfes eintraten. Die Auswertung des Streiks zeigte, dass seine Vorbereitung und seine Auflösung weitgehend von Subjektivismus und putschistischen Auffassungen bestimmt waren; der gewaltige Apparat, über den die Bewegung des 26. Juli scheinbar in der Organisation der Arbeiterzellen verfügte, war im Augenblick der Aktion zusammengebrochen. Die abenteuerliche Politik der Arbeiterführer war an der unerbittlichen Realität gescheitert. Aber sie waren nicht als Einzige für die Niederlage verantwortlich; wir vertraten die Ansicht, dass auf den Arbeiterdelegierten David Salvador, auf Faustino Pérez, den Verantwortlichen für Havanna, und auf René Ramos Latour, den Befehlshaber der Milizen in den Städten, die größte Schuld fiel.

Schuld des Ersten war es, dass er die Konzeption eines sektiererischen Streiks vertreten und durchgesetzt hatte, was die anderen revolutionären Bewegungen zwang, als Nachtrab unserer eigenen Bewegung zu folgen. Faustino hatte Schuld, weil ihm der klare Überblick fehlte, als er an die Möglichkeit glaubte, dass die Hauptstadt von seinen Milizen eingenommen werden könnte, wobei er die Macht der Reaktion in ihrer Hauptbastion nicht richtig einschätzte. Daniel wurde der gleiche Mangel an Weitblick zur Last gelegt, aber bei ihm bezog sich das auf die Milizen in den Städten, die als Paralleltruppen zu den unseren organisiert waren, keine Ausbildung und auch keine Kampfmoral hatten und die nicht durch den harten Ausleseprozess des Krieges gegangen waren.

Die Teilung zwischen Sierra und den Städten war eine Realität. Infolge des höheren Reifegrades, den die Vertreter der Sierra im Guerillakampf erreicht hatten, und des geringeren der Kämpfer aus den Städten gab es gewisse objektive Gründe dafür, aber es gab auch einen außerordentlich wichtigen Faktor, etwas, was man die berufsbedingte Deformation nennen könnte. Die Compañeros in den Städten mussten in ihrer Umgebung arbeiten, und allmählich gewöhnten sie sich daran, die für jene Bedingungen notwendigen Arbeitsmethoden als die idealen und die einzig möglichen für die Bewegung anzusehen und außerdem – was menschlich logisch ist – die Städte für relativ wichtiger als die Sierra zu halten.

Nach den Misserfolgen gegen die Streitkräfte der Diktatur war bereits deutlich zu erkennen, dass die Führung nur von einer einzigen Kraft wahrgenommen werden konnte – von der Sierra – und konkret von einem einzigen Führer, einem Oberbefehlshaber – Fidel Castro. Am Ende einer erschöpfenden und oft heftigen Diskussion wurde beschlossen, Faustino Pérez seiner Funktionen zu entheben und ihn durch Ochoa zu ersetzen; David Salvador wurde ebenfalls abgelöst, ihn sollte Nico Torres ersetzen. Diese letztgenannte Umbesetzung brachte keinen wesentlichen Fortschritt bei der Konzipierung des Kampfes, da Nico im Zusammenhang mit dem Problem, die Einheit aller Arbeitskräfte herzustellen, um den nächsten revolutionären Generalstreik vorzubereiten, der von der Sierra ausgeführt werden sollte, zwar seine Bereitschaft äußerte, diszipliniert mit den »Stalinisten« zusammenzuarbeiten, aber gleichzeitig erklärte, das würde zu nichts führen. Mit solchen Redensarten bezog er sich auf die Compañeros der Sozialistischen Volkspartei.

Die dritte Ablösung, die von Daniel, war nicht mit der Ernennung eines Nachfolgers verbunden, da Fidel zum unmittelbaren Oberbefehlshaber der Milizen in den Städten wurde. Außerdem wurde der Beschluss gefasst, Haydée Santamaría als Sonderbeauftragte der Bewegung nach Miami zu schicken, um die Finanzen der politischen Exilorganisation zu verwalten. Für den politischen Bereich wurde entschieden, dass die Nationale Leitung in die Sierra Maestra gehen sollte, Fidel würde in ihr die Funktion des Generalsekretärs ausüben, und es wurde ein aus fünf Mitgliedern bestehendes Sekretariat gebildet, in ihm war jeweils einer für Finanzen, für politische Angelegenheiten und für Arbeiterangelegenheiten zuständig. Ich erinnere mich jetzt nicht, wer die Compañeros waren, die für diese Funktionen bestimmt wurden, aber alles, was im Zusammenhang mit Waffensendungen oder der Entscheidung über den Einsatz der Waffen und mit den Außenbeziehungen stand, sollte von nun an zum Verantwortungsbereich des Generalsekretärs gehören. Die drei abgelösten Compañeros sollten in die Sierra gehen, wo David Salvador die Funktion eines Arbeiterdelegierten ausüben würde und Faustino und Daniel als Comandantes am Kampf teilnehmen würden. Daniel wurde der Befehl über eine Kolonne übertragen, die aktiv am Kampf gegen die letzte, gerade beginnende Offensive des Heeres teilnahm; er fiel an der Spitze seiner Truppen, als er eine der sich zurückziehenden feindlichen Kolonnen angriff. Sein Leben als Revolutionär brachte ihm einen Platz im ehrenvollen Verzeichnis unserer Märtyrer ein.

Faustino erbat die Genehmigung, die er auch erhielt, nach Havanna zurückzukehren, um eine ganze Reihe von Angelegenheiten der Bewegung zu regeln und seine Leitungsfunktion zu übergeben, dann wollte er wieder am Kampf in der Sierra teilnehmen; das tat er auch, und in der Kolonne eins, »José Martí«, die von Fidel Castro geführt wurde, erlebte er das Kriegsende. Obwohl die Geschichtsschreibung die Ereignisse so festhalten muss, wie sie waren, soll auch klar und deutlich gesagt werden, dass jeder Compañero stets unsere hohe Wertschätzung verdiente, der zu einem bestimmten Zeitpunkt unser Gegner innerhalb der Bewegung war. Faustino wurde stets als unbedingt ehrenhafter und bis zum Äußersten wagemutiger Compañero geachtet. Seine Tapferkeit habe ich als Augenzeuge miterlebt, als er ein Flugzeug in Brand setzte, das uns Waffen aus Miami gebracht hatte und von der feindlichen Luftwaffe entdeckt und beschädigt worden war. Im Kugelregen führte Faustino die notwendige Operation durch, mit der vermieden wurde, dass das Flugzeug in die Hände des Feindes fiel; er setzte es mit Benzin in Brand, das durch die Einschusslöcher geschüttet wurde. Von seinen hervorragenden revolutionären Eigenschaften legt sein ganzer Lebensweg Zeugnis ab.

Auf jener Versammlung wurden auch Beschlüsse von geringerer Tragweite gefasst und zahlreiche ungeklärte Fragen in unseren gegenseitigen Beziehungen bereinigt. Wir hörten einen Bericht von Marcelo Fernández über die Organisation der Bewegung in den Städten, und wir beauftragten ihn, einen weiteren Bericht für die Basisgruppen der Bewegung auszuarbeiten, in dem die Ergebnisse und Beschlüsse dieser Beratung der Nationalen Leitung ausführlich erläutert werden sollten. Wir hörten auch einen Bericht über die Organisation der Bewegung für Staatsbürgerlichen Widerstand[1], über ihren Auf-

1 Resistencia Cívica: Formation der Bewegung des 26. Juli, in der alle unbewaffneten Aktivitäten gegen die Batista-Diktatur koordiniert und geplant wurden.

bau, ihre Arbeitsform, ihre Zusammensetzung und über Maßnahmen zu ihrer Erweiterung und Stärkung. Compañero Busch informierte über das Komitee der Exilorganisation, über die schwache Position Mario Llerenas und seine unversöhnlichen Zwistigkeiten mit Urrutia. Wir beschlossen, Urrutia als Kandidaten unserer Bewegung zu bestätigen und ihm ein Ehrengehalt auszusetzen, das bis zu jenem Zeitpunkt Llerena empfangen hatte, der einzige hauptamtliche Vertreter der Bewegung im Exil. Außerdem wurde beschlossen, dass Llerena, wenn er seine Einmischungsversuche fortsetzte, von seiner Funktion als Vorsitzender des Exilkomitees zurücktreten müsse. Im Ausland gab es viele Probleme, in New York zum Beispiel arbeiteten die Gruppen von Barrón, Pérez Vidal und Pablo Díaz voneinander getrennt, und manchmal kam es zu gegenseitigen Zusammenstößen oder Einmischungsversuchen. Es wurde beschlossen, dass Fidel einen Brief an die Emigranten und im Exil lebenden Landsleute schicken sollte, in dem als einzige offizielle Organisation das Exilkomitee der Bewegung des 26. Juli anerkannt würde. Analysiert wurden alle Möglichkeiten, die sich aus dem Angebot der damals von Wolfgang Larrazábal geführten venezolanischen Regierung ergaben; sie hatte versprochen, unsere Bewegung zu unterstützen, was sie auch wahr machte. Die einzige Klage, die wir gegen Larrazábal äußern können, ist darauf zurückzuführen, dass er uns zusammen mit Waffen auch den »verdienstvollen« Manuel Urrutia Lleó in einem Flugzeug schickte, doch in Wirklichkeit hatten wir selbst eine derart bedauerliche Wahl getroffen.

Andere Beschlüsse wurden auf dieser Versammlung gefasst; außer Haydée Santamaría, die nach Miami gehen sollte, hatte sich Luis Busch nach Caracas zu begeben, er bekam genaue Anweisungen hinsichtlich Urrutias. Carlos Franqui wurde beauftragt, in die Sierra zu kommen, um die Leitung von Radio Rebelde zu übernehmen. Die Verbindungen sollten über Funk mit Venezuela als Zwischenstation und unter Verwendung von Codes erfolgen, die Luis Busch ausgearbeitet hatte und die bis zum Kriegsende in Gebrauch waren.

Wie man an den sich aus dieser Versammlung ergebenden Beschlüssen ermessen kann, kam ihr grundlegende Bedeutung zu; endlich waren mehrere konkrete Probleme der Bewegung geklärt. An erster Stelle, dass Fidel die militärische und politische Führung des Krieges in seiner doppelten Funktion als Oberbefehlshaber aller Streitkräfte und als Generalsekretär der Organisation übernehmen würde. Man würde die Orientierung der Sierra befolgen, die des direkten bewaffneten Kampfes, den man auf andere Regionen ausdehnen würde, um dadurch das Land schließlich unter seine Kontrolle zu bringen; und so war es vorbei mit einigen naiven Illusionen über vermeintliche revolutionäre Generalstreiks, die man auslösen wollte, solange die Situation nicht die ausreichende Reife erreicht hatte, um eine derartige Explosion zu ermöglichen, und ohne dass die Vorarbeiten als eine angemessene Vorbereitung für eine Aktion von solcher Größenordnung anzusehen wären. Außerdem hatte die Leitung nun ihren Sitz in der Sierra, wodurch objektiv einige praktische Entscheidungsprobleme entfielen, die Fidel an der tatsächlichen Ausübung der von ihm errungenen Autorität gehindert hatten. Tatsächlich wurde nur eine Realität anerkannt, nämlich das politische Übergewicht der Kämpfer aus der Sierra, eine Folge ihrer richtigen Position und ihrer zutreffenden Interpretation der Ereignisse. Es wurde bekräftigt, dass unsere Zweifel berechtigt waren, als wir den Gedanken äußerten, dass das Scheitern der Kräfte der Bewegung beim Versuch eines revolutionären Generalstreiks möglich sei, wenn dieser in der Form durchgeführt würde, wie man ihn auf einer Versammlung vor dem 9. April vorgezeichnet hatte.

Einige sehr wichtige Aufgaben mussten noch bewältigt werden: vor allem, die bevorstehende Offensive abzuwehren, denn die Streitkräfte des Heeres bildeten allmählich einen Belagerungsring um die Hauptbasis der Revolution, die von Fidel geleitete Kommandantur der Kolonne eins; dann sollte die Invasion der Ebene folgen, die Einnahme der zentralen Provinzen und als Letztes die Zerstörung des gesamten politisch-militärischen Apparats des Regimes. Wir sollten sieben Monate brauchen, um diese Aufgaben gänzlich zu vollenden.

In jenen Tagen war das Dringendste, die Front der Sierra zu stärken und eine kleine Bastion zu sichern, die weiter zu den Kubanern sprechen und die revolutionären Ideen in unserem Volk verbreiten könnte. Wir hatten auch Verbindungen nach außen, deren Aufrechterhaltung wichtig war. Wenige Tage zuvor war ich Zeuge eines Funkgesprächs zwischen Fidel und Justo Carrillo gewesen, der die Gruppe von Montecristi vertrat, das heißt, die Anwärter auf die Militärdiktatur; in dieser Gruppe hatten sich aktive Exponenten des Imperialismus wie Carrillo selbst und Barquín zusammengeschlossen. Der brave Justo bot goldene Berge an, aber er verlangte dafür, dass Fidel eine Erklärung abgeben sollte, in der er die »sauberen« Militärs unterstützte. Dieser antwortete ihm, das sei nicht unmöglich, aber es würde für unsere Bewegung sehr schwierig sein, einen derartigen Aufruf zu verstehen, während unser Volk gerade den Soldaten zum Opfer fiele, und es wäre schwierig, zwischen guten und schlechten genau zu unterscheiden, wenn alle zusammen sind; kurz und gut, der Aufruf kam nicht zustande. Es wurde auch mit Llerena gesprochen, wie ich mich zu erinnern glaube, und mit Urrutia, um einen Aufruf zur Einheit abzufassen und den schwachen Zusammenhalt jener Gruppe von ungleichen Persönlichkeiten nicht zerfallen zu lassen, die von Caracas[2] aus versuchten, die bewaffnete Bewegung zu ihrem eigenen Vorteil auszunutzen; sie vertraten je-

2 Gemeint ist die Hauptstadt Venezuelas.

doch unsere Bestrebungen, im Ausland anerkannt zu werden, und deshalb mussten wir behutsam vorgehen.

Die Teilnehmer an dieser Versammlung gingen nach ihrem Ende sofort auseinander, und mir fiel die Aufgabe zu, eine ganze Reihe von Gebieten zu inspizieren und zu versuchen, Verteidigungslinien mit unseren kleinen Truppenverbänden aufzubauen, um dem Druck des Heeres hinhaltenden Widerstand entgegenzusetzen, bis der wirklich starke Widerstand in den bergigen Gegenden einsetzte, von der Sierra de Caracas, wo die kleinen und schlecht bewaffneten Gruppen von Crescencio Pérez standen, bis zur Region von La Botella oder La Mesa, wo die Streitkräfte von Ramiro Valdés verteilt waren.

Dieses kleine Territorium sollte mit nicht mehr als zweihundert einsatzfähigen Gewehren verteidigt werden, als wenige Tage später die »Belagerungs- und Vernichtungsoffensive« des Batista-Heeres begann.

Zuerst veröffentlicht in »Verde Olivo«, 22. November 1964

DIE SCHLUSSOFFENSIVE
DIE SCHLACHT VON SANTA CLARA

Der 9. April war ein aufsehenerregender Misserfolg, der in keinem Augenblick die Stabilität des Regimes gefährdete. Nicht nur das: Nach diesem tragischen Datum konnte die Regierung Truppen abziehen und sie allmählich nach Oriente verlegen, um so die Zerstörung in die Sierra Maestra zu tragen. Unsere Verteidigung musste immer mehr in die Sierra Maestra zurückgenommen werden, und die Regierung erhöhte die Zahl der Regimenter weiter, die sie unseren Stellungen gegenüber einsetzte, bis sie die Zahl von zehntausend Mann erreichte, mit denen sie die Offensive vom 25. Mai im Dorf Las Mercedes begann, das unsere vorgeschobene Stellung war.

Dabei zeigte sich die geringe Kampfkraft des Batista-Heeres und auch unsere Knappheit an Kriegsmaterial: zweihundert brauchbare Gewehre, um gegen zehntausend Waffen aller Art zu kämpfen; das war ein äußerst ungünstiges Verhältnis. Unsere Männer schlugen sich zwei Tage lang tapfer in einem Verhältnis von eins zu zehn oder fünfzehn; außerdem kämpften sie gegen Granatwerfer, Panzer und Flugzeuge, bis die kleine Gruppe das Dorf aufgeben musste. Sie wurde von Hauptmann Angel Verdecia geführt, der einen Monat später tapfer im Kampf fallen sollte.

Zu jener Zeit hatte Fidel Castro bereits einen Brief des Verräters Eulogio Cantillo erhalten, der, seiner Haltung eines marktschreierischen Politikasters getreu, als Befehlshaber der feindlichen Truppen an den Befehlshaber der Rebellen schrieb und ihm mitteilte, dass die Offensive auf alle Fälle durchgeführt würde und dass »Der Mann« (Fidel) sich in Acht nehmen und das Endergebnis abwarten sollte. Die Offensive nahm tatsächlich weiter ihren Verlauf, und in den zweieinhalb

Monaten harter Kämpfe verlor der Feind mehr als tausend Mann an Toten, Verwundeten, Gefangenen und Deserteuren. Er ließ sechshundert Waffen in unseren Händen zurück, darunter einen Panzer, zwölf Granatwerfer, zwölf Dreibein-Maschinengewehre, mehr als zwanzig leichte Maschinengewehre und zahllose automatische Waffen; außerdem eine ungeheure Menge an Munition und Ausrüstungsgegenständen aller Art sowie vierhundertfünfzig Gefangene, die am Ende des Feldzugs dem Roten Kreuz übergeben wurden.

Das Batista-Heer ging mit gebrochenem Rückgrat aus dieser letzten Offensive gegen die Sierra Maestra vor, aber noch war es nicht besiegt. Der Kampf musste weitergehen. Damals wurde die Strategie des Endkampfes ausgearbeitet, der Angriff sollte auf drei Ziele erfolgen: Santiago de Cuba, das in einen beweglichen Belagerungsring eingeschlossen wurde; Las Villas, wohin ich marschieren sollte; und Pinar del Río am anderen Ende der Insel, wohin Camilo Cienfuegos, der jetzt Comandante der Kolonne zwei, »Antonio Maceo«, war, marschieren sollte, womit er die Erinnerung an die historische Invasion des großen Heerführers von 1895[3] neu belebte, der in gewaltigen Tagesmärschen das ganze Territorium Kubas durchquerte und bis nach Mantua als äußersten Punkt vordrang. Camilo Cienfuegos konnte den zweiten Teil seines Programms nicht ausführen, weil ihn die zwingenden Notwendigkeiten des Krieges an Las Villas banden.

Nachdem die Regimenter, die die Sierra Maestra angegriffen hatten, vernichtet waren, die Front auf ihren naturbedingten Verlauf zurückgebracht war und unsere Truppen ihre Stärke und ihre Moral erhöht hatten, wurde beschlossen, den Marsch auf die zentral gelegene Provinz Las Villas zu begin-

---

3 1895: In diesem Jahr führte General Antonio Maceo die kubanische Revolutionsarmee von Oriente in den Westen der Insel, um den Kampf gegen die spanische Kolonialmacht zu verstärken.

nen. Die strategische Hauptaufgabe, die mir durch Befehl übertragen wurde, bestand darin, systematisch die Verbindungen zwischen den beiden Enden der Insel zu unterbrechen. Außerdem wurde mir befohlen, Beziehungen zu allen politischen Gruppen herzustellen, die es in den Gebirgen jenes Gebietes gab, und ich erhielt weitreichende Befugnisse, um die mir unterstellte Zone militärisch zu regieren. Mit diesen Instruktionen und in der Absicht, in vier Tagen dort anzukommen, wollten wir am 30. August 1958 den Marsch mit Lastwagen beginnen, als ein unerwarteter Zwischenfall unsere Pläne durchkreuzte: In jener Nacht kam ein Lieferwagen und brachte Uniformen und das für die schon bereitstehenden Fahrzeuge notwendige Benzin, außerdem traf auch auf dem Luftweg eine Waffenladung auf einem nahe an der Straße gelegenen Flugplatz ein. Das Flugzeug wurde vom Feind entdeckt, als es gerade landete, obwohl Nacht war, und systematisch wurde der Flugplatz von 20 Uhr bis 5 Uhr morgens bombardiert, jener Stunde, in der wir das Flugzeug verbrannten, um zu verhindern, dass es in die Hand des Feindes fiele oder die Bombardierung am Tage weiterginge und schlimmere Schäden verursachen würde. Die feindlichen Truppen rückten auf den Flugplatz vor; sie fingen den Lieferwagen mit dem Benzin ab, sodass wir laufen mussten. So kam es, dass wir den Marsch am 31. August ohne Lastwagen und Pferde begannen, wobei wir hofften, Fahrzeuge vorzufinden, wenn wir die Landstraße von Manzanillo nach Bayamo überquert hatten. Tatsächlich fanden wir die Lastwagen, als wir die Straße überquerten, aber uns überraschte auch – am 1. September – ein furchtbarer Wirbelsturm, der alle Verbindungswege unbenutzbar machte, mit Ausnahme der Carretera Central[4], der einzigen gepflasterten Straße in dieser Region Kubas; und wir waren gezwungen,

4 Carretera Central: »Zentrale Fernverkehrsstraße«, die ganz Kuba durchquert; vor 1959 war sie die wichtigste Landstraße Kubas.

auf den Transport mit Fahrzeugen zu verzichten. Von jenem Augenblick an mussten wir Pferde benutzen oder zu Fuß gehen. Wir waren mit ziemlich viel Munition beladen, außerdem trugen wir eine Bazooka mit vierzig Granaten und alles Notwendige für einen langen Marsch und das rasche Einrichten eines Lagers.

Es folgten Tage, die bereits schwer für uns wurden, obwohl wir uns im befreundeten Gebiet von Oriente befanden: Wir überquerten über die Ufer getretene Flüsse, Kanäle und in Flüsse verwandelte Bäche, wobei wir einen ermüdenden Kampf dagegen führten, dass die Munition, die Waffen und die Granaten nass wurden; wir suchten nach Pferden und ließen die erschöpften Tiere zurück; wir wichen den bewohnten Gegenden immer weiter aus, je mehr wir uns von der Provinz Oriente entfernten.

Wir marschierten durch schwieriges, unter Wasser stehendes Gelände, litten unter der Moskitoplage, die die Ruhestunden unerträglich machte; wir aßen wenig und schlecht, tranken Wasser aus morastigen Flüssen oder einfach aus Sümpfen. Unsere Tagesmärsche begannen, sich in die Länge zu ziehen und wahrhaft entsetzlich zu werden. Schon eine Woche, nachdem wir das Lager verlassen hatten, als wir den Fluss Jobabo überquerten, der die Provinzen Camagüey und Oriente trennt, waren unsere Kräfte ziemlich geschwächt. Dieser Fluss führte Hochwasser wie alle vorhergehenden und auch alle, die wir danach überqueren sollten. Der Mangel an Schuhwerk machte sich in unserer Truppe ebenfalls empfindlich bemerkbar, viele Männer liefen barfuß durch die Sümpfe im Süden von Camagüey.

Als unsere Vorhut in der Nacht des 9. September den unter dem Namen La Federal bekannten Ort betrat, geriet sie in einen feindlichen Hinterhalt, und zwei unserer besten Compañeros fanden den Tod; aber das beklagenswerteste Ergebnis war, dass uns die feindlichen Streitkräfte ausfindig gemacht hatten, die uns von nun an keine Ruhe mehr ließen. Nach einem kurzen Kampf überwältigten wir die kleine dortige Garnison und nahmen vier Gefangene mit. Jetzt mussten wir uns sehr vorsichtig bewegen, da die Luftwaffe unsere ungefähre Marschroute kannte. So erreichten wir einen oder zwei Tage später einen Ort, der unter dem Namen Laguna Grande bekannt ist. Dort trafen wir uns mit Camilos Truppe, die wesentlich bessere Pferde als wir besaß. Dieses Gebiet ist mir unvergesslich wegen der außergewöhnlichen Menge an Moskitos, die es uns absolut unmöglich machten, ohne Moskitonetz zu schlafen, und wir hatten nicht alle eins.

Es sind Tage ermüdender Märsche durch trostlose Weiten, in denen es nur Wasser und Morast gibt, wir haben Hunger, wir haben Durst, und man kommt kaum vorwärts, denn die Beine sind schwer wie Blei, und die Waffen wiegen stärker als sonst. Wir gelangen mit besseren Pferden weiter vorwärts, die uns Camilo hinterlässt, als er auf Lastwagen umsteigt, aber wir müssen die Tiere in der Nähe der Zuckerfabrik Macareno zurücklassen. Die Wegführer, die man uns schicken sollte, kamen nicht, und wir stürzten uns ohne Weiteres in das Abenteuer. An dem Cuatro Compañeros genannten Ort stößt unsere Vorhut mit einer feindlichen Einheit zusammen, es beginnt ein aufreibendes Gefecht. Das war bei Tagesanbruch, und es gelang uns mit viel Mühe, einen großen Teil der Truppe in dem größten Waldstück zusammenzuziehen, das es in dieser Gegend gab; aber das Heer rückte an dessen Seiten vor, und wir mussten einen harten Kampf bestehen, um einigen unserer Nachzügler zu ermöglichen, auf den Gleisen einer Eisenbahnstrecke in Richtung zum Wald durchzukommen. Dann entdeckten uns die Flugzeuge, und die B-26, die C-47, die großen Beobachtungsflugzeuge vom Typ C-3 und die Kleinflugzeuge begannen, uns in einem Gelände zu bombardieren, das an den Seiten nicht länger als zweihundert Meter maß. Schließlich räumten wir das Gelände und ließen dort einen toten Compañero zurück, den eine Bombe das Leben gekostet hatte, und wir führten mehrere Verwundete mit, zu denen Hauptmann Silva gehörte, der die gesamte übrige Zeit der Invasion mit einer gebrochenen Schulter kämpfte.

Der Anblick, der sich uns am nächsten Tag bot, war weniger trostlos, denn mehrere Versprengte tauchten wieder auf, und wir konnten so die ganze Truppe zusammenbringen, außer zehn Männern, die sich später der Kolonne Camilos anschließen sollten und mit ihm bis an die Nordfront der Provinz Las Villas in Yaguajay marschierten.

Niemals fehlte uns trotz der Schwierigkeiten die ermutigende Hilfe der Bauern. Immer fanden wir jemanden, der uns als Führer, als Wegekundiger diente oder uns die zum Weiterkommen unerlässliche Verpflegung gab. Natürlich war das nicht die einmütige Unterstützung des ganzen Volkes, wie wir sie in Oriente erhalten hatten; doch es gab immer jemanden, der uns half. Gelegentlich wurden wir verraten, wenn wir gerade durch ein Landgut kamen, aber das war nicht als eine direkte Aktion der Landbevölkerung gegen uns zu erklären, sondern geschah deshalb, weil die Lebensbedingungen dieser Leute sie zu Sklaven des Gutsherrn machten; und da sie fürchteten, ihr tägliches Brot zu verlieren, teilten sie dem Herrn unseren Durchmarsch durch jenes Gebiet mit, und dieser übernahm es bereitwillig, die Militärbehörden zu unterrichten.

Eines Nachmittags hörten wir in unserem Feldradio eine Bekanntmachung des Generals Francisco Tabernilla Dolz, der damals mit seiner ganzen Anmaßung auftrat und mitteilte, dass die von Che Guevara angeführten Horden vernichtet wären; dazu machte er eine Reihe von Angaben über Tote, Verwundete, Namen aller Art. Diese Informationen hatte er aus der Beute gewonnen, die beim Durchsuchen unserer Tornister gemacht wurde, als wir einige Tage vorher jenen unglücklichen Zusammenstoß mit dem Feind hatten; all das war mit falschen Angaben vermischt, die aus der Nachrichtenproduktion des Generalstabs des Heeres stammten. Die Meldung über unseren angeblichen Tod rief in der Truppe eine freudige Reaktion hervor; trotzdem wurde sie allmählich von Pessimismus befallen; Hunger und Durst, Erschöpfung, das Gefühl der Machtlosigkeit gegenüber den feindlichen Streitkräften, die uns immer enger einkreisten, und vor allem die unter den Bauern als »Mazamorra«[5] bekannte schlimme Fußkrankheit – die jeden Schritt unserer Soldaten in ein unerträgliches Martyrium verwandelte – hatten aus ihnen ein Heer von Schatten gemacht. Voranzukommen war schwierig, sehr schwierig. Tag für Tag verschlechterte sich die körperliche Verfassung unserer Truppe, und Essen gab es an einem Tag, an einem anderen nicht, am dritten vielleicht, was nicht im Geringsten dazu beitrug, jenen elenden Zustand zu verbessern, den wir zu ertragen hatten. Die härtesten Tage erlebten wir, als wir in der Nähe der Zuckerfabrik Baraguá eingekreist waren, in verpesteten Sümpfen, ohne einen Tropfen Trinkwasser, ständig von der Luftwaffe angegriffen, ohne ein einziges Pferd, das die Schwächsten durch die menschenfeindlichen Sumpfgebiete hätte tragen können, die Schuhe vom schlammigen Salzwasser völlig aufgelöst, zwischen Pflanzen, die die nackten Füße verletzten. Unsere Lage war wirklich erbärmlich, als wir mühevoll aus der Einkreisung in Baraguá entkamen und den berühmten Pfad von Júcaro nach Morón erreichten, einen Ort, der historische Erinnerungen wachrief, denn er war der Schauplatz blutiger Kämpfe zwischen Patrioten und Spaniern im Unabhängigkeitskrieg[6] gewesen. Wir hatten keine Zeit, uns auch nur etwas zu erholen, als ein neuer Wolkenbruch uns zum Weitermarsch zwang; die raue Witterung trieb uns ebenso

---

5 Mazamorra: Diese durch Parasitenbefall hervorgerufene Krankheit führt zu stark juckenden und eiternden Geschwüren; tritt insbesondere in Sumpfgebieten auf.

6 Unabhängigkeitskrieg von 1868 bis 1878

wie die Angriffe des Feindes oder die Nachrichten über seine Anwesenheit weiter. Die Truppe wurde immer erschöpfter und mutloser. Jedoch, als die Lage am gespanntesten war, als ich die entkräfteten Männer nur noch durch Beschimpfungen, Bitten und barsche Äußerungen aller Art zum Laufen bewegen konnte, belebte ein einziges in der Ferne zu sehendes Bild ihre Gesichter und flößte den Guerillakämpfern neuen Mut ein. Jenes Bild war ein blauer Fleck im Westen, der blaue Schimmer des Gebirgsmassivs von Las Villas, das unsere Männer zum ersten Mal erblickten.

Von jenem Augenblick an wurden gleiche oder ähnliche Strapazen als viel milder empfunden, und alles schien leichter. Wir entzogen uns der letzten Einkreisung, indem wir den Fluss Júcaro durchschwammen, der die Provinzen Camagüey und Las Villas trennt, und uns kam es so vor, als ob etwas uns mit neuer Zuversicht erfüllte.

Zwei Tage später befanden wir uns inmitten der Gebirgskette Trinidad-Sancti Spíritus, wir waren der Gefahr entkommen und bereit, die nächste Etappe des Krieges zu beginnen. Ruhe war an zwei Tagen vorgesehen, denn jetzt mussten wir unseren Marsch unverzüglich fortsetzen und die notwendigen Vorbereitungen treffen, um die Wahlen zu verhindern, die am 3. November stattfinden sollten. Wir waren am 16. Oktober in der Gebirgsregion von Las Villas angekommen. Die Zeit war kurz und die Aufgabe riesig. Camilo erfüllte seinen Teil des Auftrags im Norden, indem er Angst unter den Anhängern der Diktatur verbreitete.

Für unseren Aufenthalt in der Sierra del Escambray war unsere Aufgabe genau festgelegt: Wir sollten Schläge gegen den Militärapparat der Diktatur führen und vor allem seine Kommunikationssysteme stören. Und das unmittelbare Ziel war, die Durchführung der Wahlen zu verhindern. Die Arbeit wurde jedoch durch die wenige verbleibende Zeit und die Uneinigkeit der revolutionären Kräfte erschwert, was sich in internen Streitigkeiten äußerte, die uns sehr teuer zu stehen kamen und sogar Menschenleben kosteten.

Wir sollten die in der Nachbarschaft liegenden Ortschaften angreifen, um die Stimmabgabe zu verhindern, und wir stellten Pläne auf, um dies gleichzeitig in den Städten Cabaiguán, Fomento und Sancti Spíritus in den fruchtbaren Ebenen des Zentrums der Insel durchzuführen, während außerdem die kleine Kaserne von Güinía de Miranda – in den Bergen – überwältigt wurde, und danach griffen wir die Kaserne von Banao mit wenig Erfolg an. Die Tage vor dem 3. November, dem Wahltermin, waren von außerordentlicher Aktivität: Unsere Kolonnen bewegten sich in alle Richtungen und verhinderten fast vollständig den Gang der Wähler jener Gebiete zu den Urnen. Im Nordteil der Provinz wurde die Wahlfarce von den Truppen lahmgelegt, die Camilo Cienfuegos führte. Überhaupt wurde alles zum Stillstand gebracht, vom Transport der Batista-Soldaten bis zur Beförderung von Waren.

In Oriente gab es praktisch keine Abstimmung; in Camagüey war der Prozentsatz etwas höher, und in den westlichen Gebieten war trotz allem eine offensichtliche Zurückhaltung der Bevölkerung zu verzeichnen. Diese Zurückhaltung wurde in Las Villas spontan erreicht, da keine Zeit mehr blieb, gleichzeitig den passiven Widerstand der Massen und die Aktivität der Guerillatruppen zu organisieren.

In Oriente kam es zu mehreren aufeinanderfolgenden Gefechten an der Ersten und Zweiten Front, jedoch auch an der Dritten – mit der Kolonne Antonio Guiteras –, die ständig Druck auf die Provinzhauptstadt Santiago de Cuba ausübte. Außer den Hauptort der Gemeindeverbände hielt die Regierung in Oriente nichts.

Sehr ernst wurde die Lage außerdem in Las Villas, weil sich die Angriffe auf die Verbindungswege verschärften. Als wir ankamen, veränderten wir das Kampfsystem in den Städten vollständig, denn wir überführten in aller Eile die besten Milizangehörigen der Städte in das Ausbildungslager, wo sie für die Durchführung von Sabotageaktionen geschult wurden, die sich in den Stadtrandgebieten als wirkungsvoll erwiesen.

Während der Monate November und Dezember 1958 riegelten wir allmählich die Landstraßen ab. Hauptmann Silva blockierte die Landstraße von Trinidad nach Sancti Spíritus vollständig, und der Carretera Central der Insel wurde ernsthafter Schaden zugefügt, als wir die Brücke über den Fluss Tuinicú unbenutzbar machten, ohne dass es zu ihrem völligen Einsturz kam. Der Schienenstrang der zentralen Eisenbahn wurde an mehreren Stellen unterbrochen; hinzu kam, dass die südliche Eisenbahnstrecke von der Zweiten Front unterbrochen und die nördliche Eisenbahnstrecke von den Truppen Camilo Cienfuegos' abgeriegelt wurde, wodurch die Insel in zwei Teile gespalten war. Das am stärksten vom Aufstand betroffene Gebiet, Oriente, wurde von der Regierung nur noch auf dem Luft- und Seeweg versorgt, und diese Hilfe wurde immer unsicherer. Die Auflösungserscheinungen im Lager des Feindes verstärkten sich.

In der Escambray-Region mussten wir eine außerordentlich intensive Arbeit zugunsten der revolutionären Einheit leisten, denn es gab dort eine Gruppe unter der Führung von Comandante Gutiérrez Menoyo (die Zweite Nationale Front des Escambray), eine weitere, die sich zum Revolutionären Direktorium bekannte (sie stand unter dem Befehl der Comandantes Faure Chomón und Rolando Cubela), eine dritte, kleine Gruppe der Authentischen Organisation (Organización Auténtica – OA), dazu eine Gruppe der Sozialistischen Volkspartei (die von Torres geführt wurde) und unsere eigene Gruppe; das heißt fünf verschiedene Organisationen, die auch unter verschiedenen Leitungen standen und in derselben Provinz kämpften. Nach langwierigen Unterredungen, die ich mit den einzelnen Befehlshabern dieser Gruppen führen musste, kam es zu einer Reihe von Vereinbarungen zwischen den Gruppen, und man konnte an den Zusammenschluss zu einer annähernd gemeinsamen Front gehen.

Vom 16. Dezember an hatte die systematische Zerstörung der Brücken und aller Verkehrswege die Diktatur in eine schwierige Lage gebracht, um ihre vorgeschobenen Posten und sogar die Stellungen an der Carretera Central zu verteidigen. Im Morgengrauen jenes Tages wurde die Brücke über den Fluss Falcón zerstört, die zur Carretera Central gehörte, und damit waren praktisch die Verbindungen zwischen Havanna und den Städten östlich von Santa Clara, der Hauptstadt von Las Villas, unterbrochen. Weiterhin wurden zahlreiche Ortschaften – die südlichste davon war Fomento – von unseren Streitkräften belagert und angegriffen. Der Garnisonskommandant verteidigte sich ein paar Tage lang mehr oder weniger erfolgreich, aber obwohl die Luftwaffe unsere Rebellenarmee bombardierte, rückten die demoralisierten Truppen der Diktatur nicht auf dem Landweg vor, um ihre Waffenkameraden zu unterstützen. Da sie die Nutzlosigkeit jedes Widerstandes erkannten, ergaben sie sich, und mehr als hundert Gewehre gelangten in die Hand der Freiheitskämpfer.

Ohne dem Feind Ruhe zu gönnen, beschlossen wir, unverzüglich die Carretera Central lahmzulegen, und am 21. Dezember wurden auf dieser Straße gleichzeitig Cabaiguán und Guayos angegriffen. Nach wenigen Stunden ergab sich die letztgenannte Ortschaft und zwei Tage später auch Cabaiguán mit seinen neunzig Soldaten. (Die Kapitulation der Kasernen wurde auf der politischen Grundlage vereinbart, die Garnison unter der Bedingung freizulassen, dass sie das befreite Territorium verließ. Auf diese Weise gab man ihnen die Gelegenheit, ihre Waffen zu übergeben und sich zu retten.) In Cabaiguán zeigte sich erneut die mangelnde Operationsfähigkeit der Diktatur, die in keinem Augenblick die Belagerten mit Infanterie unterstützte.

Camilo Cienfuegos griff im nördlichen Teil von Las Villas

eine Reihe von Ortschaften an, die er nach und nach einnahm, wobei er gleichzeitig einen Belagerungsring um Yaguajay bildete, die letzte Festung, in der noch Truppen der Tyrannei verblieben. Diese standen unter dem Befehl eines Hauptmanns chinesischer Abstammung, der elf Tage Widerstand leistete und so den Abmarsch der revolutionären Truppen aus dieser Gegend verhinderte, während unsere Kolonne schon auf der Carretera Central weitermarschierte und auf die Provinzhauptstadt Santa Clara vorrückte.

Als Cabaiguán gefallen war, griffen wir Placetas an, das sich nach einem einzigen Kampftag ergab; bei diesem Angriff wirkten die Männer des Revolutionären Direktoriums aktiv mit. Nachdem wir Placetas eingenommen hatten, befreiten wir an der Nordküste in rascher Folge Remedios und Caibarién, einen wichtigen Hafen. Die Gesamtsituation wurde für die Diktatur immer hoffnungsloser, denn während in Oriente pausenlos Siege errungen wurden, unterwarf die Zweite Front des Escambray kleine Garnisonen, und Camilo Cienfuegos kontrollierte den Norden.

Als sich der Feind widerstandslos aus Camajuaní zurückzog, waren wir zum endgültigen Angriff auf die Hauptstadt der Provinz Las Villas bereit. (Santa Clara mit seinen hundertfünfzigtausend Einwohnern ist die Achse der zentralen Ebene der Insel, ein Knotenpunkt der Eisenbahn und aller Verbindungsstraßen des Landes.) Sie ist von kleinen Hügeln umgeben, die die Truppen der Diktatur im voraus besetzt hatten.

Im Augenblick des Angriffs hatten unsere Streitkräfte ihre Bestände an Gewehren beträchtlich aufgefüllt, als sie verschiedene Punkte einnahmen und dabei auch einige schwere Waffen erbeuteten, für die es an Munition fehlte. Wir hatten eine Bazooka ohne die dazugehörigen Granaten und mussten gegen ungefähr zehn Panzer kämpfen, aber wir wussten auch, dass wir, um dabei erfolgreich sein zu können, in die Wohnviertel der Stadt vordringen mussten, wo Panzer einen großen Teil ihres Kampfwertes einbüßen.

Während die Truppen des Revolutionären Direktoriums die Aufgabe übernahmen, die Kaserne Nummer 31 der Guardia Rural zu erobern, gingen wir an die Belagerung fast aller befestigten Punkte von Santa Clara; die Hauptstoßrichtung unseres Kampfes war jedoch der Angriff auf die Verteidiger des Panzerzugs, der sich an der Einmündung der Landstraße nach Camajuaní befand; diese Stellungen verteidigte das Heer hartnäckig und hatte dafür eine Ausrüstung zur Verfügung, die im Vergleich zu unseren Möglichkeiten ausgezeichnet war.

Am 29. Dezember begannen wir den Kampf. Anfangs hatte die Universität als Operationsbasis gedient. Dann richteten wir Kommandanturen ein, die dem Stadtzentrum näher lagen. Unsere Männer kämpften gegen von Panzereinheiten unterstützte Truppen und schlugen sie in die Flucht, aber viele von uns bezahlten ihren Mut mit dem Leben, und Tote und Verwundete füllten allmählich die improvisierten Friedhöfe und Lazarette.

Ich erinnere mich an eine Episode, die für den Geist unserer Truppen in jenen letzten Kampftagen bezeichnend war. Ich hatte einen Soldaten verwarnt, weil er mitten im Kampf geschlafen hatte, und er antwortete mir, dass man ihn entwaffnet habe, weil sich versehentlich ein Schuss aus seiner Waffe gelöst hätte. Ich antwortete ihm mit meiner gewohnten Trockenheit: »Beschaff dir ein anderes Gewehr, indem du unbewaffnet in die vorderste Linie gehst ... wenn du dazu fähig bist.« Als ich in Santa Clara in einem Feldlazarett den Verwundeten Mut zusprach, berührte ein Sterbender meine Hand und sagte: »Erinnern Sie sich, Comandante? Sie befahlen mir, in Remedios die Waffe zu holen, ... und ich habe sie mir hier erobert.« Das war der Kämpfer, der jenen unfreiwilligen Schuss abgegeben hatte. Minuten später starb er, und er machte auf mich den Eindruck, dass er zufrieden war, seinen Mut bewiesen zu haben. So ist unsere Rebellenarmee.

Auf den Hügeln von El Cápiro wurde weiter Widerstand geleistet, und dort kämpften wir am 30. während des ganzen Tages, wobei wir gleichzeitig nach und nach verschiedene Punkte der Stadt einnahmen. Schon zu jenem Zeitpunkt waren die Verbindungen zwischen dem Zentrum von Santa Clara und dem Panzerzug abgeschnitten. Als seine Besatzung sich in den Höhen von El Cápiro umzingelt sah, versuchte sie, auf dem Schienenweg zu entkommen, und sie geriet mit ihrer ganzen großartigen Ladung auf das Nebengleis, das wir vorher zerstört hatten, und dort entgleisten die Lokomotive und einige Waggons. Darauf entbrannte ein sehr interessanter Kampf, bei dem die Männer mit Molotowcocktails aus dem Panzerzug herausgeholt wurden, in dem sie großartig geschützt, jedoch nur darauf eingerichtet waren, aus der Entfernung, von bequemen Stellungen aus und gegen einen praktisch wehrlosen Feind zu kämpfen, wie es die Kolonisatoren mit den Indianern des nordamerikanischen Westens gemacht hatten. Von Männern bestürmt, die aus nahe gelegenen Stellungen und aus direkt danebenstehenden Waggons Flaschen mit brennendem Benzin warfen, wurde der Zug – wegen der Panzerung – zu einem wahren Backofen für die Soldaten. Innerhalb weniger Stunden ergab sich die gesamte Besatzung, und in unsere Hand fielen ihre zweiundzwanzig Waggons, ihre Fliegerabwehrkanonen, ihre Maschinengewehre gleichen Typs, ihre fabelhaften Mengen an Munition. (Fabelhaft waren sie selbstredend wegen unserer geringen Mannschaftsstärke.)

Es war uns gelungen, das Kraftwerk und den ganzen nordwestlichen Teil der Stadt einzunehmen, als wir die Meldung über Funk durchgaben, dass Santa Clara fast ganz in der Gewalt der Revolution sei. Ich erinnere mich, dass ich in jener Meldung, die ich als Oberkommandierender der Streitkräfte von Las Villas durchgab, zu meinem Schmerz dem Volk Kubas den Tod des Hauptmanns Roberto Rodríguez *El Vaquerito* mitteilen musste, der klein an Gestalt und jung an Jahren gewesen war und den »Zug der Todesmutigen« geführt hatte, wobei er tausendundeinmal im Kampf für die Freiheit sein Leben aufs Spiel gesetzt hatte. Der »Zug der Todesmutigen« war ein Beispiel revolutionärer Moral, und in ihn wurden nur ausgewählte Freiwillige aufgenommen. Trotzdem, wenn ein Mann fiel – und das geschah in jedem Gefecht – und der neue Anwärter ernannt wurde, gab es jedes Mal bei den Abgelehnten schmerzliche Szenen, wobei einige sogar ihre Tränen nicht zurückhalten konnten. Es machte einen seltsamen Eindruck, die abgehärteten und edelmütigen Krieger zu sehen, wie sie ihre Jugend durch einige im Zorn vergossene Tränen zeigten, weil sie nicht die Ehre hatten, bei Kampf und Tod an der ersten Stelle zu stehen.

Danach fiel die Polizeistation und lieferte die Panzer aus, die sie verteidigt hatte, und in rascher Folge ergaben sich dem Comandante Cubela die Kaserne Nummer 31, unseren Streitkräften das Gefängnis, der Gerichtshof, das Gebäude der Provinzregierung, das Grand Hotel, wo sich die Heckenschützen fast bis zum Ende des Kampfes hielten, indem sie aus dem zehnten Stockwerk auf uns schossen.

Zu jenem Zeitpunkt musste sich nur noch die Kaserne »Leoncio Vidal« – die größte Festung des Zentrums der Insel – ergeben. Aber am 1. Januar 1959 gab es bereits Anzeichen wachsender Schwäche unter den Verteidigern. Im Morgengrauen jenes Tages beauftragten wir die Hauptleute Núñez Jiménez und Rodríguez de la Vega, die Übergabe der Kaserne zu vereinbaren. Die Nachrichten waren widersprüchlich und außergewöhnlich: Batista war an jenem Tag geflohen, und das Oberkommando der Streitkräfte brach zusammen. Unsere beiden Unterhändler stellten eine Funkverbindung zu Cantillo her, um ihm das Kapitulationsangebot mitzuteilen, aber dieser vertrat die Ansicht, dass er dieses Angebot unmöglich annehmen könnte, weil es ein Ultimatum darstellte und er das Oberkommando des Heeres übernommen hätte, womit er genaue Anweisungen des Führers Fidel Castro befolgen würde. Wir stellten sofort Verbindung mit Fidel her und informierten ihn über die neue Lage, teilten ihm aber auch unsere Meinung über die verräterische Haltung Cantillos mit, und Fidel erklärte, genau die gleiche Meinung wie wir zu vertreten. (Cantillo ließ in jenen entscheidenden Momenten zu, dass alle Hauptverantwortlichen der Batista-Regierung flohen, und seine Haltung war noch trauriger, wenn man bedenkt, dass es sich bei ihm um einen Offizier handelte, der mit uns Verbindung aufgenommen hatte und den wir vertrauensvoll für einen Militär mit Ehrgefühl gehalten hatten.)

Die folgenden Ereignisse sind allgemein bekannt: die Weigerung Castros, Cautillo anzuerkennen; Castros Befehl, auf die Stadt Havanna zu marschieren; die Übernahme der Führung des Heeres durch Oberst Barquín, nachdem er aus dem Gefängnis auf der Isla de Pinos kam; die Einnahme der Militärstadt »Columbia« durch Camilo Cienfuegos und der Festung »La Cabaña« durch unsere Kolonne acht, nach wenigen Tagen schließlich die Einsetzung Fidel Castros als Ministerpräsident der Provisorischen Regierung. All das gehört zur politischen Zeitgeschichte des Landes.

Jetzt nehmen wir eine Stellung ein, in der wir viel mehr als einfache Angehörige einer Nation sind; in diesem Augenblick verkörpern wir die Hoffnung des unbefreiten Amerikas. Alle Augen – die der großen Unterdrücker und die der Hoffenden – sind auf uns gerichtet. Von unserer Haltung, die wir in Zukunft einnehmen werden, von unserer Fähigkeit, die vielfältigen Probleme zu lösen, hängt sehr weitgehend die Entwicklung der Volksbewegung in Amerika ab, und jeder Schritt, den wir tun, wird von den allgegenwärtigen Augen des großen Gläubigers und von den zuversichtlichen Augen unserer Brüder in Amerika aufmerksam verfolgt.

Mit den Füßen fest auf der Erde begannen wir, zu arbeiten und unsere ersten revolutionären Werke zu vollbringen, wurden dabei mit den ersten Schwierigkeiten fertig. Aber worin besteht das Hauptproblem Kubas? Ist es nicht das gleiche wie in ganz Amerika, das gleiche wie sogar im riesigen Brasilien mit seinen Millionen Quadratkilometern, diesem Wunderland, das ein Kontinent ist? Die Monokultur. In Kuba sind wir Sklaven des Zuckerrohrs, dieser Nabelschnur, die uns an den großen nordamerikanischen Markt bindet. Wir müssen unsere landwirtschaftliche Produktion diversifizieren, die Industrie entwickeln und gewährleisten, dass unsere landwirtschaftlichen und Bergbauerzeugnisse und/sowie – in naher Zukunft – unsere Industrieproduktion auf die unseren Interessen entsprechenden Märkte kommen, und das mit unseren eigenen Transportmitteln.

Die erste große Schlacht der Regierung wird in der Agrarreform bestehen, die kühn, umfassend, aber flexibel sein wird: Sie wird den Großgrundbesitz Kubas vernichten, jedoch nicht die kubanischen Produktionsmittel. Das wird eine Schlacht sein, die die Kraft des Volkes und der Regierung während der kommenden Jahre zum großen Teil in Anspruch nehmen wird. Das Land wird den Bauern kostenlos übergeben. Man wird diejenigen mit langfristigen Ablösungsgutscheinen bezahlen, die beweisen können, dass sie ihren Besitz ehrlich erworben haben; aber die Bauern werden auch technische Hilfe erhalten. Man wird den Absatz der Bodenerzeugnisse garantieren, und man wird die Produktion im Rahmen einer umfassenden nationalen Perspektive für ihre Nutzung und in Verbindung mit der großen Schlacht der Agrarreform regulieren, die es den entsprechenden kubanischen Industriebetrieben in kurzer Zeit ermöglichen soll, mit den riesigen Unternehmen jener Länder konkurrieren zu können, in denen der Kapitalismus seine höchste Entwicklungsstufe erreicht hat. Gleichzeitig mit der Schaffung des neuen Inlandsmarktes, zu dem die Agrarreform führen wird, und mit dem Angebot neuartiger Erzeugnisse, die einen entstehenden Markt befriedigen, wird sich die Notwendigkeit ergeben, einige Erzeugnisse zu exportieren, und es wird sich ein entsprechendes Instrument erforderlich machen, um sie an die verschiedenen Orte der Welt zu bringen. Dieses Instrument wird eine Handelsflotte sein, deren Schaffung von dem bereits verabschiedeten Gesetz zur Förderung der Seeschifffahrt vorgesehen ist. Mit diesen einfachen Waffen werden wir Kubaner den Kampf für die vollständige Befreiung unseres Staatsgebietes einleiten. Wir alle wissen, dass dies nicht leicht sein wird, aber wir alle sind uns der ungeheuren historischen Verantwortung der Bewegung des 26. Juli, der kubanischen Revolution, der ganzen Nation bewusst, für alle Völker Amerikas, die wir nicht enttäuschen dürfen, ein Beispiel zu geben.

Unsere Freunde auf dem unbeugsamen Kontinent können sicher sein, dass wir, wenn es notwendig ist, bis zur letzten ökonomischen Konsequenz unserer Handlungen kämpfen werden, und wenn die Auseinandersetzungen noch weitergehende Formen annehmen, werden wir bis zum letzten Tropfen unseres Rebellenblutes kämpfen, um aus diesem Land eine souveräne Republik zu machen, die wirklich die Eigenschaften einer glücklichen und demokratischen Nation besitzt und innig mit ihren Brudervölkern in Amerika verbunden ist.

Zuerst veröffentlicht in »O Cruzeiro«, 16. Juni, 1. Juli und 16. Juli 1959

ANHANG

BERICHT AN FIDEL CASTRO
(über die Invasion)

Fidel, ich schreibe Dir aus der Ebene, wo keine Flugzeuge zu sehen sind, wo es relativ wenig Mücken gibt und wo wir auf eigenen Wunsch wenig essen, um möglichst schnell voranzukommen. Hier ein kurzer Bericht: In der Nacht des 31. sind wir mit vier Pferden aufgebrochen. Es war nicht möglich, die Lastwagen zu benutzen, da sie Magadan das Benzin weggenommen hatten und wir in Jibacoa einen Hinterhalt befürchteten. Wir haben diesen von Soldaten verlassenen Ort durchquert, konnten jedoch nur wenige Kilometer weiter vorstoßen und haben auf der anderen Seite der Landstraße auf einem allein stehenden Hügel die Nacht verbracht. Ich empfehle, in Jibacoa ein Kommando zu stationieren, das Nachschub aus dem bisher gut kontrollierten Gebiet sichern könnte. Am 1. September überquerten wir die Landstraße und haben drei Lastwagen beschlagnahmt, die allerdings mit einer beängstigenden Beständigkeit kaputtgingen. Wir erreichten eine Farm, Cayo Redondo genannt, wo wir einen Tag in Erwartung eines Wirbelsturms verbrachten. Ungefähr 40 Landpolizisten näherten sich, zogen sich dann jedoch kampflos zurück. Wir zogen mit den Lastwagen weiter, unterstützt von vier Traktoren, aber es ging einfach nicht, und so ließen wir sie am nächsten Tag stehen. Wir marschierten dann am 2. September mit einigen Pferden weiter und erreichten das Ufer des Cauto. Wir konnten in der Nacht wegen eines außergewöhnlich hohen Wasserstandes nicht das andere Ufer erreichen. Wir überquerten den Fluss während des Tages und benötigten dafür acht Stunden. In der Nacht brachen wir vom Haus des Obersten entsprechend der vorgesehenen Route auf. Wir verfügen über keine Pferde, aber im Verlauf des Marsches werden wir schon welche finden. Ich hoffe, dass alle Männer bei der Ankunft im uns zugewiesenen Operationsgebiet beritten sein werden. Wegen zahlreicher unvorhersehbarer Schwierigkeiten auf den verteufelt schwierigen Wegen kann ich noch nicht genau bestimmen, wann wir dort eintreffen werden. Ich werde während des ganzen Marsches über den Stand der Dinge berichten, um gesicherte Kurierwege aufzubauen und um Dich über die dortigen Leute zu informieren. Bis heute kann ich Dir lediglich zwei empfehlen: Pepín Magadan, der seine Schwächen hat, aber auch erstaunlich effektiv ist. Ihm kann die Aufgabe anvertraut werden, Waren und Geld zu beschaffen. Weiter wäre Concepción Rivero zu nennen, der offensichtlich ein sehr ernsthafter Mann ist.

So weit für heute. Von hier eine große Umarmung an die ferne Welt, die sich am Horizont abzeichnet.

8. September 1958, 01:50 Uhr

Nach sehr anstrengenden Nachtmärschen schreibe ich Dir endlich aus Camagüey. Wir legen täglich zwischen 12 km und 17 km zurück ohne große Möglichkeiten, den Vormarsch beschleunigen zu können, da die Truppe nur zur Hälfte beritten ist und wir keine Sättel haben. Camilo ist in der Nähe, und ich erwartete ihn hier in der Reispflanzung Bartles, aber er kam nicht. Die Ebene ist wunderbar, es gibt nicht viele Mücken, wir haben keinen einzigen Soldaten gesichtet, und die Flugzeuge fliegen wie harmlose Tauben. Radio Rebelde ist nur sehr schwer über Venezuela zu empfangen.

Alles deutet darauf hin, dass die Landpolizei keine Gefechte wünscht. Ich muss Dir gestehen, dass ich Angst davor habe, in diesem unbekannten Gebiet einen Rückzug mit 150 unerfahrenen Rekruten anzutreten, aber eine erfahrene, dreißig Mann starke Guerillagruppe könnte hier Wunder bewirken. Nebenbei habe ich auf der Reisfarm in Leonero eine Gewerkschaft gegründet und habe über Steuern gesprochen, aber da haben sie mich niedergemacht. Nicht dass ich vor den Unternehmern in die Knie gegangen bin, aber der Tarif scheint mir doch sehr hoch zu sein. Ich sagte ihnen, dass darüber noch verhandelt werden könne, und überlasse das dem Nächsten, der da kommt. Ein Mensch mit sozialem Bewusstsein kann hier Wunder bewirken, und es gibt auch genügend Berge zum Verstecken. Über meine Pläne für die Zukunft kann ich Dir nichts berichten, zumindest was den Weg betrifft, denn da habe ich noch keinerlei Vorstellung. Die Rahmenbedingungen sind ganz besonders und vom Zufall abhängig, so wie jetzt. Wir warten auf einige Lastwagen, um auf die Pferde verzichten zu können. Die waren zu den flugzeuglosen Zeiten Maceos perfekt, sind aber heute von Flugzeugen aus sehr gut auszumachen. Wäre nicht die Kavallerie, könnten wir tagsüber ganz gelassen vorankommen. Schlamm und Gewässer gibt es mehr als reichlich. Die notwendigen Tricks und Kniffe, um die Kanonen heil zu transportieren, sind bühnenreif. Wir mussten mehrere Flüsschen schwimmend überqueren, eine mordsmäßige Anstrengung, aber die Truppe verhält sich sehr gut. Allerdings entwickelt sich die Strafkompanie rasant und verspricht, bald die größte Gruppe der Kolonne zu sein. Der nächste Bericht wird mit mechanischen Hilfsmitteln überbracht, wenn möglich aus der Stadt Camagüey. Für heute eine brüderliche Umarmung an alle aus der »Sierra«, die nicht mehr zu sehen ist.

13. September 1958, 21:50 Uhr

Nach einige Tagesmärschen mit diversen Zwischenfällen schreibe ich Dir noch aus den Feldern der Provinz Camagüey. Heute durchqueren wir die gefährlichste oder eine der gefährlichsten Stellen unserer Route. Camilo hat sie gestern mit vielen technischen, aber keinen militärischen Problemen durchquert. Seit meinem letzten Bericht fanden einige unangenehme Ereignisse statt. Wegen Fehlern unserer Kundschafter sind wir bei der Farm von Remigio Fernández in La Federal in einen Hinterhalt geraten. Dabei ist Hauptmann Marcos Borrero getötet worden. Die Landpolizei war acht Mann stark, wir haben drei von ihnen getötet und vier festgenommen. Sie bleiben bei uns, bis wir sie bei einer günstigen Gelegenheit freilassen können. Einer konnte entkommen und schlug Alarm. Daraufhin rückten 60 Landpolizisten an, und auf Camilos Ratschlag hin, der in der Nähe war, haben wir uns fast kampflos zurückgezogen. Dabei verloren wir einen weiteren Mann, Dalcio Gutiérrez aus der Sierra.

Herman wurde leicht am Bein verletzt und Enriquito Acevedo schon etwas schwerer an beiden Armen. Hervorgetan haben sich der erwähnte Acevedo, der Hauptmann Angel Frías und der Leutnant Roberto Rodríguez Vaquerito. Später versuchten sie erneut vorzurücken, und wir haben einen Lastwagen mit allerdings nur vier Männern überrascht. Dabei haben sie mindestens zwei Mann verloren. Wir haben uns dann sehr eilig zurückgezogen. Enrique wurde zur Behandlung evakuiert. Am nächsten Tag wurden wir aus B-26-Flugzeugen mit Maschinengewehren beschossen. Camilo konnte schneller vorrücken, und wir warten auf einige Lastwagen, die ich zu holen angeordnet hatte.

Hier geschehen recht merkwürdige Dinge, die auf die Notwendigkeit hinweisen, dass so schnell wie möglich in dieses Gebiet ein erfahrener und durchsetzungsfähiger Kommandeur geschickt werden sollte. Er benötigt nicht mehr als dreißig bewaffnete Männer und kann damit hier alles erreichen, was er für wichtig erachtet. Es wäre sinnvoll, im Gebiet von Naboas zu wirken. Dort herrscht eine sehr günstige Stimmung angesichts der Enteignungen durch die Zuckermühle Central Francisco. Geeignete Berge für diese Anzahl von Männern gibt es zwischen Santa Beatriz und Santa Cruz. Sie sollten sich auch um die Leitung aus der Stadt Camagüey kümmern, denn dort wird allen möglichen Leuten die Aufnahme in die Guerilla zugesagt. Wir werden ständig belagert von unbewaffneten Grüppchen, die bei uns mitmachen wollen.

Ich würde Dir gerne zahlreiche weitere Probleme schildern, doch die Zeit reicht nicht aus, und ich muss gleich aufbrechen. Es wird erzählt, dass auf unserem Weg viel Landpolizei ist. Wenn Dich dieser Bericht erreicht, wirst Du über andere Wege darüber informiert sein.

EINE SÜNDE DER REVOLUTION

Revolutionen sind radikale und sehr schnell ablaufende gesellschaftliche Veränderungen, auch Ergebnisse von Rahmenbedingungen und können nicht immer, oder fast nie, oder vielleicht niemals, heranreifen und in allen Details mit wissenschaftlicher Akribie geplant werden. Sie entstehen aus der leidenschaftlichen Improvisation des Kampfes der Menschen für ihre sozialen Forderungen. Revolutionen sind niemals perfekt, und unsere war es auch nicht. Fehler wurden begangen, und einige dieser Fehler haben einen hohen Preis gefordert. Heute zeigt sich wieder einer dieser Fehler, der keine großen Auswirkungen hatte, aber die Richtigkeit volkstümlicher Ausdrucksweisen bestätigt: »Die Ziege zieht es zum Berg« und »Gott hat sie geschaffen, und sie finden sich«.

Als die Invasionstruppe nach 45 marschierten Tagen erschöpft, mit wunden und blutigen Füßen, mit durch Pilzinfektionen hervorgerufenen Geschwüren, denn unversehrt war nur der Glaube an den Sieg, die Ausläufer des Escambray-Gebirges erreichte, erhielten wir einen ungewöhnlichen Brief. Er war von Comandante Carrera unterzeichnet. Er stellte fest, dass die von mir befehligte Kolonne der Rebellenarmee nicht das Escambray-Gebirge betreten dürfe, ohne vorab genau Rechenschaft über unsere Ziele abzulegen. Wir sollten daher den Marsch unterbrechen und zuerst unsere Ziele erläutern. Man stelle sich dies vor: Den Vormarsch auf dem flachen Land zu unterbrechen, wo wir jeden Tag umzingelt werden konnten und wo wir uns einer Umzingelung nur durch schnelle Bewegungen entziehen konnten! Das war die Quintessenz eines langen und anmaßenden Briefes. Verwundert und betroffen zogen wir weiter, denn so etwas hatten wir von jenen Personen nicht erwartet, die sich als unsere Kampfgefährten bezeichneten. Aber wir waren entschlossen, alle Probleme zu lösen, um damit dem expliziten Befehl von dem Oberkommandierenden Fidel Castro nachzukommen, der ausdrücklich angeordnet hatte, die Einheit aller Kämpfer herzustellen. Wir erreichten das Escambray-Gebirge und errichteten unser Lager in der Nähe des »Del Obispo« genannten Gipfels. Er kann von der Stadt Sancti Spíritus aus gesehen werden, und auf seinem Gipfel steht ein Kreuz. Dort errichteten wir unser erstes Lager und fragten sofort nach einem Haus, wo uns einer der von Guerilleros am meisten geschätzten Artikel erwartete: Schuhe. Es gab aber keine Schuhe, denn die waren von den Kräften der Zweiten Front des Escambray mitgenommen worden, obwohl die Schuhe von der Bewegung 26. Juli bereitgestellt worden waren. Alles deutete auf eine stürmische Auseinandersetzung hin, aber wir blieben ruhig. Wir unterhielten uns dann mit einem Hauptmann, von dem wir erfuhren, dass er vier Kämpfer des Volkes ermordet hatte, als diese die Zweite Front verlassen wollten, um sich der revolutionären Bewegung 26. Juli anzuschließen. Danach führten wir ein unfreundliches, aber nicht stürmisches Gespräch mit Comandante Carrera. Dieser hatte bereits eine halbe Flasche Schnaps getrunken, was in etwa der Hälfte seines täglichen Alkoholkonsums entsprach. Im persönlichen Gespräch war er nicht so unhöflich wie in seinem Schreiben der vergangenen Tage, aber ein Feind konnte erahnt werden.

Später lernten wir den Comandante Peña kennen. Er war in der Gegend berüchtigt, weil er ständig hinter den Kühen der dortigen Bauern her war. Er untersagte uns ausdrücklich den Angriff auf Güinía de Miranda, weil dieser Ort in seinem Gebiet lag. Auf unsere Argumente, dass das Gebiet allen gehörte, dass gekämpft werden musste, dass wir besser bewaffnet und über mehr Kampferfahrung verfügten, entgegnete er lapidar, dass unsere Panzerfaust durch 200 seiner Gewehre aufgewogen werde und dass 200 Gewehre eine ähnlich große Wirkung wie eine Panzerfaust haben. Basta. Güinía de Miranda würde von der Zweiten Front eingenommen, und wir dürften nicht angreifen. Natürlich kümmerten wir uns nicht um seine Worte, aber es war uns bewusst, dass wir es mit sehr gefährlichen »Verbündeten« zu tun hatten.

Nach zahlreichen Plünderungen, bei denen unsere Geduld hart geprüft wurde und bei denen wir öfter als gerechtfertigt geduldig zugeschaut hatten, wie der Compañero Fidel richtig kritisierte, erreichten wir einen »Status quo«, bei dem uns gestattet wurde, die Agrarreform im gesamten Bereich der Zweiten Front durchzuführen, solange sie Steuern erheben durften. Steuern eintreiben lautete deren Tagesbefehl!

Die dann folgende Geschichte ist lang. Wir besetzten in einem blutigen und andauernden Kampf die wichtigsten Städte des Landes. Wir hatten gute Verbündete beim Directorio Revolucionario, die zwar über weniger Männer mit weniger Erfahrung als wir verfügen, die aber das Möglichste für unseren gemeinsamen Erfolg getan haben. Am 1. Januar forderte das revolutionäre Oberkommando, dass in Santa Clara alle revolutionären Truppen sich meinem Kommando zu unterstellen hätten. Die Zweite Nationale Front des Escambray, vertreten durch seinen Chef Gutiérrez Menoyo, unterstellte sich sofort meinem Kommando. Es gab keine Probleme. Wir wiesen sie dann an, auf uns zu warten, da wir zuerst die zivilen Angelegenheiten der ersten eroberten großen Stadt regeln mussten.

In jenen Tagen war es schwierig, die Entwicklungen zu kontrollieren. Wir mussten feststellen, dass die Zweite Front im Gefolge von Camilo Cienfuegos »heldenhaft« in Havanna einmarschiert war. Wir nahmen an, dass damit Positionen erobert werden sollten oder eine Entwicklung in Gang gesetzt werden sollte. Wir kannten sie bereits, lernten sie aber jeden Tag besser kennen. Sie hatte tatsächlich die wichtigsten strategischen Positionen besetzt, wichtig entsprechend ihrer Mentalität ... Einige Tage später erhielt ich die erste Rechnung des Hotel Capri, unterzeichnet von Fleitas, über 15.000 Pesos für Speisen und Getränke, bei einer kleinen Zahl von bewirteten Personen.

Als die Ämter verteilt wurden, erwarteten fast hundert Hauptmänner und eine gute Zahl von Comandantes staatliche Ämter und Würden. Hinzu kam eine große Anzahl von »hervorragenden« Männern, die von den untrennbaren Menoyo und Fleitas vorgestellt wurden und die eine große Anzahl von Ämtern im Staatsapparat beanspruchten. Es handelte sich nicht um besonders gut bezahlte Positionen, aber alle hatten einen gemeinsamen Nenner: Es waren die Positionen, bei denen in der vorrevolutionären Regierung eine individuelle Bereicherung stattgefunden hatte. Wirtschaftsinspekteure, Steuereintreiber, all jene Positionen, bei denen Geld durch ihre Hände gingen. Das waren ihre Bestrebungen. Mit diesem Teil der Rebellenarmee mussten wir gemeinsam leben.

Seit den ersten Tagen wurden ernsthafte Unterschiede deutlich, die manchmal zu heftigen verbalen Auseinandersetzungen führten. Aber stets dominierte unsere angebliche revolutionäre Milde, und wir gaben zum Wohle der Einheit nach. Wir beachteten zwar stets die Prinzipien und gestatteten keinen Diebstahl und verteilten auch keine Schlüsselpositionen an solche, die wir als potenzielle Verräter einstuften. Wir eliminierten sie aber auch nicht, sondern akzeptierten alle im Sinne des Vorrangs einer falsch verstandenen Einheit. Das war eine Sünde der Revolution.

Es war die gleiche Sünde, die dazu führte, dass wir stattliche Gehälter an Menschen wie Barquín, Felipe Pazos, Teté Casuso und viele andere Trittbrettfahrer im In- und Ausland zahlten, um so Konflikte zu vermeiden. Mit einem stillschweigenden Übereinkommen wurde das Schweigen erkauft mit einem Gehalt, das bereits eine Bestechung war und das von einer Regierung an Menschen gezahlt wurde, die nur auf den Augenblick warteten, um diese Regierung zu verraten. Aber der Feind verfügt über mehr Geld und über mehr Möglichkeiten, um die Leute zu bestechen. Denn was konnten wir letztendlich Leuten wie Fleitas oder Menoyo mehr bieten als einen anstrengenden Arbeitsplatz?

Solche Leute, die von Geschichten über Kämpfe lebten, die sie real nie geführt hatten, die Menschen beschwatzten und ständig solche Pöstchen suchten, wo das Geld zum Greifen nah war; die in alle ministeriellen Vorzimmer drängten, diese Menschen wurden von allen echten Revolutionären verachtet, aber gleichzeitig auch, wenn auch zähneknirschend, anerkannt, auch wenn sie eine Missachtung unseres revolutionären Bewusstseins waren. Ihre Anwesenheit führte uns ständig unsere Sünde vor Augen, nämlich die Sünde der Nachsicht gegenüber einer fehlenden revolutionären Grundhaltung und der Nachgiebigkeit gegenüber einem potenziellen oder bereits tatsächlichen Verräter, einem wankelmütigen Menschen, einem Feigling, einem Dieb, einem Dreckskerl.

Unser Bewusstsein wurde geläutert, weil sich alle gemeinsam auf und davon gemacht haben, so wie Gott sie gemeinsam erschaffen hatte. Mit mehreren Booten setzten sie sich nach Miami ab. Herzlichen Dank, ihr Dreckskerle der Zweiten Front. Vielen Dank dafür, dass ihr uns von eurer Anwesenheit befreit, ihr Comandantes der Geschichtenerzähler, ihr Hauptmänner der Lügen, ihr Helden, die ihr nie die Härte von Märschen und nie die angenehme Unterkunft bei Bauern erlebt habt. Vielen Dank für die Lektion, die ihr uns erteilt habt, und für den Beweis, dass Bewusstsein nicht mit revolutionären Geschenken gekauft werden kann, denn die Revolution ist genügsam und anspruchsvoll gegenüber allen. Vielen Dank für den Beweis, dass wir unflexibel und unnachsichtig gegenüber Fehlern sein müssen, gegenüber Schwächen, Schmerz und Wankelmütigkeit. Immer wenn irgendjemand irgendwo gegen die hehren Werte der Revolution verstößt, müssen wir dagegen aufstehen, anprangern und bestrafen.

Das Beispiel der Zweiten Front soll uns ebenso wie das Beispiel des geliebten und guten Freundes, des ehemaligen Gauners Prío, auf den Boden der Realität zurückführen. Lasst uns jetzt den Gauner als Gauner bezeichnen und nicht wie früher im Namen einer bequemen »revolutionären Taktik« den Gauner als »ehemaligen Präsidenten« bezeichnen, in einer Zeit, da der »ehemalige Präsident« uns nicht wie heute als »verabscheuungswürdige Kommunisten« bezeichnet, sondern als »Retter Kubas« ...

Der Gauner ist ein Gauner und wird als Gauner sterben. Zumindest der hochkarätige Gauner und nicht ein Mensch, der wie in einigen Ländern verzweifelt etwas entwendet, um seinen Kindern etwas zu essen zu geben. Der hochkarätige Gauner betrügt und stiehlt, um Frauen, Gelage und Drogen zu finanzieren, um damit die Befriedigung seiner niederen Instinkte zu erreichen, die ihn beherrschen. Ein solcher Gauner wird sich während seines ganzen Lebens nicht verändern.

Dort in Miami sind sie nun vereint mit jenen, die unser Gewissen ständig herausfordern. So wie Felipe Pazos, der seine Ehrlichkeit zu einem hohen Preis verkauft, um an die Spitze von seriösen Institutionen zu gelangen, so wie Rufo López oder Justo Carrillos, die kommod mit Sprüngen neue Sprossen auf ihrer Karriereleiter erreichen, so wie Miró Cardona, der ewige Optimist. Es sind unverbesserliche Gauner, die mitschuldig an Morden sind, die ständig hinter den Kühen der Bauern her waren und deren »Heldentaten« aus Morden an Bauern bestanden und die mehr Terror verbreiteten als selbst die berüchtigte Landpolizei. Sie sind unser schlechtes Gewissen. Sie weisen auf unsere Sünde hin, auf die Sünde der Revolution, die sich nie wiederholen darf. Diese Lehre müssen wir uns vergegenwärtigen.

Das revolutionäre Verhalten ist ein Spiegel der revolutionären Einstellung. Wenn jemand behauptet, ein Revolutionär zu sein, und sich nicht entsprechend verhält, dann ist er lediglich unverschämt und unverfroren. Ihr seid alle gleich, wie Ventura und Tony Varona, die sich so erbittert bekämpfen, auch Prío und Batista, auch Gutiérrez Menoyo und Sánchez Mosquera, Mörder, die bei geringfügigen Anlässen töteten, die aus Habsucht töteten, und Mörder, die im Namen der Freiheit töteten; Gauner und Verkäufer von Ehrlichkeit, Opportunisten jeder Coleur, Präsidentschaftskandidaten ... was für eine schöne Gruppe.

Ihr habt uns sehr viel gelehrt! Vielen Dank.

Zuerst veröffentlicht in »Verde Olivo«, 12. Februar 1961

LIDIA UND CLODOMIRA

Ich hatte Lidia etwa sechs Monate nach Beginn des revolutionären Kampfes kennengelernt. Ich war gerade zum Befehlshaber der Kolonne 4 ernannt worden, und wir marschierten in einer Blitzaktion zur Beschaffung von Lebensmitteln zum Dorf San Pablo de Yao, in der Nähe von Bayamo in den Ausläufern der Sierra Maestra hinab. Eines der ersten Häuser des Dorfes, das wir erreichten, gehörte einer Bäckerfamilie. Lidia, eine fünfundvierzigjährige Frau, war eine der Besitzerinnen. Ihr einziger Sohn war bei unserer Kolonne. Seit der ersten Begegnung schloss sich Lidia mit Begeisterung und Hingabe den Aktivitäten der Revolution an.

Wenn ich an Lidia denke, erinnere ich mich nicht nur an eine makellose Revolutionärin. Sie war mir sehr zugeneigt, sodass sie bevorzugt mit mir zusammenarbeitete, wo immer mir auch eine Aufgabe zugewiesen wurde. Bei zahllosen Gelegenheiten war Lidia als Sonderkurier für die Bewegung oder für mich tätig. Sie beförderte äußerst kompromittierende Dokumente nach Santiago de Cuba oder nach Havanna, alle Mitteilungen meiner Kolonne, die Ausgaben unserer Zeitung »El Cubano Libre«; und sie brachte Papier, Medikamente, alles was benötigt wurde, wann immer es benötigt wurde.

Ihre grenzenlose Kühnheit führte dazu, dass die männlichen Kuriere den Kontakt mit ihr mieden und sie nicht besonders schätzten. Ich erinnere mich besonders an die Bemerkungen von einem, der teils bewundernd, teils ängstlich sagte: »Diese Frau ist mutiger als Maceo, aber sie wird uns alle umbringen. Was sie macht, ist verrückt, aber dies sind doch keine Zeiten für Spielchen.« Ungeachtet dessen kreuzte Lidia immer wieder die feindlichen Linien.

Als ich in das Gebiet von Mina del Frío in Las Vegas de Jibacoa abkommandiert wurde, folgte sie mir. So musste sie auch ein Lager verlassen, dessen Leitung sie zeitweilig ausgeübt hatte, und damit auch die ihr unterstellten Männer, die sie sehr dezidiert und sogar ein bisschen tyrannisch befehligt hatte. Dadurch hatte sie eine gewisse Verbitterung unter den Kubanern hervorgerufen, die es nicht gewohnt waren, dem Befehl einer Frau unterstellt zu sein. Das von ihr befehligte Lager war der am weitesten vorgeschobene Stützpunkt der Revolution, wurde als La Cueva bezeichnet und befand sich zwischen Yao und Bayamo. Das Kommando musste ihr entzogen werden, weil es dort zu gefährlich war. Wenn unsere Männer dort vom Feind lokalisiert wurden, mussten sie die Position oft unter Beschuss verlassen. Ich wollte sie von dort endgültig versetzen, aber das gelang mir erst, als sie mir zu meinem neuen Einsatzort folgte.

Ich erinnere mich heute an folgende für Lidia charakteristische Verhaltensweise: Es war der Tag, an dem einer unserer hervorragenden Kämpfer, Geilín aus Cárdenas, getötet wurde. Dieser Knabe hatte seinen Platz in der Vorhut, als Lidia auch dort war. Als sie sich bei der Rückkehr von einer Mission dem Lager näherte, sah sie feindliche Soldaten, die sich vorsichtig auf das Lager zubewegten, das offensichtlich verraten worden war. Lidias Reaktion erfolgte sofort: Sie zog ihren kleinen Revolver Kaliber 32, um mit einigen Schüssen in die Luft Alarm zu schlagen. Freundschaftlich gesinnte Hände verhinderten dies, denn das hätte alle das Leben gekostet. Die Soldaten rückten weiter vor und überraschten die Wache des Lagers. Guillermo Geilín verteidigte sich tapfer. Als er zweimal verwundet worden war, tötete er sich selber, da er wusste, was mit ihm im Falle der Gefangennahme geschehen würde. Die Soldaten erreichten dann das Lager, verbrannten alles, was brennbar war, und zogen sich danach zurück. Am Tag darauf traf ich Lidia. Sie war verzweifelt wegen des Todes des jungen

Kämpfers und erbost über die Person, die sie daran gehindert hatte, Alarm zu schlagen.

»Mich hätten sie getötet«, sagte sie, »aber der Junge hätte sich retten können. Ich bin eine alte Frau, aber er war gerade zwanzig Jahre alt.« Das war das zentrale Thema ihrer Gespräche. Manchmal drängte sich der Eindruck auf, dass sie mit ihrer ständigen Todesverachtung etwas prahlte, aber alle ihr aufgetragenen Tätigkeiten wurden perfekt ausgeführt.

Sie wusste, dass ich gerne Hunde mochte. Immer versprach sie mir, einen Hund aus Havanna mitzubringen, ohne ihr Versprechen jedoch einlösen zu können. Während der großen feindlichen Offensive erfüllte Lidia wieder einmal ihre Aufgabe. Sie verließ die Sierra und kehrte zurück, sie überbrachte und holte äußerst wichtige Dokumente und sicherte damit unsere Verbindungen zur Außenwelt. Sie wurde von einer anderen Kämpferin gleichen Formats begleitet. Ich kann mich nur an ihren Vornamen erinnern. Die ganze Rebellenarmee kennt und verehrt sie: Clodomira. Lidia und Clodomira waren unzertrennlich in jeder Gefahr und ständig gemeinsam unterwegs.

Ich hatte Lidia beauftragt, nach der Invasion sofort nach ihrer Ankunft in Las Villas Kontakt mit mir aufzunehmen, denn sie sollte die wichtigste Verbindung zwischen Havanna und dem Oberkommando in der Sierra Maestra sein. Kurz nach meiner Ankunft erhielt ich ihren Brief, in dem sie mir mitteilte, dass sie mir nun einen Hund schenken könne und dass sie ihn bei der nächsten Reise mitbringen würde. Es war die Reise, die Lidia und Clodomira nicht durchführen konnten. Ich erfuhr, dass die Schwäche eines Mannes, der den beiden Frauen hundertmal als Mann, als Kämpfer, als Revolutionär und als Mensch unterlegen war, die Lokalisierung einer Gruppe ermöglicht hatte, in der sich auch Lidia und Clodomira befanden. Unsere Compañeros kämpften bis zum Tod; Lidia war verwundet, als sie gefangen genommen wurde. Die

Körper der beiden Frauen sind verschwunden, sie ruhen gemeinsam im letzten Traum, so wie sie in den letzten Tagen der großen Schlacht für die Freiheit gemeinsam kämpften.

Vielleicht werden eines Tages ihre sterblichen Überreste in einer Kloake oder einem einsamen Feld dieses riesigen Friedhofes gefunden werden, zu dem die Insel gemacht wurde. In der Rebellenarmee jedoch, also bei denen, die gekämpft und sich in jenen beklemmenden Tagen aufgeopfert haben, wird auf Ewigkeit die Erinnerung an die beiden Frauen bestehen bleiben, die unter tagtäglichen Gefahren die Kommunikation mit der ganzen Insel ermöglichten. Für die 1. Front und für mich persönlich wird die Erinnerung an Lidia stets einen herausragenden Platz einnehmen. Deshalb schreibe ich heute ihr zu Ehren diese Erinnerungen als eine bescheidene Blume angesichts der Gräber, die tausendfach auf der einst so fröhlichen Insel geöffnet wurden.

Veröffentlicht unter dem Titel »Lidia« in der Zeitschrift »Humanismo«, Ausgabe Nr. 53/54, Januar-April 1959

PERSONENVERZEICHNIS

Acevedo González, Enrique (1942–)*
Geboren in Las Villas. Er kämpfte in der Rebellenarmee in der Kolonne 4 der 1. Front. Er war Mitglied der Invasionskolonne 8 und erreichte den Dienstgrad eines Hauptmanns.

Acosta Ferrals, Clodomira (1937–1958)
Geboren in Yara. Mitglied der Bewegung 26. Juli. Als Kurier in der Rebellenarmee tätig. Clodomira und Lidia waren unzertrennlich bei allen Gefahren des Lebens und im Tode. Sie wurde am 12. September 1958 bei Durchführung eines Auftrages in Havanna verhaftet, gefoltert und ermordet.

Almeida Bosque, Juan (1927–)
Geboren in Havanna. Beteiligte sich an dem Angriff auf die Moncada-Kaserne und wurde danach im Verfahren 37/53 vor Gericht gestellt. Er beteiligte sich an der Expedition der Granma. Er erhielt den Dienstgrad eines Comandante. Oberbefehlshaber der 3. Front. Comandante der Revolution.

Ameijeiras Delgado, Efigenio (1931–)
Geboren in Las Tunas. Er beteiligte sich an der Expedition der Granma. Kämpfer in der Guerilla in Kolonne 1 und danach in der Kolonne 6 der 2. Front. Im Rahmen des Befreiungskampfes wurde er zum Comandante befördert.

Bordón Machado, Víctor (1930–)
Geboren in Quamado de Güines. Mitglied des Orthodoxen Jugendverbandes und danach der Bewegung 26. Juli. Er beteiligte sich aktiv

* Die hier und bei nachfolgenden Personen fehlenden oder unvollständigen Lebensdaten konnten nicht ermittelt werden.

am Streik am 9. April. Er initiierte den Aufbau der ersten Guerillagruppe in der Region Sagua La Grande in der ehemaligen Provinz Las Villas. Er schloss sich im Oktober 1958 der Invasionskolonne 8 an.

Castro Mercader, Raúl (1937–)
Geboren in Las Tunas. Mitglied der Bewegung 26. Juli. Er war Mitglied der ersten von Frank País in die Sierra geschickten Gruppe, den Marabuzaleros. Er war aktiv in der Kolonne 1 und in der Kolonne 4 der 1. Front. Er wurde in der von Che Guevara befehligten Kolonne zum Hauptmann befördert.

Chomón Mediavilla, Faure (1929–)
Anführer des Directorio Estudiantil. Teilnehmer am Angriff auf den Präsidentenpalast. 1958 kam er nach Kuba mit einer bewaffneten Expedition an Bord der Jacht Scapade. Er baute eine Guerillagruppe auf und schloss sich der Rebellenarmee im Escambray an.

Cienfuegos Gorriarán, Camilo (1932–1959)
Geboren in Havanna. Beteiligte sich an der Expedition der Granma. Comandante der Invasionskolonne 2 »Antonio Maceo«. Im Januar 1959 wurde er zum Oberkommandierenden der Rebellenarmee ernannt. Er starb bei einem Flugzeugunfall am 28. Oktober.

Crespo Castro, Luis (1923–)
Geboren in Matanzas. Beteiligte sich an der Expedition der Granma. Kämpfte in der Kolonne 1 der 1. Front der Rebellenarmee und wurde zum Comandante befördert.

Cuervo Navarro, Pelayo (1901–1957)
Geboren in Guantánamo. Bekannter Rechtsanwalt und Aktivist der Orthodoxen Partei. Ermordet nach dem Angriff auf den Präsidentenpalast am 13. März, sein Körper wurde in El Laguito im Villenviertel Country Club von Havanna auf die Straße geworfen.

Del Valle Jiménez, Sergio (1927–)
Arzt. Mitglied der Bewegung 26. Juli und der Guerilla in der Kolonne 1 der 1. Front. Ärztlicher Comandante der Invasionskolonne 2.

Díaz González, Julio (Julito) (1929–1957)
Geboren in Havanna. Beteiligte sich an dem Angriff auf die Moncada-Kaserne und wurde danach im Verfahren 37/53 vor Gericht gestellt. Er war im Exil in Mexiko und beteiligte sich an der Expedition der Granma. Er hatte den Rang eines Hauptmanns, als er im Gefecht von El Uvero gefallen ist.

Doce Sánchez, Lidia (1912–1958)
Geboren in Holguín. Mitglied der Bewegung 26. Juli. In den Kolonnen 1 und 4 der Rebellenarmee war sie als Kurier tätig. Nach Folterungen wurde sie am 12. September ermordet.

Echeverría, José Antonio (Manzanita)
Vorsitzender des Studentenverbandes Federación Estudiantil Universitaria (FEU). Herausragender Kämpfer gegen die Batista-Diktatur. Anführer der Aktionen 13. März 1957, als das Directorio Estudiantil den Präsidentenpalast und die Rundfunkstation Radio Reloj angriff, um zu versuchen, Batista hinzurichten. Dabei starb er im Feuergefecht gegen die Polizei.

Escalona Alonso, Dermidio
Er war ein Kämpfer der 1. Front der Rebellenarmee. Er bewährte sich besonders bei den Gefechten von Pino del Agua II und Banquizal. Wurde 1958 beauftragt, eine Guerillagruppe in der Sierra de Òrganos in Pinar del Rio aufzubauen. Am Ende des Krieges hatte er den Dienstgrad Comandante.

Espín Guillois, Vilma (Débora)
Geboren in Santiago de Cuba. Mitglied der Nationalen Leitung der Bewegung 26. Juli in Santiago de Cuba unter der Leitung von Frank País. Koordinatorin der Bewegung 26. Juli in Oriente. 1958 tritt sie der Kolonne 6 der 2. Front der Rebellenarmee bei.

Fajardo Rivero, Manuel Eugenio (Piti) (1930–1960)
Geboren in Granma. Arzt. Mitglied der Rebellenarmee in der Kolonne 1, dann in der Kolonne 12 der 5. Front. Er erreichte den Dienstgrad Comandante.

Fajardo Sotomayor, Manuel Enrique (1932–1995)
Geboren in Granma. Einer der ersten Bauern, der 1956 der Rebellenarmee beitrat, erst in der 1. Front, danach in der 2. Front. Er erreichte den Dienstgrad Comandante.

Fernández Font, Marcelo (Zoilo) (1932–2004)
Geboren in Havanna. Nationaler Koordinator der Bewegung 26. Juli in den Städten.

García Frías, Guillermo (1928–)
Geboren in Granma. Einer der ersten Bauern, der die Rebellenarmee unterstützte und ihr dann beitrat. Anfänglich Mitglied der Kolonne 1, dann Gründer der 3. Front. Er erreichte den Dienstgrad Comandante. Comandante der Revolution.

García Martínez, Calixto (1931–)
Geboren in Matanzas. Er beteiligte sich am Angriff auf die Kaserne Carlos Manuel de Céspedes in Bayamo. Danach Exil und Rückkehr mit der Granma. Kämpfer der Kolonne 1 der Rebellenarmee. Comandante.

Hart Dávalos, Armando (1930–)
Geboren in Havanna. Rechtsanwalt. Mitglied des Movimiento Nacional Revolucionario. Gründer der Bewegung 26. Juli. Beteiligt an der Organisation der Erhebung am 30. November. Verhaftet und verurteilt. Haft im Gefängnis auf der Islas de Pinos bis zum Sieg der Revolution.

Iglesias Leyva, Joel (1941–)
Geboren in Santiago de Cuba. Kämpfer der Kolonne 1, danach in den Kolonnen 4 und 8 »Ciro Redondo«. Er beteiligte sich unter dem

Kommando von Comandante Guevara an dem Vormarsch nach Havanna bis nach Las Villas. Er erreichte den Dienstgrad Comandante.

Infante Uribazo, Enzo (Bruno) (1930–)
Geboren in Santiago de Cuba. Mitglied der Leitung der Bewegung 26. Juli in der Provinz Santiago de Cuba. Kämpfte beim Aufstand am 30. November. Koordinator der Bewegung 26. Juli in Camagüey und in der Nationalen Leitung der Bewegung 26. Juli verantwortlich für Propaganda. Im Gefängnis bis zum 1. Januar 1959.

Laferte Pérez, Evelio
Offizier, Unterleutnant der Batista-Armee. Er wurde in Pino del Agua II von der Rebellenarmee gefangen genommen, der er sich 1958 unter dem Befehl Fidel Castros anschloss. Er erreichte den Dienstgrad Hauptmann.

Lamotte Coronado, Humberto (1919–1956)
War im Exil in Mexiko und nahm an der Überfahrt auf der Granma teil. Er starb am 5. Dezember in Alegría de Pío.

López Fernández, Antonio (Nico) (1934–1956)
Geboren in Havanna. Er leitete den Angriff auf die Kaserne Carlos Manuel de Céspedes. Im guatemaltekischen Exil freundete er sich mit Che an. Mitglied der Nationalen Leitung der Bewegung 26. Juli. Er beteiligte sich an der Überfahrt auf der Granma. Er wurde am 8. Dezember in Boca del Toro ermordet.

Machado Ventura, José Ramón (Machadito) (1930–)
Mitglied der Bewegung 26. Juli. Kämpfer und Arzt der Rebellenarmee. Mitglied der Kolonne 6 der 2. Front. Verantwortlicher für das Gesundheitswesen im Bereich der 2. Front. Erreichte den Dienstgrad Comandante.

Mark, Herman
Nordamerikaner. Mitglied der Rebellenarmee in der 1. Front. 1958 Ausbilder in der Rekrutenschule in Minas del Frío. Beteiligte sich an der Invasionskolonne 8. Befehlshaber einer Abteilung der Vorhut. Er erreichte den Dienstgrad Hauptmann.

Márquez Rodríguez, Juan Manuel (1915–1956)
Geboren in Havanna. Mitglied der Bewegung 26. Juli. Er spielte eine bedeutende Rolle bei der Vorbereitung der Granma-Expedition und war deren stellvertretender Leiter. Nach der Landung der Granma wurde er am 16. Dezember auf der Farm La Norma ermordet.

Más López, Carlos (Carlitos) (1939–1958)
Geboren in Granma. Bauer, der die Guerilla unterstützte. Er schloss sich der Rebellenarmee an und kämpfte in der Kolonne 4 der 1. Front. Er erreichte den Dienstgrad eines Hauptmanns. Er wurde beim Gefecht von Naranjo schwer verwundet und starb am 14. Juli im Krankenhaus von La Plata.

Masetti Blanco, Jorge Ricardo (Segundo) (1929–1964)
Geboren in Argentinien. Journalist. Suchte die Guerilleros in den Bergen auf und interviewte Fidel Castro und Che Guevara. Mit Che verband ihn eine tiefe und dauerhafte Freundschaft.

Montané Oropesa, Jesús (1923–1999)
Geboren in Nueva Gerona, Insel der Jugend. Er war einer der Anführer des Sturms auf die Moncada-Kaserne. Er wurde verhaftet, vor Gericht gestellt und im Verfahren 37/53 verurteilt. Er ging dann nach Mexiko ins Exil und beteiligte sich an der Expedition der Granma. Nach dem Gefecht von Alegría de Pío wird er am 12. Dezember 1956 verhaftet und bleibt im Gefängnis bis zum Sieg der Revolution.

Mora Morales, Menelao (1905–1957)
Geboren in Pinar del Rio. Aktiver Kämpfer gegen die Machado-Diktatur. Er starb am 13. März beim Angriff auf den Präsidentenpalast.

Morales Hernández, Calixto (1929–)
Geboren in Camagüey. Teilnehmer an der Expedition der Granma. Angehöriger der Rebellenarmee in den Kolonnen 1 und 8. Er erreichte den Dienstgrad eines Hauptmanns.

Nuñez Jiménez, Antonio (1923–)
Geboren in Havanna. Kämpfer der Rebellenarmee. Er beteiligte sich an den Vorbereitungen des Streiks vom 9. April sowie am Aufbau der Escambray-Front.

País García, Frank (David oder Carlos) (1934–1957)
Geboren in Santiago de Cuba. Gründer der Bewegung 26. Juli in Santiago de Cuba und dort Mitglied der Nationalen Leitung für Aktion und Sabotage. Er leitete die Vorbereitung der Erhebung vom 30. November. Er wurde zusammen mit Raúl Pujol am 30. Juli im Callejón del Muro in seiner Heimatstadt ermordet.

País García, Josué (1937–1957)
Geboren in Santiago de Cuba. Hauptmann der Geheimen Milizen der Bewegung 26. Juli. Er spielte eine herausragende Rolle bei der Erhebung am 30. November. Am 30. Juni wurde er in seiner Heimatstadt ermordet.

Pardo Guerra, Ramón (Guile) (1939–)
Seit 1957 Kämpfer der Rebellenarmee, ursprünglich in der Kolonne 4 der 1. Front, später wechselte er zur Invasionskolonne 8.

Peña Torres, Hermes
Kämpfer der Rebellenarmee. Mitglied der Invasionskolonne 8.

Pérez Hernándet, Faustino (1920–1992)
Geboren in Cabaiguán in der ehemaligen Provinz Las Villas. Arzt. In Mexiko im Exil, beteiligte er sich an der Expedition der Granma. Verantwortlicher für den städtischen Kampf. Nationaler Befehlshaber für Aktion und Sabotage der Bewegung 26. Juli. Nach dem Streik am 9. April kämpfte er in der Sierra Maestra. Er erreicht den Dienstgrad Comandante.

Pérez Montano, Crescencio (1895–1986)
Geboren in Granma. Gründer der Bewegung 26. Juli. Zusammen mit Celia Sánchez unterstützte er die Landung der Granma. Mitglied der Kolonne 1 der 1. Front, später befehligte er die Kolonne 7. Erreichte den Dienstgrad Comandante.

Ponce Díaz, José (1926–)
Geboren in Havanna. Beteiligte sich am Angriff auf die Moncada-Kaserne und an der Expedition der Granma.

Ramos Latour, René (Daniel) (1932–1958)
Geboren in Holguín. Mitglied der Bewegung 26. Juli in nördlichen Gebieten: Mayarí, Cauto, Antilla und Nicaro. Chef der Nationalen Leitung für Aktion und Sabotage. 1957 erreichte er die Sierra Maestra. Mitglied der Kolonne 1. Er erreichte den Dienstgrad Comandante.

Redondo García, Ciro (1931–1957)
Geboren in Havanna. Teilnehmer des Angriffs auf die Moncada-Kaserne. Er wurde verhaftet, vor Gericht gestellt und im Verfahren 37/53 verurteilt. Er ging dann nach Mexiko ins Exil und beteiligte sich an der Expedition der Granma. Mitglied des Generalstabs der Rebellenarmee. Mitglied der Kolonne 4. Er erreichte den Dienstgrad Hauptmann. Am 29. November starb er im Gefecht von Mar Verde und wurde postum zum Comandante befördert.

Rodríguez Cordoví, Geonel (1934–1958)
Geboren in Palma Soriano. Mitglied der Bewegung 26. Juli an der Universität Havanna. Kämpfer der Kolonne 4 der 1. Front. Erreichte

den Dienstgrad Hauptmann. Er wurde am 11. Juli in El Naranjo von dem Geschoss eines Granatwerfers getroffen und starb am 12. Juli im Krankenhaus von La Plata.

Rodríguez Cruz, René (El Flaco) (1931–1990)
Mitglied der Bewegung 26. Juli und Teilnehmer an der Expedition der Granma. Kämpfer der Invasionskolonne 8.

Rodríguez de la Vega, Alfonso (Cuco)
Kämpfer der Rebellenarmee. Als Arzt aktiv bei dem Feldzug in Las Villas, Hauptmann in der Invasionskolonne 8.

Rodríguez Fernández, Roberto (El Vaquerito) (1935–1958)
Geboren in Sancti Spíritus. Kämpfer der Kolonnen 1 und 4 der 1. Front. Nach Aussagen von Che »eine der sympathischsten und liebenswürdigsten Persönlichkeiten des revolutionären Krieges«. Leiter des Selbstmordkommandos der Invasionskolonne 8. Er starb am 30. Dezember in Santa Clara bei der Eroberung des dortigen Hauptquartiers der Polizei.

Rodríguez Pérez, Fructuoso (1933–1957)
Geboren in Las Villas. Vizepräsident des kubanischen Studentenverbandes FEU. Beteiligte sich am 13. März bei dem Angriff auf den Präsidentenpalast. Nach dem Tod von José Antonio Echeverría übernahm er dessen Ämter als Präsident der FEU und Generalsekretärs des Directorio Revolucionario. Am 20. April wurde er in einer Wohnung in der Straße Humboldt 7 in Havanna durch Verrat entdeckt und dann ermordet.

Roque Nuñez, Roberto (1915–1989)
Geboren in Cienfuegos. Angehöriger der Kriegsmarine. Mitglied der Bewegung 26. Juli. Beteiligte sich als Steuermann an der Expedition der Granma. Nach Alegría de Pío wurde er 1956 verhaftet und blieb bis zum Sieg der Revolution im Gefängnis.

Suárez Martínez, Raúl (1935–1956)
Geboren in Cienfuegos. Beteiligte sich an den klandestinen Kämpfen der Studenten. Ging nach Mexiko ins Exil. Teilnehmer an der Expedition der Granma. Am 8. Dezember in Boca del Toro ermordet.

Sánchez Álvarez, Universo (1919–)
Geboren in Matanzas. Mitglied der Bewegung 26. Juli. Teilnehmer an der Expedition der Granma. Erreichte den Dienstgrad Comandante.

Sánchez Manduley, Celia (1920–1980)
Geboren in Granma. Gründerin der Bewegung 26. Juli in Manzanillo. Sie bereitete die Unterstützung der Guerilleros bei der Ankunft der Granma vor. Zusammen mit Frank País organisierte sie die Entsendung der ersten Gruppe – genannt Marabuzaleros – zur Unterstützung der Guerilla in der Sierra Maestra. Sie reihte sich in den Kampf in der Sierra Maestra ein und war zusammen mit Fidel Castro Mitglied in der obersten Leitung der Rebellenarmee.

Sánchez White, Calixto (1924–1957)
Geboren in Nueva Escocia. Pilot und Flugzeugmechaniker. Soldat im Zweiten Weltkrieg. Im Exil in Miami. Er organisierte und leitete eine Gruppe, die mit der Jacht El Corinthia nach Kuba fuhr und in Mayarí landete und dann fast vollständig aufgerieben wurde. Er starb, wie fast alle seiner Mitstreiter, am 28. Mai.

Santamaría Cuadrado, Haydée (Yeyé) (1922–1980)
Geboren in Las Villas. Beteiligt am Sturm auf die Moncada-Kaserne. Sie wurde verhaftet, vor Gericht gestellt und im Verfahren 37/53 verurteilt. Mitglied der Nationalen Leitung der Bewegung 26. Juli. Die oberste Führung der Bewegung 26. Juli beauftragte sie, außerhalb Kubas Aktivitäten zur Unterstützung des revolutionären Kampfes durchzuführen.

Sardiñas Menéndez, Guillermo (1916–1964)
Katholischer Priester, der in die Rebellenarmee eintrat. Er erreichte den Dienstgrad Comandante.

Soto Alba, Pedro (Pedrín)

Geboren in Granma. Mitglied der Bewegung 26. Juli. Beteiligte sich an der Expedition der Granma. Nach Alegría de Pío war er zeitweilig im Untergrund tätig und kehrte mit der ersten von Frank País entsandten Gruppe – den Marabuzaleros – wieder zur Rebellenarmee zurück. Mitglied der Kolonne 1 der 1. Front. Er starb am 26. Juni im Gefecht und wurde von Raúl Castro in der 2. Ostfront »Frank País« postum zum Comandante befördert.

Suñol Ricardo, Eddy (1926–1971)

Geboren in Holguín. In Santiago de Cuba unter dem Befehl von Frank País Mitglied der Bewegung 26. Juli. Kämpfer der Kolonne 1 und später Befehlshaber der Kolonne 14 der 4. Front der Rebellenarmee. Er erreichte den Dienstgrad Comandante.

Valdés Menéndez, Ramiro (1932–)

Geboren in Artemisa, ehemalige Provinz Pinar del Rio. Beteiligt am Sturm auf die Moncada-Kaserne. Er wurde verhaftet, vor Gericht gestellt und im Verfahren 37/53 verurteilt. Später Exil in Mexiko. Er beteiligte sich an der Expedition der Granma. Er übernimmt den Oberbefehl über die Kolonne 4, als Che die Kolonne 8 in Minas de Frío aufbaut. Stellvertretender Befehlshaber der Invasionskolonne 8. Comandante der Revolution.

Acuña Núñez, Juan Vitalio (Vilo) (1925–1967)

Geboren in Granma. Bauer aus der Sierra Maestra. Trat der Rebellenarmee bei. Mitglied der Kolonne 1 der 1. Front. Wechselte zur Kolonne 4 der 1. Front und später zur Kolonne 3 der 3. Front. Er wurde bis zum Comandante befördert und befehligte ein Destacamento.

Westbrook Rosales, José (Joe) (1937–1957)

Geboren in Havanna. Mitglied des Directorio Revolucionario. Am 13. März beteiligt am Sturm auf den Präsidentenpalast. Am 20. April wurde er durch Verrat in einer Wohnung in der Straße Humboldt 7 in Havanna entdeckt und dann ermordet.

Aus Verantwortung für die Umwelt hat sich der *Verlag Kiepenheuer & Witsch* zu einer nachhaltigen Buchproduktion verpflichtet. Der bewusste Umgang mit unseren Ressourcen, der Schutz unseres Klimas und der Natur gehören zu unseren obersten Unternehmenszielen.
Gemeinsam mit unseren Partnern und Lieferanten setzen wir uns für eine klimaneutrale Buchproduktion ein, die den Erwerb von Klimazertifikaten zur Kompensation des CO_2-Ausstoßes einschließt.

Weitere Informationen finden Sie unter:
www.klimaneutralerverlag.de

MIX
Papier aus verantwortungsvollen Quellen
FSC® C083411
FSC
www.fsc.org

Verlag Kiepenheuer & Witsch, FSC® N001512

4. Auflage 2021

für die deutsche Ausgabe:

Titel der Originalausgabe: Pasajes de la Guerra Revolucionaria

Aus dem Spanischen von Horst-Eckart Gross

Redaktion: Nikolaus Wolters
Covergestaltung: Barbara Thoben, Köln,
nach dem Originalumschlag von Seven Stories Press
Covermotiv: © Michael Salu
Gesetzt aus der Minion und der Neuen Helvetica
Satz: Fotosatz Amann, Memmingen
Druck und Bindung: CPI books GmbH, Leck
ISBN 978-3-462-04040-1